仙佛合宗語錄

선불합종어록

1

동양의 지혜, 신선과 붓다를 만나다

仙佛合宗語錄
선불합종어록
1

오수양 지음 | 안진수 옮김

알파미디어

차례

들어가는 말 · 6
서서敍 · 13

들어가는 말

한 소년이 있었습니다. 그는 어려서부터 또래들이 즐기던 평범한 놀이보다, 눈에 보이지 않는 아득한 세계를 상상하는 일을 더 좋아했습니다. 무엇을 향해 바라보고 있었는지도 모른 채 학창 시절을 흘려보냈고, 그렇게 세월은 어느새 그를 성인의 문턱까지 데려다 놓았습니다.

그러던 어느 날, 그는 우연히 한 권의 불교 서적을 펼쳤습니다. 그 속에서 '고타마 싯다르타'의 어린 시절 이야기가 그의 발걸음을 붙잡았습니다. 싯다르타가 병들고 늙고 죽어가는 사람들을 마주하며 받은 충격, 그리고 그 충격이 한 인간을 완전히 다른 길로 이끌었다는 사실은, 소년의 가슴 깊은 곳에서 오래전부터 웅크리고 있던 어떤 감정과 기묘하게 맞닿아 있었습니다.

그는 그 순간까지 자신이 무엇을 찾고 있는지 알지 못했습니다. 다만 세상의 소음이 잠든 뒤, 서늘한 새벽 공기 속에서 혼자 깨어 있는 듯한 감각, 말로는 표현하기 어려운 막연한 떨림만이 조용히 그를 움직이고 있었습니다. 그런데 책 속의 싯다르타가 그 모든 막연함에 처음으로 이름을 붙여 주는 듯했습니다.

"나는… 나만의 길을 찾고 있었던 걸까?"

그날 이후 그는 전혀 다른 시선으로 세상을 바라보기 시작했습니다. 학교도, 거리도, 스쳐 지나가는 사람들의 얼굴도, 설명할 수 없는 빛과 그림자를 지닌 채 그의 눈앞에 나타났습니다. 마치 오래 닫혀 있던 문이 서서히 열리고, 그 틈새로 알 수 없는 세계가 조용히 모습을 드러내는 듯했습니다. 그리고 그 문틈 너머에서 그는 처음으로 '자신의 길'에 대한 미약한 예감을 느끼기 시작했습니다.

그는 어린 시절 어렴풋이 그려보던 머나먼 세계가 무엇이었는지를 문득 깨달았습니다. 한때는 출가를 꿈꾸기도 했고, 우화등선하는 진인들을 흠모하기도 했습니다. 그런 인연들은 오랫동안 마음 깊은 곳에 잠들어 있었지만, 뜻밖에도 불혹의 나이에 이르러 다시금 그의 삶에 찾아왔습니다. 마치 닫혀 있던 내면의 문을 누군가 조용히 두드리는 듯했습니다.

그 무렵 그는 지인의 소개로 2000년 원광대학교 대학원 동양학과 석사과정에 입학하였고, 자연스럽게 기공학氣功學을 전공하며 다시금 자신의 내면을 탐구하는 길 위에 섰습니다. 이어 박사과정에서는 불교학과로 진학하여 기학氣學을 본격적으로 연구하였습니다. 수행과 학문을 십여 년 동안 병행한 끝에, 그는 2013년 『오수양 내단사상의 선불합종적 경향』을 주제로 동양철학 박사학위를 취득하였습니다.

그렇게 소년 시절의 막연한 갈망은 긴 세월의 우회와 숙성을 거쳐, 비로소 한 줄기 길로 모습을 갖추기 시작했습니다.

학위논문을 준비하며 자료를 정리하던 어느 날, 그는 1992년 중국 파촉서사巴蜀書社에서 간행된 『장외도서藏外道書』 제5책을 접하게 되었습니다. 그 안에는 오류파 4대 경전이라 꼽히는 『천선정리직론』, 『선불합종어록』, 『금선증론』, 『혜명경』이 함께 실려 있었습니다.

그 가운데 『선불합종어록』의 「오진인수선가」를 읽는 순간, 그는 어린 시절부터 막연히 꿈꾸고 동경해왔던 '수행자의 길'을 실제로 걸어간 인물이 바로 이 사람이라는 확신을 얻었습니다. 설명하기 어려운 깊은 희열이 가슴 밑바닥에서부터 차올라, 마침내 하나의 형상을 갖추어 떠올랐습니다. 그 진인은 다름 아닌, 명·청대 전진도 용문파의 적전 제8대 제자인 오수양(伍守陽, 1574-1644)이었습니다.

오수양은 유년 시절과 스승을 만나 수행에 나아가기까지의 여정, 그리고 삼관 수련과 증득의 과정을 일생에 걸쳐 7언절구로 노래하였습니다. 그 자전적 기록이 바로 「오진인수선가」입니다. 역자는 이 시편을 읽는 순간, 어린 시절 막연히 그려보던 수행자의 세계가 눈앞에서 펼쳐지는 듯한 깊은 감동을 받았습니다. 그 감격이 마음을 흔들자, 그는 자연스레 오수양이 남긴 『천선정리직론』과 『선불합종어록』 연구에 더욱 전념하게 되었습니다.

이 연구는 결국 박사학위 논문으로 이어졌고, 핵심 논의는 오수양이 남긴 두 경전, 『천선정리직론』과 『선불합종어록』을 중심으로 전개되었습니다. 이를 계기로 역자는 그간의 연구 성과를 하나의 저술로 집약하고 체계화해야겠다는 뜻을 굳히게 되었습니다.

그러나 학위를 취득한 이후에도 『천선정리직론』과 『선불합종어록』을 세상에 널리 알리고자 하는 소망은 마음 깊은 곳에 늘 자리하고 있었음에도, 생활의 무게와 시간의 제약 속에서 그 뜻을 실현하지 못한 채 많은 세월이 흘러갔습니다.

그러던 중 2023년 12월, 인연의 이끌림 속에서 마침내 두 경전의 번역에 온전히 전념할 수 있는 시간이 허락되었고, 그 결실로 『선불합종어록』이 세상에 첫 모습을 드러내게 되었습니다. 오랜 꿈이 현실로 피어난 이 순간, 역자는 하늘에 계신 모든 성인과 신선들께 깊은 감사의 마음을 담아 올립니다.

이제 『천선정리직론』과 『선불합종어록』이 세상에 나오기까지의 여정을 간략히 전하고자 합니다.

불교는 후한後漢 초기에 중국에 유입된 이후, 위진남북조·수·당·송·요·금·원·명대를 거치며 중국 사회 전반에 깊이 뿌리내렸다. 이 과정에서 토착 종교인 유교, 도교와의 갈등과 융합은 피할 수 없는 역사적 흐름이었다. 상층 지식층의 이념적 기반이었던 유교와는 상생과 긴장이 교차하면서도 비교적 큰 충돌이 없었으나, 주로 하층민을 중심으로 퍼져나간 불교는 도교와 더욱 첨예한 대립을 겪게 되었고, 그에 따라 양 종교 사이의 교리적 논쟁과 경쟁 역시 한층 격화되었다.

그러나 시간이 흐르면서 불교와 도교는 갈등과 마찰 속에서도 서로의 사상과 수행체계를 점차 수용하기 시작하였고, 그 결과 종교적 통합과 사상적 변용을 이루는 새로운 발전 양상이 나타났다.

도교가 불교나 유교와 구별되는 가장 분명한 특징은 성공性功보다 명공命功을 상대적으로 더 중시하였다는 점이다. 특히 명공 중심 수련체계의 중심에 있었던 외단법外丹法은 물질적 단약을 조제·복용하여 장생불사를 추구하였으나, 그 과정에서 수많은 부작용과 비극을 초래하였다. 이러한 한계로 인해 수·당 시기 도교는 외부 약물에 의존하던 방식에서 벗어나, 몸과 마음을 근본으로 삼는 내단內丹 수련으로 방향을 전환하였다.

이러한 전환은 곧 내단 수련 이론의 기초를 확립한 종려학파鍾呂學派의 등장을 낳았다. 종려학파는 도교 내단의 명공 수련을 바탕으로 불교의 성공 수행체계를 적극적으로 융합함으로써 도교 수행법에 중대한 변화를 이끌어냈다.

이후 도교사상은 인간의 본질을 성과 명의 이중 구조로 파악하고, 이 두 요소를 함께 닦아야 한다는 성명쌍수性命雙修 사상을 발전시켰다. 이러한 성명쌍수 개념은 불교 선종의 정혜쌍수定慧雙修, 지관쌍수止觀雙修 등 마음 수련법의 영향을 받아 형성된 것이었다.

즉 도교와 불교는 끊임없는 사상적 교류를 통해 상호 영향을 주고받았고, 이러한 교섭의 흐름 속에서 선불교의 내면적 수행법을 본격적으로 수용한 결과, 도교의 혁신적 종파인 전진도全眞道가 등장하게 되었다.

전진도는 유·불·도 삼교 합일의 사상을 바탕으로, 선도와 불교의 핵심을 아우르는 선불융합仙佛融合의 흐름을 꾸준히 전개해 왔다. 이러한 사상적 전개 속에서 내단학의 기존 성과 위에 불교 선종의 이론과 수행법을 적극적으로 수용하여 더욱 명확하고 체계적인 선불융합의 틀을 완성한 인물이 바로 명말明末의 내단가 오수양이었다.

전진도 용문파의 적전 제8대 제자인 오수양은 제자인 유화양과 함께 오류파의 창시자로 불린다. 그는 종려단법 이래 전진도 북종 용문파에 전해 내려오던 비전의 내단 공법을 장정허張靜虛→이허암李虛庵→조환양曹還陽으로 이어지는 법맥을 통해 충실히 계승하였다.

이러한 전승을 바탕으로 오수양은 내단 사상을 한층 심화하고 체계화하였다. 특히 이전 내단가들이 은밀히 전수해 오던 수행 공법을 『천선정리직론증주』를 통해 공개함으로써, 용문파 수행체계가 외부 세계로 드러나는 중요한 전환점을 마련한 인물로 평가된다. 이 시기 내단 수행자들 사이에서는 선종 사상의 영향 아래 선불동원仙佛同源의 인식이 점차 싹트고 있었다.

오수양은 이러한 시대적 흐름 속에서 내단 수련의 이론을 정립하는 데 그치지 않고, 선불합종仙佛合宗 사상의 본질을 더욱 명확히 밝히고자 하였다. 그는 불교와 선도의 궁극적 목적, 그리고 수행과정이 본질적으로 서로 통하고 호응하는 지점을 깊이 탐구하였다. 그 결과 선불합종 사상의 이론적 원리를 체계화하고 널리 전하기 위해 『선불합종어록』을 집필·간행하였다.

이후 오수양은 제자 유화양에게 법맥을 전수하였다. 유화양은 승려의 신분으로 『금선증론』과 『혜명경』을 저술하며 오수양의 선불합종 사상을 충실히 계승하였고, 그 철학적 맥락을 더욱 공고히 하는 역할을 담당하였다.

오늘날 존재하는 수많은 종교와 철학 가운데 상당수는 성性의 수련만을 강조하고, 명命의 수련은 등한시하는 경향이 있습니다. 현대의 건강법이나 양생법 역시 정신의 수양 없이 육체적 생명력만을 기르려는 사례가 적지 않습니다.

이에 대하여 오수양은 자신의 저술에서 단호히 말합니다. 선도와 불법을 함께 닦고자 하는 이라면 무엇보다 먼저 음욕을 억제하고 계율을 엄격히 지킨 뒤, 성을 닦고 명을 기르는, 곧 성명쌍수의 길을 걸어야만 비로소 궁극의 도에 이를 수 있다고 하였습니다.

역자는 오수양의 선불합종 사상이 정서적 갈등이 첨예한 오늘날의 사회에서야말로 융합과 화해의 철학, 그리고 수행의 실천 규범으로서 중요한 의미를 지닌다고 판단합니다. 참된 수행자라면 누구나 마음 깊은 곳에서 다음의 물음을 한 번쯤 떠올렸을 것입니다.

종교의 근본 가르침이란 무엇인가?

수행의 이치理와 실천行은 어디를 향하는가?

그렇다면 수행의 끝은 과연 어디에 있는가?

그 단서는 『선불합종어록』의 「오진인수선가」 한 대목에서 엿볼 수 있습니다. 아래에 그 구절을 인용하오니, 뜻을 헤아릴 줄 아는 선진仙眞들께서 깊이 음미하여 주시기 바랍니다.

無無亦無, 我既無無亦無, 視天地無無亦無矣. 視大劫運度無無亦無矣, 天地雖隨劫壞, 猶若無無亦無之天地, 何繫於我? 故不隨壞, 而常存於無無亦無!　故曰這個方是這個眞我.

서 敍

나는 오래전부터 '도道와 불佛은 과연 무엇이 다른가?'라는 물음을 품어왔다. 비록 길은 달라 보이지만, 그 근원은 결국 하나의 깨달음으로 돌아가기 때문이다.

하늘과 마음, 명과 성은 서로 그림자처럼 맞닿아 떨어지지 않는다. 그 본체는 마음의 근원인 도에 있다. 오수양의 『선불합종어록』은 내게 조화의 길을 밝혀 준 등불이었다. 그 빛은 한 자루의 횃불처럼 천고의 어둠을 비추어 깨뜨렸다.

이 책은 오래된 사유의 자취이자, 도와 불이 서로를 비추며 하나의 길로 수렴해 가는 여정을 기록한 것이다. 나는 오늘의 언어로 그 빛을 다시 새기며, 잃어버린 도의 숨결을 되살리고자 한 작은 뜻을 여기에 담았다.

도가의 법은 천기의 운행을 따라 명을 닦고,
불가의 법은 마음의 본성에 관하여 성을 밝힌다.
그 궁극은 모두 성명쌍수의 한 이치로 귀결된다.

이 글은 옛 진리의 뜻을 다시 묻기 위함이며,
오늘의 수행자에게 마음을 돌아보고,
진리의 길을 찾게 하려는 소망에서 비롯되었다.

신선의 길과 부처의 가르침은 서로 스며들어,

고요한 울림이 되어 다시 나의 마음으로 돌아온다.

오늘날 도가와 불가의 학문은 각기 한쪽에 치우쳐 그 원융한 뜻을 보기 어렵다. 그러나 도와 불은 한 근원에서 나왔으며, 성명은 본래 한 몸이니 둘이 아니다. 비록 불가의 쌍수 전통은 오래전 끊어졌으나, 나는 글로 그 명맥을 이어 인연 있는 이들에게 전하고자 한다.

후학들이 이 합종合宗의 뜻을 깊이 살펴 마음을 돌아본다면, 선불합종은 종교의 결합이 아니라, 인간의 근원이 하나임을 밝히는 회통會通임을 깨닫게 될 것이다. 비록 걸어가는 길은 다를지라도, 그 빛은 결국 하나로 모여 진리의 경지에 이른다.

이 글이 인연 있는 이의 마음속에 고요한 깨달음의 불씨로 남기를 바란다.

余夙懷一問曰 :「道與佛, 其異乎?」雖途路若殊, 而其源終歸於一悟. 天與心, 命與性, 如影相隨而不離. 其體在於心源之道. 伍守陽『仙佛合宗語錄』啓我以和會之途. 若一炬之明, 照破千古之迷. 是書者, 乃余久思之跡. 記道佛互照, 歸於一途之旅. 今以世語重錫其光. 聊冀喚起久晦之道氣, 此余微志所寓也. 道家之法, 順天機以修命 ; 佛家之法, 觀心性以悟性. 其極也, 皆歸性命雙修之一理. 是篇所以再詢古眞之旨, 欲使今日修者反觀其心, 以得尋路歸眞之門. 仙道佛法, 相融無間, 化爲靜響, 還返吾心. 今之道佛之學, 多各守其偏, 難窺圓融之旨. 然道佛同源一氣, 性命本爲一體, 非有二焉. 佛家雙修之脈雖久中絕, 余願以斯文續其微命, 俾傳於有緣之士. 後學苟能深玩合宗之旨, 返求諸心, 以明大道之歸, 則知仙佛之合, 非宗教之合, 實人本一源之會通也. 雖途異而行殊, 其光終歸於一, 而達乎眞理之境. 願斯文化爲寂然慧火, 長存於有緣者之心.

2025년 12월

仙佛同源 道心一貫

文井 休心齋 安眞秀 書

I.

선불합종의 연원과 성립

1. 선불융합의 등장

선仙과 불佛의 융합은 불교가 중국에 전래된 이후 형성된 중요한 사상적 흐름 가운데 하나로, 도교와 불교가 서로 영향을 주고받으며 점차 융합되어 가는 과정에서 비롯되었다. 이러한 사상적 융합은 훗날 '선불합종仙佛合宗'이라 불리게 되었다.

이 사상은 도교 내단 수행이 지향하는 선인의 경지와 불교 수행이 추구하는 부처의 경지가 본질적으로 통한다는 관점, 곧 선불동원仙佛同源 사상을 기반으로 한다. 오수양은 이러한 사상을 정리하고 체계화하여 선불합종이라 명명하였다.

비록 선불합종 사상은 청초淸初의 오수양에 의해 비로소 뚜렷하게 제시되었지만, 그 이전에도 많은 내단 수행자들은 선과 불을 하나로 융합하려는 다양한 시도를 지속해 왔다[1].

이에 따라, 먼저 선불융합 사상의 전개 과정을 시대별로 간략히 살펴본 뒤, 오수

---

[1] 불교의 관점에서 선불합종의 기원을 살펴보면, 불교가 중국에 전래되어 초기 경전이 번역되던 시기부터 산스크리트어나 팔리어를 한문으로 옮기는 과정에서 도가의 언어가 적극적으로 차용되었다. 당시 삼장법사와 역경사들은 불교 개념이 도가적 언어와 잘 부합함을 인식했을 것으로 보이며, 이를 통해 양자의 사상적 유사성이 드러났다고 할 수 있다. 즉 경전 번역 단계에서부터 이미 선불동원적 관점이 싹트기 시작한 것이다.

양에 이르러 선불합종이라는 개념이 어떻게 성립되었는지를 구체적으로 고찰하고자 한다.

선진先秦 시대의 도가사상과 전국시대의 방선도方仙道는 초기 도교의 두 가지 주요 사상적 원류로 꼽힌다. 노자와 장자를 중심으로 전개된 노장사상은 인간의 본성을 회복하고 조화로운 삶으로 돌아가려는 귀진반박歸眞返朴의 사유를 핵심으로 삼았으며, 이를 바탕으로 신神을 기르고 자연과 합일하는 삶을 추구하였다.

이후 춘추전국시대의 격동기는 원시 무교巫敎의 성격에도 중대한 변화를 가져왔다. 초기의 무교는 점술卜筮, 천문, 의학 등 여러 요소를 포괄하는 종합적 실천 체계였으나, 시대가 흐르면서 그 체계가 점차 전문화되고 분화되었다. 이러한 변화 속에서 일부 무격巫覡들은 민중의 건강과 장수에 대한 염원에 부응하여 의약과 수련에 중점을 둔 독자적인 수행체계를 형성하였고, 이들은 '방사方士'라 불리게 되었다.

방사들이 행한 수행은 방술方術이라 칭하여, 전통 무교의 무사巫師나 무술巫術과는 구별되었다. 그들은 토납吐納, 도인導引, 방중房中, 복식服食 등 다양한 방술을 익히며 점차 집단화되었고, 그중 신선이 되는 것을 궁극의 목표로 삼는 유파가 형성되었다. 이 유파가 바로 '방선도方仙道[2]'이다.

방선도에 속한 방사들은 지역과 수련 방식에 따라 다소 차이를 보였지만, 공통적으로 불로장생과 득도를 통해 신선[3]이 되는 것을 궁극적 이상으로 삼았다. 이러

---

2 방선도는 크게 세 갈래로 나눌 수 있다. 첫째는 토납도인파吐納導引派로, 주로 남쪽 지방에서 활동하였으며, 대표 인물로는 왕교王喬와 팽조彭祖가 있다. 둘째는 방중파房中派로, 주로 진秦나라에서 유행하였으며, 대표 인물은 용성공容成公이다. 셋째는 복식파服食派로. 제齊나라와 노魯나라의 해안 지역에서 활동하였으며, 대표 인물로는 안기생安期生이 있다.

3 『漢書』「藝文志」: 神僊者, 所以保性命之眞, 而游求於外者也. 聊以盪意平心, 同死生之域, 而無怵惕於胸中. : 신선이란 성명의 참됨을 보존하며, 세속 밖에서 유유히 도를 구하는 사람이다. 뜻을 씻어내고 마음을 고요히 하여, 삶과 죽음의 경계를 함께 하면서도 가슴속에는 두려움이 없다.

한 까닭에 이들을 '신선가神仙家'라 부르기도 하였다.[4]

전한前漢 시대로 접어들면서, 노장사상에서 강조된 무위자연의 원칙은 법가 사상과 결합되어 현실 정치의 이론적 기반으로 활용되었다. 그러나 한漢 무제武帝가 유교를 통치이념으로 채택하자, 본래 정치 철학적 성격을 지녔던 황로학黃老學은 커다란 변화를 맞이하게 되었다. 이 과정에서 황로학은 신선설을 적극적으로 수용하며 점차 종교적 성격을 띠게 되었고, 방사들은 황제와 노자를 신격화하여 제사의 대상으로 모시기 시작했다. 이러한 사상적 변환을 거치면서, 도교의 전신이라 할 수 있는 태평도太平道와 오두미도五斗米道는 비로소 명확한 종교적 형태를 갖추게 되었다.[5]

후한後漢 말기에 이르러, 중국 최초의 도교 교단인 태평도와 오두미도가 등장하였다. 이들 교단은 사상적으로 선진시대의 도가사상을 기반으로 하였으며, 그 조직적 형성은 수백 년에 걸친 실천적 수련 운동의 역사적 흐름 속에서 이해할 수 있다. 특히 두 교단은 중국 전통의 이상적 세계관인 태평太平의 실현과 노자 철학에서 말하는 「소국과민小國寡民」의 이상 국가 건설을 공동체적 궁극 목표로 삼았다.[6]

한편, 불교가 중국에 전래된 시기는 일반적으로 후한 초기로 여겨진다. 이 시기 황로학의 종교적·철학적 성향은 황제를 비롯한 지배층은 물론 민중에게까지 폭넓게 영향을 미쳤으며, 특히 황로사상에서 나타난 신격화 현상이 두드러졌다. 이러한 사회적·사상적 배경 속에서, 불타佛陀는 제사와 기복의 대상으로서 모든 사회

---

4 李遠國, 『道教氣功養生學』(四天省社會科學院出版社, 1988). 95쪽. : 한국어 번역본으로는 김낙필·이석명·김용수·나우권 등에 의하여 『내단』권1, 권2 (성균관대학교 출판부, 2006) 등으로 출간된 바 있다. 그러나 이하에서는 중국어 원본을 기준으로 참고하였다.

5 張美蘭, 「중국불교화 과정에서 본 도가와의 관계 연구」, (동국대 박사학위논문, 2005.), 30쪽.

6 吳相勳,「南北朝 道教의 民衆的 展開 : 南北朝時期 道·佛 교류의 一端」, (『釜大史學』12, 釜山大學校史學會, 1988. 6.), 169쪽.

계층에서 비교적 쉽게 수용될 수 있었다.[7]

하지만 불교는 중국의 전통사상과는 별개로, 화이관華夷觀에 따라 외래 종교로 여겨졌으며, 비중국적 종교로 인식되었다. 불교의 도입은 유교의 가르침과 충돌하는 요소를 내포하고 있었고, 이는 중국인의 국가관 · 정치관 · 사회관의 중심을 이루는 유교적 질서와 마찰을 일으킬 소지가 있었다. 이런 배경 때문에 불교는 초기 수용 과정에서 다양한 저항과 조정의 과정을 거치며 점차 중국 사회 속으로 편입되어 갔다.

불교가 중국에 전래되면서 도가사상과 도교사상[8]은 각각 새로운 방식으로 이해되고 재정립되기 시작했다. 불교와 도가 및 도교사상과 상호작용하기 시작한 것은 역사적 사실이다. 당시 도교는 아직 조직적이고 독립된 종교 체계를 갖추지 못했지만, 신선도와 황로도의 사상은 이미 사회 전반에 널리 퍼져 있었다. 불교는 이러한 초기 도교사상의 요소를 상당 부분 흡수하며, 그것을 토대로 득도得道의 길을 제시하였다. 이 과정에서 도교의 개념들이 불교와 융합되면서 불도佛道라는 새로운 개념이 형성되었고[9], 이는 불교가 중국의 토착 사상과 문화 속에 융합되어 정착하는 과정에서 중요한 전환점이 되었다. 즉 불교는 단순한 외래 종교의 성격을 넘어 중국적 사유체계 속에서 재해석되고 변용되는 계기를 마련한 것이다.

중국 사상사 연구에서 탕용동湯用彤은 위진魏晉 시대를 중심으로 외래 사상과

---

7 張美蘭, 앞의 논문, 30쪽.

8 도가사상道家思想은 종교적 제도와 교단으로 발전하기 이전의 노장철학을 가리키며, 도교사상은 신선사상을 비롯해 다양한 민간 신앙과 수련법이 결합된 복합적 사유체계를 뜻한다. 도가사상과 장생불사를 추구하는 신선 사상을 구분하려는 견해는 이미 육조시대의 지식인들 사이에서도 제기되었다. 예컨대『弘明集』권6,「正二教論」에는 그러한 구별 입장이 잘 나타나 있다. 그러나 이러한 구분이 항상 일관되게 전승된 것은 아니었으며, 어떤 경우에는 신선 사상까지 포함하여 도가사상이라 부르기도 하였다. 또한 도교라는 개념 역시 내부적으로만 사용된 것이 아니라, 불교나 유교 측에서도 자신들의 전통을 도교라 칭한 사례가 존재한다. 따라서 오늘날 학교나 학계에서 사용하는 도가사상과 도교사상의 구분은 실제 역사적 실체라기보다 학문적·편의적 구분에 가깝다고 할 수 있다. 福井康順 편,『道教 とはなにか』, (平河出版社, 1983), 10-17쪽.

9 車次錫,「佛教와 道教의 融合 (1)」, (『金剛』제233호, 월간금강사, 2004. 6.), 48쪽.

본토 사상의 교류 과정을 세 단계[10]로 구분하였다. 한대漢代에 불교가 전래된 이후 동진東晋 시기까지, 불교는 유교와 도교에 의존하는 단계를 거쳤다. 초기 불교는 종교적으로는 도교의 신선방술을, 정치적·윤리적으로는 유교의 가르침을 수용하는 모습을 보였다. 그러나 위진 시기에 들어서면서 불교는 도가의 현학玄學[11]에 의존하며 그 사상과 방법론을 흡수·발전시켜 나갔다.

이로써 불교의 사상은 한층 심화되었으며, 나아가 오히려 현학 자체에도 영향을 미치게 되었다. 그 결과 불교는 단순히 다른 사상에 의존하는 단계를 넘어, 중국 사상사 속에서 중요한 철학적 기여를 이루는 단계로 진입하였다. 동진에서 남북조 시기에 이르기까지 불교는 유교, 도교와의 갈등과 융합을 거치며 점차 중국 사회 내에서 그 지위를 공고히 해 나갔다.[12] 이러한 과정은 불교가 중국의 사상과 문화 속에서 독자적이면서도 중심적인 위치를 확립해 나가는 발전 경로를 잘 보여준다.

남조南朝 시기에 이르러, 도홍경(436-536)[13]은 도교 사상의 중요한 전환을 이끌어냈다. 그는 노장사상과 갈홍의 신선학설을 계승하면서, 유교와 불교의 관점을 융합하는 독창적인 사상적 접근을 시도하였다. 특히 주목할 점은 불교와 도교의

---

10 崔一凡,「佛敎와 道敎, 對立과 鬪爭 그리고 融合」, (『불교평론』제11권 제2호 통권 제39호, 만해사상실 천선양회, 2009. 여름.), 51쪽. : 교류의 전개 과정은 다음과 같은 세 단계로 설명할 수 있다. 첫째 단계 는 상호 이해가 부족한 시기로, 겉으로 드러난 공통점을 중심으로 조화를 시도하는 단계이다. 둘째 단계 는 교류가 심화되면서 각 전통의 특성과 차별성이 분명해지고, 그 과정에서 상호 충돌과 긴장이 나타나 는 단계이다. 셋째 단계는 오랜 교섭과 이해의 축적을 통해 차이점뿐만 아니라 공통점까지 자각하게 되 면서, 더 높은 차원에서 진정한 만남과 조화를 이루는 단계이다.

11 현학玄學은 천지만물의 존재 근원을 탐구하는 형이상학적 본체론으로, 노장사상에서 비롯된 도道와 무 無의 사유를 심화시킨 철학적 체계였다. 노장은 만물의 근원인 도를 무로 표현하였고, 이러한 본체론은 하안과 왕필의 귀무론貴無論, 곽상의 현명론玄冥論, 장담의 지허론至虛論으로 발전하였다. 위진魏晋시 대에는 현실 문제보다 추상적이고 관념적인 무의 본체론적 논의가 활발하게 전개되면서, 도가사상이 철 학적으로 한층 더 심화되었다. 이후 현학가들은 이러한 형이상학적 사고를 확장하는 과정에서 불교의 공 空사상을 적극적으로 수용하였다.

12 崔一凡, 앞의 논문, 50-51쪽.

13 도홍경陶弘景(436-536)의 자는 통명通明이며, 시호는 정백貞白, 자호는 화양은거華陽隱居이다. 그는 단양丹陽 말릉秣陵(현 남경시 부근) 출신으로, 상청파의 경전과 도법을 널리 전파하였으며, 도교의 모산 종茅山宗을 창시하여 상청파의 실질적인 시조로 평가된다. 그의 저술은 『진고眞誥』, 『등진은결登眞隱 訣』, 『진령위업도眞靈位業圖』, 『양성연명록養性延命錄』등 80여 종에 달한다.

사상을 통합하여 '도불쌍수道佛雙修'라는 개념을 제시한 것이다. 이는 도교와 불교의 수행법을 병행함으로써 성명의 완성을 추구한 실천적 방법이었다. 도홍경의 이러한 시도는 종교와 철학의 경계를 허물고 두 사상의 장점을 융합하여 한층 심화된 영적 수련과 깨달음을 지향한 것이었다. 그의 사상은 후대에 도교와 불교 간의 상호 영향을 더욱 심화시키는 데 중추적인 역할을 하였다.

한편 혜사慧思(515-577)는 불교 천태종의 제2조로서, 도교의 수련법을 흡수하여 수선성불修禪成佛, 즉 참선을 통해 부처의 경지에 이르는 구체적인 과정과 절차를 제시하였다. 그의 수행 방식은 불교의 선 수행과 도교적 수련법을 결합함으로써 더욱 심오한 영적 실천의 길을 탐구하려는 시도였다. 특히 그의 저서 『남악사대선사입서원문南岳思大禪師立誓願文』에서는 '내단內丹'이라는 용어가 최초로 등장한 것으로 알려져 있다.[14]

나는 이제 산에 들어가 고행을 닦으려 한다. (중략) 법을 수호하기 위해 장수를 위한 명命을 구하되, 하늘에 오르거나 다른 세계에 태어나는 것을 바라지 않는다. 모든 성현들이 나를 도와 좋은 지초와 신단을 얻게 하여, 온갖 병을 치료하고 굶주림과 갈증을 없애주기를 바란다. (중략) 나는 외단의 힘을 빌려 내단을 닦으며, 중생을 편안하기 위해 먼저 스스로 평안을 이루고자 한다.[15]

14 李源國, 앞의 책, 223쪽. : 내단이라는 용어는 일반적으로 혜사의 『남악사대선사입서원문』이라는 불교 문헌에서 처음 등장한 것으로 알려져 있다. 그러나 탕용동湯用彤은 『수당불교사고隋唐佛敎史稿·수당지종파隋唐之宗派』에서, 이 문헌의 일부 내용이 후대에 첨가된 위작임을 여러 문헌학적 고증을 통해 지적하였다. 따라서 혜사 시대 혹은 그 이전에 내단이라는 용어가 실제로 사용되었는지 여부는 여전히 확증하기 어렵다. 이는 불교와 도교의 사상적 교류 과정에서 개념이 언제, 어떤 맥락에서 형성되었는지를 규명하기 위한 심화된 연구가 필요한 문제로 평가된다.

15 『南岳思大禪師立誓願文』, 『大正藏』卷46. : 我今入山修習苦行. (중략) 爲護法故求長壽命, 不願升天及余趣, 願諸賢聖助我, 得好芝草及神丹, 療治衆病除飢渴, (중략) 借外丹力修內丹, 欲安衆生先自安. 李源國

내단[16]이라는 용어는 화학적 연금술로서의 외단에 대응되는 개념으로, 신체 내부에서 수행되는 내면의 연금술을 의미한다. 외단과 내단[17]의 개념은 도교 내부에서도 오랫동안 논의되어왔으나, 이 두 개념을 명확히 구분하여 사용하는 표현이 최초로 등장한 곳은 불교 문헌으로 알려져 있다. 이러한 사례는 불교와 도교가 단순히 상호 영향을 주고받는 차원을 넘어, 개념을 수용하고 변형하는 과정을 통해 철학적으로 융합해 간 양상을 잘 보여준다.

특히 불교가 내단의 개념을 수용함과 동시에 불교 고유의 사상과 결합시켰다는 점에서, 이는 단순한 수련 기법의 차용을 넘어 철학적·영적 의미가 통합된 새로운 수행체계의 창출을 의미한다. 이러한 사상적 융합은 도교와 불교가 서로를 보완하

著, 앞의 책, 223쪽.

16 김낙필에 의하면, 내단은 도교의 여러 영역 중에서도 수련을 대표하는 개념으로, 심신 수련을 통해 자기 완성을 추구하는 수행법이다. 이는 보통 선학·선도·단학 등으로 불리며, 유교나 불교의 정신 중심 수행과 달리, 몸과 마음을 함께 닦는 성명쌍수를 특징으로 한다. 그 목적은 불사와 조화력, 그리고 정신적 자유를 성취하여 선인의 경지에 이르는 데 있다. 내단이라는 개념이 명확히 부각된 시기는 대략 수隋나라 시대로 보이며, 금단의 제조를 중시하는 외단과 구별되는 개념으로 사용되었다. 하지만 실제로 내단적 수련은 그보다 훨씬 이전부터 전승되어왔다. 예컨대 전국시대의 방선도에서 실천된 조식법調息法은 중요한 양생법으로 자리하였고, 이후 중국 사상사의 전개 속에서 다양한 방식으로 변모하였다. 또한 갈홍의 『포박자』에 나타나는 태식胎息·수일守一 등의 양생법 역시 사실상 내단 수련법의 원형에 해당한다. 李遠國 著, 金洛必 等 譯, 『내단 : 심신수련의 역사』1 (성균관대학출판부, 2006)의 '옮긴이의 말'에서 인용. : 蒙紹榮·張興强은 다음과 같이 주장한다. 도교의 내단술은 외단술과 대비되는 개념으로, 그 성립 시기에 대해서는 몇 가지 견해가 있다. 첫째는 춘추설春秋說로, 『장자』의 '토고납신吐故納新' 구절을 그 근거로 든다. 또한 『황제내경』에서도 인체 수련법의 단서를 찾을 수 있다. 둘째는 양한설兩漢說로, 2세기경 위백양의 『주역참동계』를 최초의 내단 경전으로 본다. 송대 이후의 내단가들은 이 책을 토대로 내단의 이론과 방법을 체계적으로 정립하였다. 셋째는 수·당시대설로, 도사 소원랑의 수련 내용이 수록된 『나부산지羅浮山志』에 '내단'이라는 용어가 처음 등장하는 점을 근거로 든다. 蒙紹榮·張興强, 『歷史上的煉丹術』, (上海 : 上海科技敎育出版社, 1995), 302-308쪽. 이 두 견해를 종합하면, 내단은 단순히 외단의 대체 개념이 아니라, 전국시대 이래의 호흡 수련 전통과 한·위·진 시대의 연단사상, 그리고 수·당 시기의 도교 실천론이 결합되어 형성된 복합적 수행체계임을 알 수 있다.

17 Robinet, "Original Contribution of Neidan to Taoism and Chinese Thought", Taoist Meditation and Longevity Techniques (edited by Livia Kohn, The Univ. of Michigan Center for Chinese Studies, 1989), 300-301쪽. : 내단가들이 '외단'에 대응하는 개념으로 '내단'이라는 용어를 만들어 사용한 것처럼, 외단의 개념은 내단 사상을 이해하는 데 필수적인 요소이다. 내단의 이론적 기초는 크게 세 가지로 나눌 수 있다. 첫째는 전통적인 기 수련법이다. 둘째는 『역경』에 나타난 우주론적 성찰이다. 셋째는 화학적 연금술이다. 모든 내단 문헌은 외단에서 사용된 '납과 수은', '화로와 솥' 등의 용어를 차용하고, 이를 『역경』의 괘상과 연결시켜 철학적 의미와 우주론적 상징을 부여하였다. 만약 이러한 외단적 요소가 존재하지 않았다면, 내단은 단순히 호흡법이나 도인체조 수준에 머물렀을 것이며, 그 속에 내재한 심오한 철학적 통찰과 상징적 깊이는 결여되었을 것이다. 결국 내단은 외단의 언어와 도상을 철학적으로 재해석한 결과로서, 연단술적 상징을 내면의 수행으로 전환시킨 사상적 혁신이라 할 수 있다.

며 공통의 영적 목적을 향해 새로운 길을 모색한 결과로 이해할 수 있다.

수隋·당唐 시기는 중국이 봉건국가의 분열과 민족 간 대융합을 거쳐 통일과 번영의 시대로 나아가는 역사적 전환기였다. 이 시기 수나라에서는 불교가 크게 숭상된 반면, 도교는 상대적으로 억압받는 경향이 있었다. 또한 전래의 외단술, 즉 금단술金丹術이 여러 한계와 문제점을 드러내며 실질적인 효험이 없다는 인식이 확산되었다. 이에 따라 도교 내부에서는 내단 수련법의 필요성이 대두되었고, 소원랑蘇元朗을 중심으로 비밀리에 전승되기 시작하였다.

이러한 내단 수련은 『참동계參同契』[18]를 이론적 원류로 삼아 발전하였으며, 그로 인해 도교의 수행 방식은 더 내면적이고 철학적인 방향으로 전환되었다. 이는 당시 중국 봉건사회 전반의 종교적·철학적 사유에 깊은 영향을 미쳤다.

한편, 남북조 시대를 거치며 각기 독립적으로 발전한 불교는 초기에는 외래 종교로 인식되었으나, 점차 중국 사회에 깊이 뿌리내리며 토착화되었다. 수·당 시기에 이르러 불교는 유교와 도교의 영향력에서 벗어나 독자적인 지위를 확립하였고 중국 고유의 문화와 완전하게 융합되어 새로운 형태의 중국 불교를 형성하였다.

불교가 발전함에 따라 중국 전통사상과의 차이점이 뚜렷이 인식되었으며, 그 영향력 또한 점차 확대되었다. 이러한 과정 속에서 유교와 도교는 불교에 대해 경쟁적이면서도 때로는 대립적인 태도를 보였고, 이러한 사상적 충돌은 오히려 불교가 더욱 심화된 사유와 철학적 발전을 이루는 계기가 되었다.

수·당 시기에는 도교·불교·유교를 하나로 통합하려는 삼교일치론三教一致論이 등장하였다. 이는 세 종교의 교리와 수행법을 조화시키려는 사상적 시도로,

---

18 『참동계參同契』혹은 『주역참동계周易參同契』는 동한東漢 시대 연양가 위백양魏伯陽이 지은 책으로, 『주역周易』의 대역大易 사상과 황로黃老 철학, 그리고 복식服食 이론을 하나로 종합하여 대도大道의 체계에 맞춘 저술이다. 이 책은 도가의 연단술을 최초로 체계적으로 논한 대표적 저작으로 평가되며, 후대 도교에서는 이를 단경왕丹經王이라 부르며 경전으로 받들었다.

송·원宋元 시대에 이르러 하나의 주요 사조로 정착하였다. 이러한 삼교 융합의 흐름은 중국의 지적 환경뿐 아니라 영적·종교적 풍토 전반에도 깊은 변화를 가져왔으며, 중국 사상의 포용성과 통합적 전통을 확립하는 데 중요한 역할을 하였다.

당대唐代에 들어서면서 내단 사상은 이미 널리 확산되어, 최희범崔希範의 『입약경入藥鏡』, 유지고劉知古의 『일월현추편日月玄樞篇』 등 다양한 내단 관련 저술이 등장하였다. 당말과 오대五代 시기에 이르러서는 종리권鍾離權과 여동빈呂洞賓이 내단 수련을 한층 더 발전시켜, 체계적인 이론과 방법론을 확립하고 종려금단도鍾呂金丹道를 널리 전파하였다. 이로써 도교 교리는 비약적인 발전을 이루었으며, 이후 도교의 수행 전통과 사상적 전개에도 심대한 영향을 미치는 전환점이 되었다.

이 시기의 도교 내단가들은 불교의 영향을 적극적으로 수용하였다. 예를 들어, 도사 성현영[19]은 불교의 삼업청정三業清靜과 육근해탈六根解脫 개념을 도입하여, 신업정身業靜, 구업정口業靜, 의업정意業靜을 통해 심성 수양의 방법론을 전개하였다. 또한 『노자도덕경의소老子道德經義疏』 제6장에서 "만약 정精과 신神을 인도하여 기를 수 있다면, 저 텅 빈 골짜기처럼 허공에 막힘이 없어, 다시는 생사의 윤회에 들지 않게 된다[20]"라고 하였다. 이는 불교의 생사윤회설을 수용하여, 도에 이르면 생사의 굴레를 초월할 수 있음을 강조한 것이다.[21] 즉 이 시기의 도교사상은 단순한 교리적 영향을 넘어, 불교의 해탈 개념을 내단 수행의 궁극적 목표와 접목시키며 철학적 깊이를 더한 시기로 평가된다.

---

19 성현영成玄英은 당 초기의 인물로, 자는 자실子實이다. 그는 유교 경전에 두루 통달하였으며, 특히 문자 훈고학에 깊은 조예를 지녔다. 정관 5년(631년)에 황제로부터 서화법사西華法師라는 호를 하사받았다. 그는 노장사상을 연구하여 중현지도重玄之道를 밝히는 데 주력하였으며, 주요 저서로는 『노자도덕경의소老子道德經義疏』, 『장자주莊子注』, 『장자소莊子疏』 등이 있다.

20 『老子道德經義疏』 제6장 : 若能導養精神, 如彼空谷, 虛容無滯, 則不復生死也.

21 崔相銘, 「陳摶의 內丹思想 研究」 (원광대 박사학위논문, 2006), 95-96쪽.

사마승정(647-735)[22]은 도교·불교·유교의 사상을 통합하여 독자적인 양생 이론을 구축한 인물이다. 그는 불교 천태종의 지관법止觀法을 수용하고, 유가의 정심성의正心誠意 학설을 흡수하여 세 사상의 교의를 하나로 융합하였다. 이러한 사상적 통합은 당대唐代 불교를 도교의 이론 체계 속으로 포섭하는 데 크게 기여하였으며, 그를 당 시대 도교 발전의 핵심 인물로 자리매김하게 하였다.

그의 대표적 양생 이론인 주정거욕主靜去欲은 노장과 도교의 근본 원리를 토대로, 불교 천태종의 철학과 유가의 심성론을 폭넓게 융합한 결과로 탄생하였다. 이는 그의 사상이 지닌 융합적이면서도 독창적인 특징을 잘 보여주는 예라 할 수 있다.

당말唐末과 오대五代 시기에 최희범[23]이 저술한 『입약경』 가운데 심경설心鏡說은 불교 선종, 특히 북종北宗의 개조 신수神秀의 영향을 받은 것으로 보인다. 신수는 다음과 같은 유명한 게송을 남겼다.

몸은 곧 보리수요, 마음은 밝은 거울과 같으니, 늘 부지런히 닦아, 티끌이 묻지 않게 하라.[24]

---

22 사마승정司馬承禎(647-735)은 자는 자미子微, 법호는 도은道隱, 자호는 백운자白雲子이다. 그는 하내온河內溫(현 河南省 溫縣) 출신으로, 사후에 은청광록대부銀青光錄大夫의 작위가 추증되었으며, 시호는 정일선생正一先生이라 불렸다. 당 현종이 직접 그의 비문을 지었을 만큼, 그는 생전에 황실의 깊은 신임과 존경을 받은 인물이었다. 그는 도홍경의 사상적 전통을 계승한 삼전제자로서 상청파의 제12대 종사였다. 제자로는 이함광李含光, 설계창薛季昌, 초정진焦靜眞 등이 있어 그의 학맥을 이어받았다. 주요 저술로는 『수진비지修眞秘旨』 12편, 『수진비사목력修眞秘事目歷』, 『좌망론坐忘論』, 『수진양기결修眞養氣訣』 등이 있으며, 이 저작들을 통해 그는 도교 내단 수행의 이론적 기틀을 확립하고, 양생과 수도를 통합한 종합적 수행 체계를 제시하였다.

23 최희범崔希範은 저서 『입약경』에서 처음으로 내단 이론을 체계적으로 제창한 인물로, 도교 내단사에서 저명한 내단 이론가로 평가된다. 그의 개인적 생애나 활동에 관한 구체적인 사료는 거의 전하지 않지만, 사상적 영향력만큼은 매우 뚜렷하게 확인된다. 그의 저작 가운데 『입약경상편入藥鏡上篇』과 『입약경중편入藥鏡中篇』은 『도추道樞』卷37에 수록되어 있으며, 이외에도 송대의 소정지가 주해한 『해주최공입약경解注崔公入藥鏡』이 전한다. 이 주석서는 『수진십서修眞十書』卷13에 기록되어 있으며, 이를 통해 최희범의 내단 사상이 송대 이후의 도교 내단 이론 정립에 결정적인 영향을 미쳤음을 알 수 있다.

24 『入藥鏡上篇』: 身是菩提樹, 心如明鏡臺, 時時勤拂拭, 莫使惹塵埃.

이와 같이 최희범 또한 자신의 심경설에서 마음을 거울에, 몸을 보리수에 비유함으로써 불교 선종의 영향을 직접적으로 드러냈다. 그는 불교의 심인心印, 진공眞空, 공적空寂, 제진諸塵, 심법心法 등의 개념을 인용하여 내단 수행의 길을 설명하였으나, 이를 단순히 불교적 의미로 사용하는 것이 아니라 도교 내단 수련의 이론 체계에 맞추어 재해석하고 변형하였다.

이제 이어서 종리권, 여동빈, 진단 등의 인물을 중심으로, 성명쌍수와 선불융합 사상이 어떻게 계승되고 전개되었는지를 살펴보고자 한다.

2. 종려단법鍾呂丹法과 진단陳搏의 불교수용

송·원宋元 시대의 전진도全眞道 남종南宗과 북종北宗, 그리고 명·청明淸 시대의 동파東派와 서파西派에 이르기까지, 후대의 모든 내단가들은 오대五代 시기의 종리권과 여동빈의 도맥을 자신들의 수련 계보의 원류로 삼아 스승으로 받들었다. 종리권을 스승으로 모신 주요 인물로는 여동빈, 진박陳朴, 정문숙鄭文叔, 왕노지王老志 등이 있으며, 이들은 모두 오대五代 말기부터 송초宋初에 걸쳐 활약한 대표적 도가 인물들이다.

오대五代 시기의 종리권은 『참동계』[25]를 바탕으로 『운방삼십구장』을 저술하였

---

25 종리권鍾離權의 생몰연대는 확실히 전하지 않는다. 자가 운방雲房, 호는 정양진인正陽眞人으로, 함양 출신이다. 그는 일반에 널리 알려진 팔선 가운데 한 사람으로, 왕현보에게서 부록·단결·주천화후·청룡 검법 등을 전수받았다. 송대 승려 석지반이 지은 『불조통기佛祖統紀』에 따르면, 종리권은 음양과 수화의 원리를 천지의 승강과 인체의 심신 교합에 결합시켜, 이를 내단 수련의 이론적 체계로 이해하였다고 한다. 그의 저술로는 『비전정양진인영보필법秘傳正陽眞人靈寶畢法』, 『파미정도가破迷正道歌』 등이 있으며, 특히 『참동계』의 연단 이론을 바탕으로 『운방삼십구장雲房三十九章』을 저술하였다. 이 사상을 계승한 여동빈은 『침원춘沁園春』, 『상천효각霜天曉角』 등의 단가丹家 작품을 창작하여 내단 수행의 정서를 예술적으로 승화하였다. 종리권과 여동빈은 내단 수련과 천지의 조화가 황로사상, 특히 『도덕경』에 담긴 자연의 대원리 속에서 이루어진다고 보았다. 인간의 생리 구조와 성정性情의 변화가 천지자연의 운행과 대응하며 동일한 법칙에 따라 작동한다는 인식에 기초하여, 이를 『주역』의 우주론적 원리와 결합시켜 철학적으로 체계화하였다. 이처럼 종리권은 『참동계』의 사상을 계승·심화하여 내단 수련의 우주론적 기

다. 그는 내단 수련과 천지의 조화가 『도덕경』에 담긴 자연의 원리, 특히 황노사상에 근거하고 있음을 강조하였다. 또한 인간의 생리 구조와 성정의 변화가 천지자연의 운행과 긴밀히 대응하며, 이 모든 변화는 하나의 동일한 도의 원리에 따라 이루어진다고 보았다.

또한 이러한 천지의 조화 원리를 이론적으로 해석한 것이 『주역』이며, 그 사상적 핵심이 깊이 반영된 경전이 곧 『참동계』라는 인식이 당대 내단가들 사이에서 널리 공유되었다. 종리권은 이러한 사유를 바탕으로 성과 명을 함께 닦는 성명쌍수性命雙修를 내단 수행의 핵심 원리로 제시하였다.

이 내단 사상은 후대에 이르러 종려금단도鍾呂金丹道라 불리는 도맥으로 계승되었으며, 이 학파는 『도덕경』과 『참동계』를 이론적 근거로 삼아 오직 내단을 통한 성명쌍수의 실천만이 진정한 신선이 되는 길임을 역설하였다.

그 결과 외단처럼 외적 물질에 의존하는 복이服餌나 호흡술 중심의 수련법은 점차 본질적이지 않은 것으로 여겨졌으며, 특히 광물질을 이용한 연단법, 방중술房中術, 부적과 주문 등은 방문房門 혹은 사술邪術로 간주되어 점점 경시되기 시작하였다. 이와 같은 전환은 내단 수행이 단순한 신체적 연단술을 넘어, 인간의 성명을 근본적으로 변혁시키는 영적 수련으로 발전했음을 보여주는 중요한 지점이었다.

오대五代와 송초宋初 시기의 여동빈(798-?)[26] 은 종리권의 단법을 계승하면서

초를 정립한 인물로, 후대 도교 내단가들에게 깊은 영향을 미쳤다.

26 여동빈呂洞賓(798-?)은 팔선 중의 한 사람으로, 이름은 암岩, 자는 동빈洞賓, 호는 순양자純陽이다. 출신지에 대해서는 두 가지 설이 전한다. 하나는 하중부河中府 포판현蒲坂縣 영락진永樂鎭(지금의 山西 芮城) 출신이라는 설이고, 다른 하나는 동평東平(지금의 山東 東平) 출신이라는 설이다. 본래 유생이었던 그는 오대 시기에 종리권을 만나 내단의 도를 전수받았으며, 진단, 이기 등과도 교류하였다. 여동빈은 도교 내단 수련의 이론과 실천을 겸비한 인물로, 후대에는 정양진인으로 존숭되었다. 그의 저술로는 제자인 시견오가 편찬한 『종려전도집鍾呂傳道集』을 비롯하여, 『수진지현편修眞指玄篇』, 『서산군선회진기西山群仙會眞記』, 『화양편華陽篇』 등이 전하며, 이들 저술은 모두 종리권의 내단 이론을 계승하고 삼교 융합의 철학적 사유를 심화한 대표적인 도교 문헌으로 평가된다.

도 도·불·유 삼교의 사상을 융합한 독창적인 철학을 발전시켰다. 본래 유가 출신이었던 그는 사회적 불평등을 해소하고, 유가의 도덕적 가치관을 실천의 기준으로 삼는 삶을 지향하였다.

도교적 관점에서 여동빈은 이 세상에 오래 머물며 본성을 닦아 신선이 되는 장생 사상을 강조하였는데, 이는 은거를 통해 생명을 보전하고 세속적 욕망에서 벗어나려는 태도와 일맥상통한다. 한편 불교적 관점에서는 사대四大를 초탈하고 세속과의 관계를 단절한 경지, 즉 해탈의 경계를 이상으로 삼았는데, 이러한 사고는 여동빈의 출세사상出世思想과 깊이 맞닿아 있다.

또한 유가 전통 속에서도 "나라에 도가 없으면 은거한다邦無道則隱"거나 "궁할 때는 스스로를 잘 지킨다窮則獨善其身"는 처세 철학이 존재한다. 이러한 유가적 사유는 여동빈의 삶의 태도와 모순되지 않았으며, 오히려 그의 현실 인식과 수행적 선택에 실질적인 영향을 미친 요인이었다.

따라서 여동빈의 인생관은 도교를 중심에 두되, 유가의 도덕정신과 불교의 초탈 사상을 절충적으로 통합한 사상 체계로 이해할 수 있다. 이는 곧 삼교의 조화를 지향하는 그의 철학적 태도를 잘 보여주는 사례라 할 수 있다.

송宋·요遼·금金·원元 시대(960-1368)는 도교가 철학적 깊이와 이론 체계를 완성하며 크게 발전한 시기였다. 이 시기에는 태일도太一道, 진대도眞大道, 전진도全眞道, 정명도淨明道, 청미도淸微道 등 다양한 도파가 등장하였으며, 이들 모두 내단의 연양煉養과 성명쌍수 이론을 체계적으로 확립하는 데 주력하였다.

이에 비해 한漢·당唐 시기의 도교는 주로 연단과 양생에 초점을 맞추어 장생불사를 추구하였으나, 성性에 대한 철학적 고찰은 미흡하였고, 형신공양形神供養의 방법론 또한 단편적인 수준에 머물렀다. 반면, 송宋·원元 시대의 내단가들은 성명쌍수 이론을 한층 발전시켜 철학적 정합성을 갖춘 사상 체계를 정립하였으며, 수행 방법론 역시 풍부하고 정교한 단계적 체계로 확립하였다.

이들이 제시한 성명쌍수 사상은 형신통일形神統一의 생명관을 바탕으로, 궁극의 경지인 최상승법에 이르는 구체적인 내단 수행 방법론을 제시한 것으로 평가된다. 즉 성명쌍수론은 내단 사상의 핵심 이론으로서 신체 내부의 본래 원기를 회복하고, 자기 자신의 정신과 생명을 함께 단련하는 수행을 목표로 한다.

이 사상은 단순히 인체의 생리적 기능뿐 아니라 심리적·정신적 상태와도 긴밀히 연결되어 있어, 수행자에게 깊은 내적 성찰과 고도의 집중을 요구한다. 이러한 과정 속에서 외적 수련법이나 방술이 점차 배제되었는데[27], 이는 내단 수행의 궁극적 목적이 단순한 신체 단련을 넘어 정신과 육체의 통합을 통한 존재 전체의 조화로운 완성에 있음을 보여주는 현상이다.

또한 중당中唐에서 송대宋代에 이르는 시기, 중국 사상의 주류 흐름 중 하나는 삼교일치론三敎一致論이었다. 이 사상은 유·불·도 삼교가 각각 독자적인 교리와 수행법을 지니고 있음에도 불구하고, 그 차이를 넘어 조화와 통합의 가능성을 모색할 수 있다는 관점에 기반하였다. 삼교일치론은 각 사상의 특성과 차이를 인정하면서도 공통된 도덕적·영적 목표를 향해 나아갈 수 있다고 보았으며, 세 종교의 장점을 융합하여 포괄적이고 통합적인 철학 체계를 확립하려는 지적·사상적 시도로 전개되었다.

송宋 초기의 도사 진단陳摶[28]은 일찍이 삼교조화론三敎調和論을 주장하며 유·

---

27 金洛必, 『朝鮮時代의 內丹思想』 (대원출판사, 2005), 121쪽.

28 진단陳摶(?-989)은 처음부터 도교 내단가의 길을 걸은 인물은 아니었다. 장흥長興(930-933) 연간에 진사과에 응시하기 전까지는 유교 경전에 전념하였으나, 이후 관직 진출을 단념하고 손군방孫君仿과 장피처사獐皮處士의 권유로 무당산에 은거하며 도교 전통의 복기服氣와 벽곡辟穀 수련에 몰두하였다. 그 시기에 하창일何昌一에게서 수공법睡功法의 일종인 쇄비술鎖鼻術을 전수받아, 수공睡功수행에서도 매우 높은 경지에 도달한 것으로 전해진다. 이후 조광윤이 천하의 혼란을 평정하고 나라를 안정시키자, 그

불·도 삼교의 융합을 시도한 대표적 인물로 평가된다. 그와 더불어 장상영張商英은 『호법론護法論』을 지어 불교를 옹호하면서도 유교와 도교의 원리를 결합하려 노력하였고, 이강李綱은 『삼교론三敎論』에서 세 종교의 교리를 비교·통합하는 구체적 방법을 제시하였다. 또한 유밀劉謐은 『삼교평심론三敎平心論』을 통해 세 종교가 궁극적으로 동일한 심성 수양과 도덕적 완성을 목표로 한다고 보았다.

진단은 노장사상을 기반으로 도교의 내련 공법을 계승하며 학문적 성취를 이룩하였다. 그는 하창일何昌一을 스승으로 모셨고, 담초譚峭, 여동빈 등과 교류하였으며, 특히 불교 고승 마의도자麻衣道者와의 만남을 통해 유·불·도 삼교의 사상적 융합을 적극적으로 추구하였다. 이러한 만남은 송대宋代 삼교합일 사조의 본격적 전개를 이끈 중요한 전환점이 되었다.

그는 마의도자로부터 『정역심법正易心法』, 『하도河圖』, 『낙서洛書』, 『선천도先天圖』 등의 천문역학적 지식을 전수받았으며, 이는 후대 주돈이周敦頤가 『무극도無極圖』를 근거로 『태극도설太極圖說』을 저술하는 데 핵심적인 사상적 기반이 되었다. 또한 『선천도先天圖』는 소옹邵雍에게 전해져 상수역학象數易學 체계로 발전하였고, 도교 내단 이론의 사상적 면에서도 결정적인 영향을 미쳤다.

진단은 연정화기, 연기화신, 연신환허의 삼관론 수련체계를 정립함으로써 도교 정통 내단학의 기초를 확립하였다. 또한 불교의 심성론적 철학, 특히 남북조 시대 보리유지菩提流支가 번역한 『섭대승론攝大乘論』을 비롯한 유식학을 수용하고, 화엄華嚴·천태天台·삼론三論의 반야성공般若性空 사상과 융합함으로써, 불교의 선

는 화산으로 거처를 옮겨 도사로서 활동하였다. 그 후 마의도자에게서 『정역심법正易心法』을 전수받았다. 그의 정확한 출생 연대는 전해지지 않으나, 백세를 훌쩍 넘기는 장수를 누린 것으로 알려져 있으며, 화산 연화봉 아래 장초곡長草谷의 석실에서 생을 마쳤다. 그의 제자로는 장무몽, 진경원, 유해섬 등이 있었으며, 저서로는 『관공편觀空篇』, 『진희이태식결陳希夷胎息訣』, 『음진군환단가결注陰眞君還丹歌訣注』, 『역용도서易龍圖序』, 『정역심법주正易心法注』 등이 전한다.

법과 도교의 내단 수행법 간의 실질적 통합을 시도하였다. 이러한 융합적 관점은 『옥전玉詮』 권5에서 더욱 구체적으로 서술되어 있다.

'마음을 관觀한다'는 것은 단순히 텅 빈 마음을 허무하게 바라보는 것이 아니다. 마음은 본성性과 감정情을 아우르고, 또한 의식意識까지 겸한다. 본성은 바다의 물과 같고, 감정은 그 흐름과 같으며, 의는 물결과 같고, 식은 파도와 같다. 이 세 가지는 이미 본성의 물을 함께 지니고 있으나, 그 움직임이 매우 미세하여, 탐구하고 살피지 않으면 분별할 수 없다. 비록 미세하나 늘 존재한다. 그러므로 일에 부딪히는 경계마다 사랑과 욕망, 탐착의 때가 일어나 그 기세가 성대하게 뻗는다. 이는 하늘의 바람이 한 번 일면, 큰 파도가 산처럼 이는 것과 같다. 그런 까닭은 물의 본성이 본래 그대로 존재하기 때문이다. 이 때문에 사람의 선과 악은 모두 본성의 밭에 심긴 씨앗에서 비롯된다. 만일 이치를 따라 자기 씨앗과 합한다면, 도에 깨닫는 길이 저절로 빨라진다. 그러므로 『대능가경』에서는 자성을 분별하는 것을 선종의 제일 수행처로 삼고 있다.[29]

이처럼 진단은 불교의 심성론을 적극적으로 활용하여 자신의 내수학설을 체계화하였다. 불교에서는 마음을 만법의 근원으로 보며, 모든 존재와 현상은 마음에서 비롯되어 다시 마음으로 돌아간다고 설한다. 따라서 마음을 관찰하는 수행은

---

[29] 『玉詮』卷5：夫觀心者, 非空空視心也. 心統性情, 又兼意識. 性如海水, 情如流, 意如瀾, 識如波. 三種旣具有性水, 而其動甚微, 非探察不能分別. 然雖微而常有. 故一觸事境, 愛欲貪染, 其勢厥張, 譬如天風一振, 濤浪山作. 所以然者, 水性具存故也. 是以人之善惡, 皆本于性田種子. 能理合自己種子, 則入道自捷. 故『大楞伽經』以分別自性第一禪宗.

곧 우주와 만물의 근원을 관찰하는 행위로 여겨졌으며, 이러한 사유체계 속에서 사물의 이치를 탐구하고 스스로의 본성을 살피는 수행을 '관심觀心'이라 불렀다.

진단의 관심법은 불교 천태종의 수행 원리에서 유래한 것으로 널리 알려져 있다. 그는 "인간의 선악은 모두 성전종자에 근거한다人之善惡, 皆本于性田種子"라는 관점을 통해 천태종의 핵심 교의인 성구선악性具善惡설을 수용하였다. 이러한 종자種子 사상은 불교의 유가행파瑜伽行派와 법상종法相宗에서도 중요한 철학적 기반으로 다루어진다. 이는 마음속에 잠재된 습기習氣와 업業의 형성 원리를 설명하는 핵심 개념으로, 인간 내면의 선악과 윤회의 근거를 밝히는 사상적 틀을 제공한다.[30] 『성유식론成唯識論』권2에서 말한다.

> 무엇을 종자라 이름하는가? 이는 본식本識 가운데에서 스스로 과보를 낳
> 는 고유한 공능의 차이를 말한다.[31]

여기에서 말하는 본식本識은 불교의 제8식, 즉 아뢰야식阿賴耶識을 가리킨다. 이는 곧 심心 또는 성전性田, 즉 본성의 밭을 의미하는 개념으로, 모든 존재의 근원이 되는 심층적 의식의 저장소를 뜻한다. 본식은 모든 법의 발생 원인으로서, 일체의 사물과 현상을 직접 생성해 낼 수 있는 잠재적 능력을 지니고 있으므로 '종자'라 불린다.

---

30 李遠國 著, 앞의 책, 334-336쪽. : 진단의 관심법이 불교 천태종에서 유래했다고 흔히 주장하지만, 남북조 시대에 이미 보지선사寶誌禪師의 『명심론明心論』이 널리 유행하였으며, 이 명심明心의 개념이 후대에 관심觀心으로 발전한 것으로 보인다.

31 『成唯識論』卷2 : 何法名爲種子? 謂本識中親生自果功能差別. (功能差別의 산스끄리뜨는 śakti-viśeṣa이다. 또는 sāmarthya-viśeṣa이다. śakti, sāmarthya는 '힘', '세력', viśeṣa는 '특별함'을 뜻하므로, '종자'란 '특수한 힘', 즉 '특수한 정신적 에너지'를 의미하는 것이다. 이 에너지는 아뢰야 속에 잠재되어 있다가, 인연이 갖추어질 때 작용하여 과보를 낳게 된다.)

한편 진단이 언급한 공호은 불교의 핵심 교의로서, 모든 현상은 인연에 의해 생기고 찰나마다 생멸하기 때문에, 그 안에는 고정된 본질이나 독립된 실체가 존재하지 않는다는 의미이다. 이러한 까닭에 불교에서는 "겉모습은 있는 것처럼 보이지만 실제로는 실체가 없다假而不實"라고 하며, 이 원리를 공이라 부른다.

진단은 이러한 불교의 공사상과 유식학의 종자론을 적극적으로 수용하면서도, 그 위에 자신만의 내단적 해석을 덧붙여 내단 수행의 철학적 근거로 삼았다. 진단은 또 이렇게 말한다.

> 이로써 알 수 있듯이, 인간 세상의 모든 일은 모두 음양의 한 기운이 임시로 합쳐진 것이다. 다만 허망하여 가상이 있을 뿐이며, 영원히 정해진 실체는 없다.[32]

이처럼 진단은 우주 만물이 모두 음양의 기에서 비롯되었기에 생멸은 존재하지만, 그 근원이 되는 음양의 기 자체는 영원히 변하지 않는 참된 본체라고 보았다.

그는 『관공편觀空篇』에서 불교의 심법과 관공 사상을 도교의 내단 수련에 도입하였으며, 수련의 과정을 완공頑空→성공性空→법공法空→진공眞空→불공不空의 다섯 단계로 체계화하였다. 이 단계적 구조는 『주역』의 동정動靜 변화와 감리괘坎離卦의 상징을 응용하고 동시에 노자의 허무와 유무有無 사상을 통합하여 이루어진 것이다.

이러한 시도는 도교 내단 수련을 오공五空이라는 관조의 틀로 확장시켰으며, 진단의 공관空觀 사상은 선종의 공호 개념과 천태종의 관심법을 융합함으로써, 도교

---

32 『正心易法·注』: 以是知人間萬事, 悉是假合陰陽一氣, 但有虛幻, 無有定實也.

수련의 이론적 깊이를 한층 확장하고 다양한 사상적 배경을 포괄하는 새로운 수행체계를 제시하였다.

진단은 또한 천·지·인天地人, 동·정動靜, 유·무有無와 같은 모든 이원적 존재들이 궁극적으로 하나의 근원인 허虛에서 비롯된다고 보았으며, 이 허를 불교에서 말하는 공과 동일한 개념으로 인식하였다. 이러한 관점은 『관공편』에서 진단이 제시한 오공설이 불교 사상의 영향을 깊이 받았음을 분명히 보여준다. [33]

이처럼 진단은 다른 학파의 이론을 능동적으로 수용하여 자기 학파의 실천 체계를 한층 풍부하게 발전시켰으며, 이를 바탕으로 삼교를 효과적으로 융합하여 독창적인 학문 체계를 창안하였다. 그가 정립한 내단학설은 기존 도교의 장생불사 중심 사상보다 훨씬 정밀하고 치밀했을 뿐 아니라, 실천적 측면에서도 더욱 체계적으로 발전된 형태를 갖추었다.[34] 결국 이러한 성과는 유·불·도 삼교 사상의 융합이 빚어낸 결과로, 당·송唐宋 시기에 이르러 하나의 결실로 나타난 사상적 통합이라 할 수 있다.

---

33 최상용, 앞의 논문, 23-24쪽.
34 李遠國 著, 앞의 책, 334-336쪽.

3. 장백단張伯端의 선불융합 사상

전진도의 남종과 북종은 모두 종려금단파의 계통에 속하며, 요遼 · 금金 · 원元 시대와 양송兩宋 시대를 거치면서 남북으로 장기간 대치하였고, 각기 상이한 방향으로 발전하였다. 비록 도통道統은 동일하였으나, 이론과 단법, 그리고 전수 대상을 다루는 각 종파의 단경丹經을 통해 양자 간의 뚜렷한 차이를 확인할 수 있다. 같은 시조와 공통된 원류에서 출발하였음에도 불구하고, 남종과 북종은 남북으로 나뉘어 서로 다른 명칭으로 불리게 되었고, 이후 내단 수행과 사상적 논의에서 항상 병기되어 언급되는 두 흐름으로 자리매김하였다.

남종南宗의 대표 인물인 장백단(987-1082)[35]은 종려의 단법을 계승하면서 성명 쌍수를 강조하고, 동시에 삼교융합을 추구한 인물이다. 그는 선명후성先命後性, 즉

---

[35] 장백단張伯端(987-1082)의 자는 평숙平叔이며, 천태天台사람이다. 송 태종 옹희 4년(987년)에 태어나, 미종 원풍 5년(1082년) 3월 15일에 우화하였으며, 세상에 96년 동안 머물렀다. 그는 어려서부터 박학하고 총명하여 여러 차례 과거에 응시하였으나 급제하지 못하였고, 이후 사방을 두루 유람하며 도를 구하였다. 희녕 2년(1069년)에 육선을 따라 성도로 가서 보좌하였고, 그해에 유해섬을 만나 단결을 전수받았다. 이때부터 이름을 용성用成으로 바꾸었다. 희녕 8년 을묘년(1075년)에 『오진편悟眞篇』을 지어 세상에 전하였으며, 이 저작은 이후 도교 내단학의 고전으로 추앙받게 되었다.

"먼저 명命을 닦고 그다음 성性을 닦는다"라는 수행 원리를 제시하였다. 남종은 실제로 남송 시기 남방 지역에서 전개되며 새로운 내단 전통의 방향을 제시한 학파로 주목된다. 장백단은 비록 스스로 도파를 세우지는 않았으나, 그의 법맥은 석태石泰(1022-1158)→설도광薛道光(1078-1191)→진남陳楠(?-1213)→백옥섬白玉蟾(1194-?) 으로 이어져, 하나의 남종 계승 전통을 형성하였다.

장백단은 『오진편悟眞篇』과 『청화비문靑華秘文』을 통해, 삼교귀일론三敎歸一論과 성명쌍수론을 기반으로 선불융회仙佛融會사상을 제시하였다. 이에 대해 공령굉孔令宏은 장백단의 사상을 면밀히 고찰하며 다음과 같이 정리하였다.

장백단은 내단 수련의 전 과정을 선先·차次·종終의 세 단계로 나누어 체계화하였다. 첫 번째 단계에서는 유교적 윤리와 도덕을 수행의 기초로 삼아 도교 수행에 입문한다. 두 번째 단계에서는 도교의 수행 방식을 통해 선禪의 수련을 받아들이고, 그 속에서 성性의 본질을 탐구하고 해석한다. 마지막 단계에서는 자연의 본원本源과 본체本體, 그리고 성명性命의 근원적 자리로 회귀함으로써 모든 수행과 깨달음을 근원으로 되돌린다. 이 세 단계의 수련법은 곧 삼교합일의 이상을 온전히 구현한 것으로, 내단학의 구조를 보다 풍부하고 정교한 체계로 발전시키는 데 크게 기여하였다. 장백단이 말한 '유교가 도교로 들어간다'는 표현은, 윤리와 도덕의 함양을 수도修道의 필수 전제로 삼았음을 의미한다. 이러한 관점에서 그의 수행론은 유가의 도덕관과 근본적으로 일맥상통하며, 인간 내면의 도덕적 완성을 통해 도의 경지에 이르는 길을 제시한다. 또한 선

禪을 통해 성性을 해석한다는 단계는 수련의 고급 과정으로, 이는 곧 연단煉丹 수행과 선禪 수행이 서로 긴밀하게 연결되어 있음을 보여주는 대목이다.[36]

위 인용문에서 보듯, 유교의 가르침은 도교 수련의 첫 단계로서 일상생활 속의 윤리와 도덕을 바탕으로 수도修道의 출발점을 마련한다. 두 번째 단계에서는 불교의 가르침이 도입되어, 도교와 불교의 교리를 융합함으로써 명을 닦고 이어서 성을 밝히는 수련이 전개된다. 마지막 단계는 이른바 연신환허의 경지, 즉 신을 단련하여 허로 되돌리는 궁극적 수행 단계에 해당한다.

이러한 연속적 수련 과정은 장백단이 삼교의 요소를 조화롭게 통합하여 독창적이면서도 체계적인 도교 내단 수련법을 제시한 대표적 사례로 평가된다. 각 단계는 유기적으로 맞물려 있으며, 장백단의 사상은 도교의 심오한 내면 수련법을 구체화하는 동시에, 유교와 불교의 교리를 포괄적으로 융합한 수행 철학을 제시하고 있다.

특히 장백단은 당시 사회에서 불교의 유행으로 인해 수련이 성性의 단련에 치우치고, 명命을 닦는 일이 소홀히 여겨지는 풍조를 비판하였다. 그는 성과 명을 함께 닦아야 함을 거듭 강조하며, 금단만을 추구하는 편협한 연단 방식에 대해 깊은 우려를 표명하였다. 이러한 문제의식은 『자양진인오진편습유紫陽眞人悟眞篇拾遺』에 분명히 드러난다.

이는 도를 배우는 사람이 성性의 이치에는 통달하지 못한 채, 오직 금단金丹만을 닦는 것을 경계한 말이다. 이와 같다면 성명의 도가 온전히 갖추어지

36 孔令宏, 『宋明道教思想研究』, (北京 : 宗教文化出版社, 2002), 117-118쪽.

지 않아, 마음의 운행이 두루 미치지 못하고 만물이 조화를 이루기 어렵다. 또 어찌 궁극적인 원만한 통달에 이르러 삼계를 멀리 초월할 수 있겠는가?[37]

여기서 말하는 성명의 수련에 관하여, 장백단은 『역세진선체도통감歷世眞仙體道通鑑』 권49에서 보다 구체적으로 언급하고 있다.

> 자양이 일찍이 말하기를, "도가는 명命을 근본으로 삼아 교를 세우므로 명을 자세히 논하고, 성性을 간략히 말한다. 불가는 성을 근본으로 하여 교를 세우므로 성을 자세히 논하고 명은 간략히 말한다. 그러나 성과 명은 본래 서로 떨어지지 않으니, 도가와 불가는 본래 둘이 아니다. 석가모니는 서방의 나라에서 태어나 금단의 도를 얻어 성과 명을 함께 닦았으니, 이는 최상승법이므로 금선金仙이라 일컬어진다"고 하였다. (중략) 종리정양은 또 말하기를, "달마는 아홉 해 동안 면벽하여 비로소 내원을 초월하였고, 세존은 여섯 해 동안 마음을 깊이 감추어 마침내 범속의 굴레를 벗어났다"고 하였다.[38]

이 구절은 석가모니 또한 성과 명을 함께 닦았다는 사실을 강조하고 있으며, 이를 통해 '삼교융합'을 실천적으로 구현하려는 장백단의 의도를 분명히 보여준다. 그는 유교의 인성론과 불교의 심성론을 도교의 내단 수련체계 속에 흡수하여, 그 위에 성명쌍수를 중심으로 한 새로운 내단 이론을 정립하고자 하였다.

---

37 『紫陽眞人悟眞篇拾遺』「禪宗歌頌詩曲雜言」: 此恐學道之人, 不通性理, 獨修金丹. 如此其性命之道未備, 則運心不普, 萬物難齊. 又焉能究竟圓通, 迥超三界?

38 趙道一, 『歷世眞仙體道通鑑』卷49.: 紫陽嘗云, 道家以命宗立敎, 故詳言命以略言性. 釋氏以性宗立敎, 故詳言性而略言命. 性命本不相離, 道釋本無二致. 彼釋迦生于西土, 亦得金丹之道, 性命兼修, 是爲最上乘法, 故號曰金仙. (중략) 鍾離正陽亦云: "達磨面壁九年, 方超內院, 世尊冥心六載, 始出凡籠."

또한 장백단은 『오진편』「서문」에서 성性에 대한 깨달음을 선종禪宗에서 얻었음을 명시함으로써, 자신의 내단 수련체계가 불교 사상으로부터 깊은 영향을 받았음을 분명히 밝혔다.

세상에서 신선의 도를 배우는 자가 열이면 여덟아홉이되, 그 참된 요체에 이른 자는 한둘도 듣지 못하였다. 내가 이미 참된 가르침을 만났으니, 어찌 감히 숨기고 침묵하겠는가? 이에 얻은 바를 다하여 율시 81수를 지어, 『오진편』이라 이름하였다. (중략) 편집을 마치고 이미 완성한 뒤에 그 내용을 다시 살펴보니, 다만 생명을 기르고 형체를 굳히는 방법만을 논하였을 뿐, 만물의 근원인 참된 깨달음의 성에 대해서는 아직 깊이 탐구하지 못하였음을 깨달았다. 이에 불교 경전과 『전등록傳燈錄』을 참고하니, 조사들 가운데에는 대나무 부딪히는 소리를 듣고 깨달은 이도 있었다. 이에 노래歌, 송頌, 악부樂府, 잡언雜言 삼십이 수를 형상화하여 권말에 덧붙이니, 비로소 본래의 밝은 성의 도에 이르는 바를 거의 다하였다.[39]

이 서문은 장백단이 도교의 내단 수행을 불교의 선종 수행법과 결합시킨 결정적 단서를 제공한다. 그는 불교의 '관심觀心' 수행법, 즉 직접 마음의 근원을 탐색하고 본래의 자성을 깨닫는 선종의 수행 방식을 도교의 내단 체계 속에 흡수하였다. 이로써 장백단은 기존 도교의 명을 기르고 형체를 보존하는 실천적 양생법을 넘

---

39 『悟眞篇』「序文」: 因念世之學仙者十有八九, 而達其眞要者未聞一二, 僕旣遇眞詮 安敢隱黙? 整其所得 成律詩九九八十一首, 號曰『悟眞篇』. (중략) 及乎編集, 旣成之後, 又覺其中, 惟談養命固形之術, 而於本 源眞覺之性, 有所未究. 遂按佛書及傳燈錄, 至於祖師有擊竹而悟者. 乃形於歌, 頌, 樂, 府, 及雜言三十二 首, 今附之卷末, 庶幾達本明性之道, 盡於此矣.

어, 불교의 성性을 밝히는 수행법을 한층 높은 차원의 도로 인식하였다. 그에게 있어 불교의 깨달음은 단순한 이론적 지식이 아니라, 도교 내단 수련이 완성되는 궁극의 경지였다.

장백단은 명심견성明心見性을 찬미하며, 선종적 풍격이 짙은 게송들을 다수 남겼다. 그의 사상에는 불교 선종의 세계관과 유사한 면모도 드러나지만, 그의 수련 방식과 철학적 지향은 본질적으로 선종과 다른 길을 걸었다. 그는 달마와 육조 혜능으로 대표되는 선종 사상을 최상의 일승一乘이라 높이 평가했으나[40], 그가 지향한 이상적 목표는 선종의 열반과는 달리 형체를 보존한 채 장생구시를 실현하는데 있었다. 즉 장백단에게 도란 정신의 초월만이 아니라, 정신과 육체의 조화로운 영생을 뜻했다. 그는 『오진편』에서 다음과 같이 노래하였다.

> 온갖 음기가 모두 벗겨지고 단丹이 익으면, 범속의 우리를 뛰쳐나와 수만년을 산다. (중략) 한 알의 금단金丹을 삼켜 배속에 들이니, 비로소 내 생명이 하늘에 매여 있지 않음을 알았다. (중략) 이미 수명이 천지와 더불어 영원함을 깨달았으니, 번뇌가 다시 마음에 일어날 까닭이 없다[41]

이 인용문은 도교 내단 이론에서 형形과 신神의 일치가 곧 장생불사의 핵심 조건임을 분명히 보여준다. 장백단이 말한 금단의 성취는 단순히 신체를 보양하는 기술적 차원을 넘어, 정신의 수양과 선善의 실천을 통합한 전인적 수련관을 반영한다.

초기 도교에서는 형신공양形神共養과 형신쌍수形神雙修가 중요한 수행의 기초

---

40 『悟眞篇』「後序」: 此後若有根性猛烈之士, 見聞此篇, 則知僕得達磨六祖最上一乘之妙旨, 可因一言而悟萬法也.

41 『悟眞篇』: 群陰剝盡丹成熟, 跳出凡籠數萬年. (中略) 一粒金丹呑入腹, 始知我命不由天. (中略) 已知壽永齊天地, 煩惱無由更上心.

로 여겨졌다. 이는 육체를 단련하고 동시에 정신을 함께 기르는 방법, 즉 몸과 마음을 하나로 다스리는 양생법이었다. 한·당漢唐 시기의 양생가들은 이러한 원리를 실천적 수련의 핵심으로 삼고, 신체의 정기를 보존하면서 정신적 청명함을 유지하는 데 주력하였다.

이후 당唐대를 거쳐 송宋대에 이르러 내단 수련이 심화되면서, 이러한 형신의 일체 수련은 한층 정밀하고 철학적인 개념인 성명쌍수로 발전하였다.[42] 이 개념은 단순한 신체 보양의 차원을 넘어, 형과 신, 성과 명이 조화롭게 완성되는 궁극의 도, 즉 전인적 완성의 경지를 지향하는 수련 철학으로 발전하였다.

또한 장백단은 불교의 윤회 사상에 동의하지 않았으며, 그의 이러한 입장은 『오진편』의 칠언절구 첫 번째 시에서 명확히 드러난다.

비록 그대가 진여의 성품을 깨달았다 하더라도, 몸을 버렸다가 다시 몸에 들어감을 면치 못하리라. 어찌하여 다시 대약大藥을 함께 닦아, 문득 무루無漏를 깨달아 참된 사람이 되지 않겠는가?[43]

이 구절에서 장백단은 불교의 깨달음만으로는 완전한 해탈에 이를 수 없다고 지적하며, 선종禪宗의 수행보다 반드시 내단을 함께 단련해야 한다고 보았다. 이를 통해 그는 정신 수양에만 치중하는 불교적 접근보다 육체와 정신을 아우르는 내단 수련이 한층 전체적이고 균형 잡힌 수행 방식임을 강조하였다. 또한 그는 소승불교

---

42 姜 賢, 「劉一明의 內丹思想 硏究」 (원광대 박사학위논문, 2011), 9쪽. : 도교사의 관점에서 볼 때, 형신 공양과 성명쌍수는 겉으로는 유사해 보이지만, 그 함의와 철학적 지향은 분명히 다르다. 고대 신선술로부터 도교는 이미 형을 기르는 다양한 방술, 즉 벽곡辟穀·토고납신吐古納新·도인導引·복식服食·금단金丹·양기養氣·연기煉氣 등이 포함된다. 동시에 신을 기르는 수행법, 즉 존사存思·수일守一·주정主靜·좌망坐忘 등도 함께 발전하였다.

43 『悟眞篇』: 饒君了悟眞如性, 未免抛身却入身, 何以更兼修大藥, 頓悟無漏作眞人.

를 하승下乘이라 지칭하며 그 한계와 편협성을 비판적으로 드러냈다. 이러한 시각은 『오진편』 「서문」에서 더욱 분명히 드러난다.

오직 숨을 멈추는 한 가지 법만이, 굶주림을 잊고 번뇌를 끊게 하니, 곧 이승二乘, 즉 성문승과 연각승의 좌선과 서로 통한다. 만일 이를 부지런히 행하면, 선정에 들어가 신이 나아감을 얻을 수 있다. 그러나 정신이 음에 속하므로, 그 거처가 오래도록 굳건히 머물기 어렵다.[44]

이른바 장백단은 소승의 선법이 도달할 수 있는 최고 경지조차도 내단파에서 설정한 다섯 등급 중 가장 하위 단계인 귀선鬼仙의 수준을 넘지 못한다고 단언하였다. 이에 대한 근거로 종리권은 『종려전도집』에서 다음과 같은 견해를 밝히고 있다.

신선이라 하나 그 부류가 한 가지만 있는 것은 아니다. 순수한 음만 있고 양이 없는 것은 귀鬼이며, 순수한 양만 있고 음이 없는 것은 신선이다. 음과 양이 서로 섞여 있는 것은 사람이다. 오직 사람만이 귀가 될 수도 있고 신선이 될 수도 있다. 젊을 때 수양하지 않고 감정과 욕망을 방종히 하여 병들어 죽으면 귀가 된다. 이를 깨달아 닦아 범속을 초월하고 성인의 경지에 이르면, 형질을 벗고 신선이 된다.[45]

---

44 『悟眞篇』 「序文」: 唯閉息一法, 能忘飢絶慮, 卽與二乘坐禪頗同. 若勤行而之, 可以入定出神. 奈何精神屬陰, 宅舍難固.

45 『鍾呂傳道集』: 仙非一也. 純陰而無陽者, 鬼也. ; 純陽而無陰者, 仙也. ; 陰陽相雜者, 人也. 惟人可以爲鬼, 可以爲仙, 少年不修, 恣情縱意, 病死而爲鬼也. ; 知之修煉, 超凡入聖, 而脫質爲仙也.

위 문장은 귀신과 신선의 존재론적 차이를 명확히 구분함으로써 도교 내단 사상에 내재된 위계적 수행 구조를 드러낸다.

도교에서는 신선의 경지를 다섯 등급五等으로 나누어 수행자의 도덕적·영적 성취 수준과 정련의 깊이를 구분하였으며, 이는 인간이 단순히 수명을 연장하는 차원을 넘어 정신적 각성과 존재의 변형을 통해 신선의 반열에 이르는 과정을 설명한 것으로, 이른바 도교 오등 체계라 불린다.

이러한 오등 체계는 불교에서 수행의 완성도를 다섯 단계의 과위果位로 구분하여 제시한 불교의 오과五果 체계와 구조적으로 유사하다.[46]

〈표 1〉 仙佛의 修行 層次

	修行 層次				
道教 五等	鬼仙	人仙	地仙	神仙	天仙
佛教 五果	外道禪	須陀洹 果	斯陀含 果	阿那含 果	阿羅漢 果

도교의 오등은 수행을 통해 귀鬼의 경지에서 천선의 경지로 점차 상승하는 영적 진화의 과정을 보여준다. 각 단계는 형形과 신身, 성性과 명命의 정련 정도에 따라 구분되며, 수행자가 얼마나 음양의 조화를 회복하고 도의 본체에 합일했는가를 평가하는 기준이 된다.

가장 낮은 단계인 귀선은 육체는 소멸되었으나 정신이 아직 정화되지 못한 상태

---

46 도교의 오등과 불교의 오과를 비교하는 방식은 어디까지나 도교 내단가들이 자의적으로 설정한 분류 체계일 뿐이며, 불교 측에서는 이를 인정하지 않는다. 그 이유는 양자의 수행 출발점과 궁극적 목적 자체가 다르기 때문이다. 도교의 내단 수련자는 성명쌍수, 즉 성과 명을 함께 닦아 도를 이루는 것을 목표로 삼는다. 반면, 불교의 선가는 성을 중심으로 한 마음의 수행을 통해 불과佛果, 즉 깨달음과 해탈의 경지를 증득하는 것을 지향한다. 따라서 도교의 내단 수련이 형과 신의 조화 및 생명의 영속성을 추구하는 데 초점을 둔다면, 불교의 수행은 무상·무아의 진리를 깨달아 생사윤회를 벗어나는 것에 목적을 둔다.

를 의미하고, 가장 높은 단계인 천선은 음양이 완전히 조화에 도달하여 천지와 더불어 영생하는 경지를 뜻한다.

이러한 도교의 오등五等 체계는 불교의 오과五果, 즉 수다원과·사다함과·아나함과·아라한과로 이어지는 사향사과四向四果[47]의 점진적 수행 단계와 구조적으로 유사하다. 불교가 번뇌를 제거하고 해탈에 이르는 심적 정화의 과정을 단계적으로 제시하였다면, 도교는 형신形身의 정련을 통해 생사윤회를 벗어나 불사의 경지에 이르는 내단적 수행체계를 확립하였다.

결국 불교의 수행이 마음의 청정과 깨달음을 통한 열반의 완성을 지향한다면, 도교의 수행은 성과 명의 조화를 통해 존재의 초월과 영생의 실현을 목표로 한다. 비록 두 전통은 출발점과 지향점이 다르지만, 수행의 과정을 위계적 단계로 구분하고 점진적 완성을 중시한다는 점에서 서로 통한다.

이와 같이 도교의 오등 체계는 인간 존재의 변화를 신체적·정신적 양면에서 동시에 탐구한 동양적 수행론의 정수로 이해될 수 있으며, 이는 곧 불교의 해탈론과 병렬적으로 놓이는 도교적 깨달음의 위상론이라 할 수 있다.

한편, 수행자가 대도大道의 이치를 온전히 깨닫지 못한 채 조급하게 성취만을 추구하면, 그 결과는 진정한 변화에 이르지 못하고 귀선의 단계에 머물게 된다. 이에 대해 종리권은 다음과 같이 경계하였다.

형체는 마른 나무와 같고, 마음은 죽은 재와 같다. 정신과 의식이 안으로

수렴되어, 뜻이 한결같아 흩어지지 않는다. 선정 가운데 음신陰神을 내보

---

47 사향사과四向四果란 수행자가 번뇌를 끊고 도과道果에 이르기까지의 네 길과 네 결실을 말한다. 사향四向은 수행의 방향, 사과四果는 증득의 경지를 나타내며, 수다원향·과須陀洹向果는 입류入流, 즉 도에 들어감→사다함향·과斯多舍向果는 일래一來, 즉 한 번의 생만 남음→아나함향·과阿那含向果는 불환不還, 즉 다시 오지 않음→아라한향·과阿羅漢向果는 무학無學, 즉 완전한 깨달음을 의미한다.

내면, 이는 맑고 신령한 귀鬼이지만, 순양純陽의 신선은 아니다. 그 뜻이 한 결같아 음령陰靈이 흩어지지 않으므로 이를 귀선이라 한다. 비록 신선이라 이름하나, 실상은 귀신에 불과하다. 예로부터 지금에 이르기까지 불법을 숭상하는 무리들이 공력을 이 정도에 이르고서 이를 도를 얻었다고 말하니, 참으로 가소롭기 그지없다.[48]

이른바 초기 내단 수련가들은 불교의 입정入定 수행 결과를 귀선의 단계로 간주하며, 불교의 수행 성과를 의도적으로 낮은 단계로 평가절하하였다. 그들은 불교의 수행이 정신적 고요에 머무를 뿐 형신의 변화를 통한 궁극적 불사의 경지에는 도달하지 못한다고 보았기 때문이다.

그러나 장백단은 이러한 시각과는 달리 자신의 학설을 성명쌍수의 원리에 근거한, 정신과 육체를 아우르는 가장 원만하고 균형 잡힌 수련법으로 제시하였다. 그는 자신의 이론이 삼교의 정법을 융합하여 완성한 궁극의 도학적 성취임을 진리로 여겼다.

『오진편』을 완성한 지 7년 뒤인 신종神宗 원풍 5년(1082년) 3월 15일, 장백단은 단정히 앉은 자세로 조용히 세상을 떠났다. 그가 생전에 남긴 「시해송尸解訟」에서 다음과 같이 말하였다.

사대가 흩어지려 할 때, 뜬구름은 이미 허공에 사라지고, 한 영묘한 존재만 남아, 법계와 원만히 통한다.[49]

---

48 『鍾呂傳道集』: 形如槁木, 心若死灰. 神識內守, 一志不散. 定中以出陰神, 乃淸靈之鬼, 非純陽之仙. 以其一志, 陰靈不散, 故曰鬼仙. 雖曰仙, 其實鬼也. 古今崇釋之徒, 用功到此, 乃曰得道, 誠可笑也.
49 「尸解訟」: 四大欲散, 浮雲已空, 一靈妙有, 法界圓通.

그가 입적한 뒤, 선禪을 깊이 공부하던 한 제자가 그의 시신을 화장하며 다음과 같이 전하였다.

사리舍利를 천백 개나 얻었는데, 큰 것은 가시연꽃의 열매만 하였고, 그 빛깔은 모두 짙푸른 감청색이었다. 여러 제자들이 모여 그것을 가리키며 말하기를, "이것이 바로 도가의 서道書에서 말한 '사리가 금빛 자태로 빛난다'는 것이다!"라고 하였다.[50]

본래 사리는 석가모니의 유해를 화장한 뒤 남은 구슬 형태의 물질로 전해졌으며, 초기에는 부처의 법신이 남긴 신성한 성물로 인식되었다. 그러나 시간이 흐르면서 그 개념은 확장되어, 덕행이 높고 수행이 깊은 고승이나 선사가 열반한 뒤 화장하여 남긴 유골 전반을 지칭하는 용어로 사용되기에 이르렀다. 불교에서는 사리를 단순한 유골로 보지 않고, 계· 정· 혜戒定慧 삼학을 통한 장기간의 수행과 공덕이 응집되어 형성된 신령한 결정체로 이해하였다. 즉 사리는 수행자의 도덕적 청정함, 정신적 통일, 지혜의 성숙이 물질화된 상징적 존재로 여겨졌다.

이와 관련하여 『금광명경金光明經』 「사신품捨身品」에서는 다음과 같이 말한다.

이 사리란 한량없는 육바라밀의 공덕이 응집된 것이다. (중략) 사리는 계· 정· 혜 수행으로 쌓은 공훈의 결실이니, 그것을 얻기가 심히 어려우며, 가장 으뜸가는 복전이라 할 것이다.[51]

---

50 『張眞人本末』· 『逍遙墟經』: 得舍利千百, 大者如芡實焉, 色皆紺碧. 群弟子至, 遂指謂曰 '此道書所謂舍利耀金姿'也.

51 『金光明經』 「捨身品」: 是舍利者, 卽是無量六波羅蜜功德所熏. (中略) 舍利是戒定慧所勳修, 其難可得, 最上福田.

장백단의 사후, 그의 죽음은 도교 전통의 시해법尸解法, 즉 육체를 벗고 신적 존재로 전화轉化하는 방식으로 보기보다 오히려 불교의 열반 개념과 유사한 형태로 이해되었다. 이는 그의 죽음이 단순한 육체적 소멸이 아니라, 수행의 완성과 도의 실현으로 인식되었음을 뜻한다. 나아가 이러한 해석은 불교와 도교의 수행관이 상호 깊이 융합되어, 두 전통을 명확히 구분하기 어려운 경지에 이르렀음을 보여준다.

특히 장백단이 『오진편』에서 전개한 내단 이론은 이러한 삼교 융합의 흐름을 구체적으로 반영하고 있다. 그는 성명쌍수를 핵심으로 하는 도가의 내단 수련체계를 정립하였으나, 그 과정에서 불교의 심법과 수행법을 적극적으로 수용하였다.

따라서 그의 사상은 단순히 도가 전통을 계승한 것에 그치지 않고, 유가 · 불가 · 도가의 수행체계를 유기적으로 통합함으로써 새로운 차원의 종합적 내단 수행 이론을 수립한 것으로 평가된다.

앞서 살펴본 바와 같이 초기 내단 수련가들은 도교의 이론에 불교 사상을 접목하며 일정 수준의 사상적 융합을 시도하였다. 그러나 이러한 시도는 개별 개념의 단편적 결합에 그쳤을 뿐, 도교의 천선과 불교의 부처를 동일한 궁극적 경지로 보는 선불합종 사상에는 아직 도달하지 못하였다.

이러한 사상적 기반은 전진도 북종의 용문파에 이르러 비로소 정연한 체계를 갖추었으며, 이후 오수양에 의해 계승되고 심화되어 철학적으로 정리되고 이론적으로 완성되었다.

다음 장에서는 전진도 북종의 시조 왕중양으로부터 이어지는 사상적 맥락 속에서, 선불합종 사상의 형성과 그 역사적 전개를 살펴보고자 한다.

4. 전진도全眞道의 선불합종적 경향

전진도의 개조 왕중양[52]은 송말宋末 휘종 정화 2년(1112년) 12월, 섬서陝西 함양咸陽의 대위촌大魏村에서 형세호形勢戶 가문의 셋째아들로 태어났다. 젊은 시절에는 유학을 공부했으나 점차 도교 수행에 깊이 매료되어 도가의 길로 들어섰다. 금金 정융 4년(1159년), 감하진甘河鎭에서 한 은자隱者를 만나 금단도金丹道의 구결을 전수받았는데, 훗날 이 인연을 감하甘河의 우선遇仙이라 불렀으며 이는 그의 내단 수련에서 결정적인 전환점이 되었다.

당시 왕중양에게 금단도를 전수한 은자의 정체에 대해서는 여러 설이 전한다. 종리권이나 여동빈과 같은 전설적 신선이었다는 견해도 있고, 유해섬이었다는 추측도 있으나, 이를 뒷받침하는 확실한 사료는 존재하지 않아 정확한 신원은 확인

---

52 왕중양王重陽(1112-1170)의 본명은 중부中孚, 자는 윤경允卿이다. 도에 입문한 뒤 이름을 철喆, 자를 지명知明으로 바꾸고, 도호를 중양자重陽子라 하였다. 그의 주요 저술로는 『중양전진집重陽全眞集』, 『중양교화집重陽教化集』, 『중양분리십화집重陽分梨十化集』, 『중양입교십오론重陽立教十五論』, 『금관옥쇄결金關玉鎖訣』, 『수단양이십사결授丹陽二十四訣』 등이 있다.

되지 않는다.[53]

금 대정 7년(1167년), 왕중양은 산동 지방으로 건너가 영해주에서 당대의 대부호 마종의馬從義를 만났다. 그는 마종의의 집에 머물며 식객으로 지내는 한편, 그를 제자로 삼았다. 훗날 마종의는 왕중양의 법맥을 이어받아 마단양[54]이라 불리게 되었다.

왕중양은 마단양의 저택 정원에 전진암全眞庵을 짓고 수행에 전념하였으며, 이때 처음으로 '전진全眞[55]'이라는 명칭이 등장하였다. 이후 그의 문하에 들어와 입도한 제자들은 전진도사로 불렸고, 교단 역시 전진교全眞敎 또는 전진도全眞道라는 이름으로 널리 알려지게 되었다.

그는 산동 지역에서 삼교합일 사상과 성명쌍수를 핵심으로 한 내단 수행법을 널리 전파하였으며, 이는 점차 큰 반향을 일으켜 많은 제자와 신도들이 모여들게 되었다. 이 과정에서 그는 훗날 전진도를 계승하고 발전시킨 핵심 제자들, 즉 전진칠진全眞七眞을 만나게 되었다. 칠진은 마단양馬丹陽(1123-1183), 담장진譚長眞(1123-1185), 유장생劉長生(1147-1203), 구장춘邱長春(1148-1227), 곽태고郝太古

53 卿希泰 主編, 『中國道敎』卷1 (上海, 知況出版社, 1994) 328쪽.

54 마단양馬丹陽(1123-1183)은 왕중양의 수제자로, 전진도에서 가장 중요한 인물 중 한 사람이다. 본명은 종의從義, 자는 의보宜甫이며, 후에 이름을 옥옥鈺으로 바꾸고, 호는 단양자丹陽子라 하였다. 그는 시문에 능하였고, 침술과 뜸 치료에도 뛰어난 솜씨를 지녔다고 전해진다. 대정 7년(1167년), 아내 손불이孫不二와 함께 스승 왕중양으로부터 선술을 전수받았으며, 전진도 우선파遇仙派의 시조로 알려져 있다.

55 전진全眞이라는 용어는 비록 왕중양에 의해 도파의 명칭으로 처음 사용되었지만, 그 자체는 이미 고대 문헌 속에서 오랜 세월 전부터 존재해 왔다. 『장자』「도척盜跖」에서 "그대의 도는 경박하고 조급하며, 거짓되고 허황되니, 참됨을 온전히全眞 할 수 없다.(子之道, 狂狂汲汲, 詐巧虛僞事也, 非可以全眞也)"라고 하여, 전진이 도의 완전한 실현과 관련된 개념임을 드러낸다. 또 『문선文選』「유분幽憤」에서 "뜻은 소박함을 지키고자 하며, 본바탕을 기르고 참된 본성을 온전히全眞 하도다.(志在守樸, 養素全眞)"라고 하여, 전진이 순박한 본성을 보존하고 기르는 덕목으로 사용되었음을 보여준다. 『구당서舊唐書』「고조기高祖紀」에서 "노자는 교화를 베풀되, 실함을 근본으로 삼고 마음을 비우며, 뜻을 기르되 무위로 하고, 감정을 사물 밖에 두며, 참된 본성을 온전히 하고 하나를 지키는 것, 이것이 바로 현문이라 한다.(且老氏垂化, 本實冲虛, 養志無爲, 遺情物外, 全眞守一, 是爲玄門)"고 하여, 전진이 무위와 청정을 실천하며 마음의 본성을 온전히 보존하는 수행적 삶의 경지를 뜻했음을 알 수 있다. 그러나 이 용어를 도교 교단의 명칭으로 채택한 것은 왕중양이 처음이었으며, 그는 이를 통해 도교적 이상으로서 참됨의 완성全眞을 제도화하고 체계화하였다.

(1140-1212), 왕옥양王玉陽(1142-1217), 손불이孫不二(1119- 1182) 등이다.

이들은 스승의 사상을 충실히 계승하여 전진도의 교리 체계를 정립하고 교법을 널리 전파하며 교단의 확장에 크게 기여하였다. 전진도에서는 이 칠진과 더불어 동화제군, 종리권, 여동빈, 유해섬, 그리고 왕중양을 합쳐 '오조칠진五祖七眞'이라 일컫는다. 이들은 전진도의 정신적 원류이자 도통의 계보로서 높이 숭앙된다.[56]

왕중양은 자신의 단법을 삼승三乘으로 구분하고, 삼단전을 통한 기의 운행과 주후비금정肘後飛金晶[57]의 비전을 수련의 핵심으로 삼았다. 원래 삼승은 불교에서 중생을 교화하여 해탈로 이끄는 세 등급의 수행 단계, 즉 성문聲聞, 연각緣覺, 보살菩薩을 가리키는 용어이다.

그는 이 불교의 개념을 차용하여 내단 수련법을 세 단계로 구분하고, 이를 '삼승묘언三乘妙言'이라 명명하였다. 대승大乘은 청정과 해탈을 지향하는 신선포일神仙抱一의 도로서 수행의 궁극적 경지를 뜻한다. 중승中乘은 세속의 질서와 번영을 도모하는 부국안민富國安民의 법이며, 소승小乘은 현실 세계에서의 생존과 방어를 위한 강병전승强兵戰勝의 술로 규정되었다.

왕중양은 삼승을 익히면 재앙을 복으로 전환하고 수명을 연장하여 장생에 이를 수 있다고 보았다. 그는 수행의 중심을 청정 무위를 근본으로 하는 대승에 두었으나, 수련의 출발점은 반드시 실천적 기반인 소승에서 시작해야 한다고 강조하였다.[58]

왕중양은 『중양입교십오론』을 저술하여, 밖으로는 부지런히 일하고 안으로는 고요히 양생하는 삶의 태도를 강조하였다. 그는 수도자에게 요구되는 순박하고 청

---

56 최준식 譯, 窪德忠 지음, 『道敎史』 (서울, 분도출판사, 1990), 301-303쪽.

57 주후비금정肘後飛金晶이란, 등 뒤 명문 부근에서 금빛의 정수가 솟아오르는 현상을 가리키며, 내단 수련에서 정精이 단丹으로 전환될 때 나타나는 징조 가운데 하나로 여겨진다. 이는 금단金丹이 형성되는 과정에서 드러나는 상징적이자 체감적인 변화로, 수행자에게 단이 무르익고 있음을 알려주는 중요한 표징表徵으로 이해된다.

58 李遠國 著, 앞의 책, 466-468쪽.

정한 종풍을 확립할 것을 역설하며 형식에 얽매이지 않는 실천적 자세를 견지하였다. 수련의 핵심을 연성煉性에 두고 자기 자신에게 엄격하고 성찰적인 태도를 지닐 것을 가르쳤다.

이러한 수행 태도는 단순한 내면 수양의 지침에 그치지 않고, 북방의 혹독한 자연환경 속에서 생존하고 조화롭게 살아가기 위한 실천적 수행 방식이기도 했다. 전통 양생의 구결에는 "고요한 곳에서는 기를 단련하고, 시끄러운 곳에서는 신을 단련하라靜處煉氣, 鬧處煉神"는 말이 전해지는데, 이는 수도修道가 이론에만 머무르지 않고 환경과 상황에 따라 유연하게 응용되어야 함을 뜻한다.

이 수행관을 바탕으로 전진도는 응물應物과 불미不迷, 곧 사물에 응하되 본성을 잃지 않고, 혼미함에 빠지지 않는 것을 종풍의 핵심 원칙으로 삼게 되었다. 이는 세속 속에서도 도를 실천하며, 변화를 따르되 근본을 지키는 전진도의 정신을 가장 잘 보여주는 수행 철학이라 할 수 있다.

후대에 이르러 금金과 원元의 통치자들은 한민족을 포용하고 민심을 안정시키기 위한 정치적 전략으로 전진도를 숭상하고 추앙하였다. 이로써 전진도의 사회적 위상은 점차 높아졌으나 북종의 소박하고 순수한 종풍은 변함없이 유지되었으며, 외부의 영향에도 흔들림 없이 도맥의 연속성을 지켜낼 수 있었다.

그러나 왕중양은 산동에서 전진도를 전파한 지 불과 3년 만인 금 대정 10년 (1170년) 정월 4일, 제자 마단양에게 대종사직을 공식적으로 전하고 생을 마감하였다. 그의 사후 대종사직은 마단양(馬丹陽, 1170-1183년)→담장진(譚長眞, 1183-1185)→유장생(劉長生, 1185-1203)→구장춘(邱長春, 1203-1227)→윤지평(尹志平, 1227-1238)으로 이어졌다.[59]

---

59 具載會,「全眞敎 龍門派 修行論에 대한 硏究」(서강대 석사학위논문, 1997), 23쪽.

전진칠자全眞七子는 모두 왕중양의 직전 제자였으며, 각자 뚜렷한 성품과 수행의 특징을 지녔다. 그들은 이를 바탕으로 각기 다른 문파를 세우고 제자들에게 법을 전하였으며, 그 결과 전진도 내부에는 여러 갈래의 문파가 형성되었다.

전진칠자의 도풍과 수행 방식은 이후 각 문파의 교리와 수행체계 형성에 깊은 영향을 미쳤고, 이를 통해 전진도는 단일한 교단을 넘어 종합적 사상을 아우르는 도교 체계로 발전하게 되었다. 그중에서도 구장춘[60]이 전한 용문파[61]가 가장 융성하였으며, 전진도는 왕중양이 창시하고, 여러 대종사들에 의해 계승·확립된 교단으로서, 사상적으로는 삼교합일을 표방하고, 수행에서는 성명쌍수를 중심으로 한 내단 수련을 강조하였다.

이 수행법은 기존 도교가 명공命功 중심의 수련에 치중하던 흐름에서 벗어나, 성공性功 중심의 내면 수양으로 전환한 새로운 체계였다. 명공이 신체를 단련하여 장생불사를 추구한 것이라면, 전진도의 내단법은 심성을 밝히는 성공 수행을 통해 도교의 심성론을 한층 심화하고 발전시켰다.

---

60 구장춘邱長春(1148-1227)의 자는 통밀通密, 법명은 처기處機, 호는 장춘자長春子로, 전진칠자 가운데 가장 연소한 인물이었다. 전해지는 바에 따르면, 왕중양은 생전에 마단양에게 '아직 도를 깨닫지 못한 구장춘을 잘 돌보라'는 유언을 남겼다고 한다. 대정 8년(1168년) 21세 때, 구장춘은 곤륜산 연하동에서 수행 중이던 왕중양을 찾아가 입교하였다. 이후 26세 무렵에는 섬서 반계의 동굴에서 6년간 은거하며 수행하였고, 다시 용문산에서 7년간 칩거하며 수련을 이어갔다. 유장생이 입적한 뒤에는 전진도단의 대종사직을 계승하여 교단의 중심 인물로 자리매김하였다. 정우 2년(1214년) 가을, 그는 산동 지역에서 양안아가 이끄는 의군을 귀순시켜 큰 명성을 얻었고, 그 이름은 전국적으로 알려지게 되었다. 1220년에는 징기스칸의 초청을 받아 직접 회견하였으며, 깊은 신임을 얻었다. 이로써 전진도는 국가 권력과 긴밀히 연계되며 급속한 발전의 기반을 마련하였고, 금말 원초 시기에 이르러 국가적 종교로 성장하는 계기를 맞았다. 이후 구장춘은 전진도 용문파의 실질적인 시조로 추앙받으며, 그의 수행과 덕화는 후세에 전진도의 이상적 모범으로 칭송받았다.

61 용문파龍門派라는 명칭은 왕중양 사후, 구장춘이 반계와 용문산에서 장기간 은거하며 수행한 데에서 비롯되었다. 구장춘이 전진도의 제5대 대종사로 취임한 이후, 교단의 계보는 그의 제자들을 중심으로 이어졌으며, 도맥의 흐름은 제6대 윤지평尹志平→제7대 이지상李志常→제8대 장지경張志敬→제9대 왕지탄王志坦→제10대 기지성祁志誠으로 전승되었다. 이로써 구장춘의 법맥은 전진도 교단의 중심으로 확고히 자리매김하였고, 전진칠진 가운데 마단양의 단양파丹陽派나 유장생의 반산파磻山派는 점차 쇠퇴하여 자취를 감추게 되었다. 반면, 용문파는 꾸준히 세력을 확장하며 교단의 주류로 성장하였고, 그 명맥은 오늘날까지 이어지고 있다. 현재 북경 최대의 도관인 백운관白雲觀은 전진도 용문파에 의해 운영되고 있으며, 중국 도교의 중심 교단으로서 그 위상을 계속 유지하고 있다.

이 변화는 단순한 수행 방식의 전환을 넘어, 도교 심성론이 불교의 심법이나 유교의 성리학과 나란히 견줄 수 있는 이론적 깊이를 확보하게 한 결정적 전환점이었다.

왕중양의 제자들은 그의 가르침을 충실히 계승하면서도, 각자 고유한 해석과 실천적 강조점을 더하여 개별 사상을 발전시켰다. 그 결과 전진도 내부에는 왕중양의 도맥을 잇되, 각기 다른 초점과 방식을 지닌 교파들이 형성되었다. 그 가운데 단양파丹陽派, 반산파磻山派, 용문파龍門派는 사상과 수행법에서 뚜렷한 차별성을 보이며, 교단 내에서 독립적인 노선을 구축하고 강한 영향력을 발휘하였다. 이들은 전진도가 단일 종파를 넘어 다양한 수행 전통과 철학적 계승을 포괄하는 종합적 도교 체계로 발전하는 데 중요한 역할을 하였다.

전진칠진 가운데 가장 연소했던 구장춘은 1203년 유장생의 사후 전진도의 제5대 대종사직을 계승하였다. 그는 전진도 내에서 '용문파龍門派'를 창립하고, 도교를 중심으로 한 삼교합일의 원칙을 계승·심화하여 교단의 사상적 지평을 크게 확장하였다.

특히 1220년, 구장춘은 징기스칸을 직접 만나 전진도의 사상과 수행법을 소개하였다. 이 만남은 전진도가 국가적 신뢰와 정치적 기반을 확보하는 결정적 전기를 마련하였으며, 그 결과 교단의 위상은 한층 높아졌다.

그의 사후, 대종사직은 제자들을 통해 제6대 윤지평尹志平→제7대 이지상李志常→제8대 장지경張志敬→제9대 왕지탄王志坦→제10대 기지성祁志誠으로 이어졌다. 이 계보는 구장춘 이후 전진도의 대종사직이 일관되게 용문파 중심으로 계승되었음을 보여주며, 이를 통해 용문파는 교단의 핵심 세력으로 확고히 자리매김하였다.

구장춘은 징기스칸과의 교류를 통해 전진도의 정치적 후원 기반을 마련하였을 뿐 아니라, 그가 이끈 용문파는 원 왕실로부터 깊은 신뢰를 얻었다. 이로써 용문파는 사상적 정통성과 조직적 안정성을 동시에 확보하며, 전진도의 주도적 위치를 굳건히 다지게 되었다.

용문파의 형성과 함께 전진도 내부에서는 중요한 사상적 전환이 일어났다. 왕중양이 주창한 성명쌍수는 당시 도교 수련이 명공에 치우친 관행을 비판적으로 극복하려는 개혁적 시도였다. 그는 성공과 명공을 병행해야 함을 강조하며, 심성의 연마와 생명력의 함양을 함께 중시하는 균형 잡힌 내단 수련법을 제시하였다.

그러나 용문파가 성립된 이후 내단 수행의 초점은 점차 성공 중심으로 이동하였다. 구장춘은 『장춘조사어록』에서 "명공은 30%, 성공은 70%三分命術, 七分性學"라 하여, 정신적 수양과 심성의 연마를 수행의 핵심으로 삼았다. 이러한 경향은 제자 윤지평(1169-1251)[62]에 이르러 더욱 심화되었으며, 성공이 명공을 이끄는 방식의 성명쌍수가 용문파 수행의 중심 원리로 확고히 정착되었다.[63]

윤지평은 구장춘의 뒤를 이어 전진도의 제6대 대종사직을 계승하면서, 교단 내부의 다양한 사상적 흐름을 통합하고 용문파의 수행 이론을 한층 심화시켰다. 그는 단순한 내단 수련을 넘어 내단 심성 수행법이라는 새로운 체계를 도입하였다. 이는 신선의 길을 단순한 생리적 장생불사에 한정하지 않고, 심성心性의 정련과 자각에 초점을 두려는 시도였다. 이러한 전환은 불교, 특히 선종의 심성론에서 영향

---

62 윤지평尹志平(1169-1251)은 금·원 시기의 인물로, 산동 내주(현재 東掖縣) 출신이다. 자는 대화大和, 호는 청화자淸和子로 불렸으며, 전진도 역사에서 중요한 위치를 차지한 인물이다. 그는 14세에 마단양을 사사하여 입도하였고, 이후 구장춘의 제자가 되어 누하관樓霞觀에서 수행하였다. 또한 왕옥양에게서 구결을 전수받고, 학태고에게서 『주역』의 학문을 배워 폭넓은 사승 관계를 형성하였다. 이러한 수련과 학문적 기반은 그가 제6대 대종사로서 교단의 여러 문파를 통합하고, 용문파 교리를 심화하는 데 중요한 토대가 되었다. 윤지평은 왕중양과 전진칠진七眞의 심성 이론과 수행체계를 종합·정리한 인물로, 전진도 내단 심성론의 집대성자로 평가된다. 그의 저서 『청화진인북유어록淸和眞人北遊語錄』은 용문파 사상 전개의 흐름과 전진도 내단 수행의 특징을 이해하는 데 있어 매우 중요한 사료로 전해지고 있다.

63 具載會, 앞의 논문, 26-30쪽.

을 받은 것으로 보이며, 도교 내부에서도 불교 사상을 적극적으로 수용한 전진도 용문파를 중심으로 그 경향이 두드러지게 나타났다.

전통 도교 교단들이 우주 만물의 근원이 도에 있음을 인식하였으나 인간의 심성[64] 또한 도의 발현임을 명시적으로 밝힌 경우는 드물었다. 그러나 전진도는 심성 또한 도에서 비롯된 것임을 분명히 주장하였고, 이를 토대로 심성 수행론을 교단 형성의 이론적 기반으로 삼았다. 그 결과 도와의 합일을 지향하는 심성 수행이 전진도의 핵심 교의로 자리 잡게 되었다.

이처럼 도교는 불교 선종의 심성 사상을 흡수하여 性의 문제를 내단 수행체계에 통합함으로써 내단 사상의 완성도를 한층 높였다. 반대로 불교는 도가사상, 특히 『장자』의 무위자연 사유와 본성 중심 철학을 수용함으로써 중국화된 선종 불교로 발전하게 되었다.

북송 시기, 선종은 불교 내 다른 종파들을 압도하며 크게 부흥하였고, 그 사상은 교종의 교의와 정토 신앙과도 융합되었다. 특히 관료와 사대부층의 적극적인 참여로 인해 사상적 깊이와 사회적 기반이 동시에 확장되었다. 그러나 시간이 흐르면서 민간 사회에서는 정통 선종 교의와는 달리, 불교와 도교가 혼용된 민간 신앙 결사가 광범위하게 확산되었다.

이러한 민간 신앙은 선종禪宗의 명상 수행, 정토 신앙, 미륵 신앙, 도교적 정령 숭배, 내단 수련 등이 복합적으로 융합된 형태로 구성되었으며, 이를 통해 송대 이후 중국 민중 종교의 기본 구조가 형성되었다. 이러한 현상은 송대宋代 이전과 이후를 관통하는 신앙적 연속성과 사상적 융합의 흐름을 보여주는 중요한 특징으로

---

64 張廣保, 『金元全眞道 內丹心性學』 (北京: 三聯書店, 1995), 64-71쪽. : 중국 도교가 인간의 심성에 본격적으로 관심을 기울이기 시작한 것은 불교 선종의 영향을 받은 당대唐代부터였다. 그러나 도교의 심성론이 철학적으로 체계화되고 수행의 중심 주제로 확립된 것은 송대宋代에 이르러서였다. 그리고 송대 이후 도교의 심성 수행을 주도하며 그 이론과 실천을 완성시킨 교단은 바로 전진도였다.

평가된다.[65]

이러한 역사적 · 사상적 배경 속에서 등장한 전진도는 전통적인 도교와는 다른 새로운 수행 노선을 제시하였다. 특히 불교의 교리와 수행법을 적극적으로 수용하고, 도교의 전통적 외형 수련법인 부록장초符籙章醮와 선초단약仙艸丹藥 등을 비판하면서, 내면의 수양과 심성의 반성을 중시하는 방향으로 전환하였다. 이러한 수행 노선은 당대唐代 이후 선종禪宗이 강조한 직관적 심성 탐구와 자성 계발 방식과 외형적으로 유사한 모습을 보였다.

왕중양과 그의 제자 마단양은 신선술이나 외단에 대해서 거의 언급하지 않았으며, 금단 · 도인법 · 벽곡 · 방중술 등 전통 도교의 외형적 수련법을 명시적으로 배격하였다.

전진도 북종은 당唐과 오대五代 이래 이어져 온 종려금단파의 도맥을 중시하였으며, 요遼 · 금金 · 원元에 걸친 장기 통치와 전란으로 피폐해진 사회적 현실 속에서 고행과 자력구제를 강조하는 수행 노선을 발전시켰다. 이는 신선의 길을 단지 장생불사에 한정하지 않고, 세속 속에서 자신을 단련하며 백성을 구제하려는 선도적 사명감에서 비롯된 것이었다.

명 · 청明淸 시대(1368-1911)는 도교 전반의 사회적 영향력이 약화된 시기였으나, 내단 수행 분야에서는 여전히 중요한 발전이 이루어졌다. 이 시기의 대표적 유파로는 장삼봉張三丰의 삼봉파三丰派, 육서성陸西星의 동파東派, 이서월李西月의 서파西派[66], 그리고 오수양伍守陽과 유화양柳華陽이 이끈 오류파伍柳派 등이 있다.

---

65 吳相勳, 「北宋 佛敎思想의 한 기조」(『경북사학』21, 경북사학회, 98. 8), 401-402쪽.

66 송 · 금시대 전진도 남종에서 갈라져 나온 음양쌍수파, 즉 남녀가 함께 수련하는 방식을 주장한 계통은 이후 명 · 청 시기에 각각 동파와 서파로 분화되었다. (1) 명대에는 육서성(1520-1606)이 강소성 절강 지역을 중심으로 동파를 창시하였다. 그의 자는 장경長庚, 호는 잠허潛虛이며, 명나라 양주 흥화현 출신이다. 그의 저술은 『방호외사총서方壺外史叢書』에 수록되어 있으며, 『현부론玄膚論』, 『금단취정편金丹就正篇』, 『금단대지도金丹大旨圖』, 『칠파론七破論』 등 총 15편이 포함된다. 또한 『남화부묵南華副

이들은 내단 수련의 이론과 실천법을 체계화하고, 전통적 교학을 바탕으로 새로운 수행체계를 정립함으로써 내단 도교의 지속적 발전을 이끌었다.

또한 각 유파는 도교 경전에 대한 주해 작업을 활발히 전개하며, 다양한 경전적 저술에 대해 독자적인 해석을 시도하였다. 이러한 저술 활동은 과거의 성과를 종합적으로 재조명하는 동시에, 당대의 철학적 사유와 언어를 바탕으로 불교 교리의 적극적 수용을 시도하여, 시대적 맥락에 부합하는 새로운 해석의 틀을 제시하는 경향을 보였다.[67]

당말唐末 · 송초宋初에 태동한 삼교합일 사조는 명말明末에 이르러 절정에 달하였다. 왕양명王陽明은 이학理學의 혁신운동을 주도하며 그 후학들 대부분이 선禪과 도道를 융합하여 다시 유교적 수양론으로 귀속되도록 이끌었다. 불교 또한 유교와 도교의 사상 및 수행법을 적극적으로 수용하며, 불학佛學의 부흥을 도모하는 사상적 흐름을 형성하였다.

이러한 시대적 분위기 속에서 명대明代 전진도의 도사 장정허張靜虛(1432-?)와 같은 지식인들은 도교의 사상적 위상을 높이기 위해 삼교합일 사상을 적극적으로 주창하였으며, 특히 선불융합의 관점에 깊은 관심을 기울였다.

그러나 명말明末에 이르러 전진도 용문파는 남종의 영향을 받아 본래의 청정한 수행 노선에서 점차 이탈하였다. 그 결과 도교의 의례와 사원 규율 등 외형적 형식에 과도하게 집착하는 경향이 두드러지게 나타났다. 이에 대해 용문파의 고위 계

墨』에서 장자를 새롭게 해석하였고,『능엄술지楞嚴述旨』에서는 불교의 참선 수행 문제를 도가의 관점에서 논하였다. 그의 사상은 성명쌍수를 기반으로 하되, 심성의 깨달음과 생명의 조화를 통합적으로 추구한 내단 사유로 평가된다. (2) 청대에는 이서월(1806-1856)이 사천 악산현을 중심으로 서파를 세웠다. 그의 호는 장을산인長乙山人 또는 함허자涵虛子이다. 그는 일찍이『장삼봉선생전집張三丰先生全集』을 교정 · 중편하고 그 서문을 지었으며, 주요 저서로는『무근수주해無根樹注解』,『도규담道竅談』,『삼거비지三車秘旨』,『후천천술後天串述』등이 있다. 생전에는 스스로를 은선파隱仙派 혹은 유룡파猶龍派라 칭하며, 세속과 거리를 두고 심법과 정기의 통합적 수련을 강조하였다.

67 朱元育 著, 李允熙 譯,『參同契闡幽』, (여강출판사, 2000), 85-86쪽.

승자였던 오수양은 맹목적 헌신과 고행만으로는 참된 영적 수련의 전수가 불가능하다고 비판하였다. 그는 내부 개혁을 통해 수행의 본질을 회복하고자 하였으나 교단 내 보수적 저항과 구조적 한계로 뜻을 이루지 못하였다.

1615년, 오수양은 결국 용문파를 떠나 독자적인 수행 노선을 세우고 『화후경火候經』을 저술하였다. 이 경전에서 그는 심법을 중심으로 한 영적 수련 단계를 체계적으로 배열하고, 마음을 고요히 안정시키는 방법과 내기의 운행 및 보존법을 유기적으로 결합하였다. 이러한 정신 수양과 기법적 실천의 균형적 결합은 오류파 수행법의 핵심적 특징으로 자리 잡았으며, 이후 오류파 수행체계가 널리 전파되는 중요한 계기가 되었다.[68]

오수양은 전진도 북종의 전통을 계승한 용문파 출신이지만, 제자 유화양柳華陽[69]과 함께 세분하면 '오류파伍柳派[70]'로 분류된다. 오류파의 사상적 특징은 북종의 선성후명先性後命과 남종의 선명후성先命後性이라는 두 수행 이념을 융합하여, 성명쌍수의 원리를 완성한 데 있다.

---

68 許豪埈,「無上瑜伽딴뜨라와 全眞敎 伍柳派의 修行體系 比較硏究」(동국대 석사학위논문, 2002), 63-64쪽.

69 유화양柳華陽은 홍도(현재 강서성 남창 일대) 출신으로, 어려서부터 불교를 깊이 숭상하였다. 절에 들어가면 언제나 깊은 감흥을 느꼈고, 세속을 벗어난 청정한 삶을 동경하였으며, 스님을 보기만 해도 기쁨이 솟구쳤다고 전한다. 그러던 어느 날 아침, 한 장자로부터 "옛날 오조는 한밤중에 육조에게 몰래 진리를 전하였다"는 말을 듣게 되었는데, 그는 이 말을 듣고 마치 꿈에서 깨어난 듯한 충격을 받았다. 이때 비로소 수행자에게는 반드시 스승의 전수가 있어야 함을 깊이 깨닫게 되었다. 이후 스승을 찾아 방황하던 중, 오수양을 만나 혜명慧命의 법맥을 전수받았다. 스승이 떠난 뒤에는 양자강 남쪽에서 두세 명의 도반과 함께 은거하며, 간절한 마음으로 수행에 전념하였다. 그의 제자들인 벽섬碧蟾, 요연了然, 경옥瓊玉 등은 뼈를 깎는 듯한 고통 속에서도 꾸준히 수련을 이어가 마침내 사리를 이루었으며, 그들의 깨달음은 스승이 전한 도맥과 온전히 합치하는 경지에 이르렀다고 전해진다. 그의 주요 저술로는 『혜명경慧命經』, 『금선증론金仙證論』등이 있다.

70 오류파伍柳派는 전진도 용문파 제8대 전인 오수양과 그의 제자 유화양의 가르침에서 비롯되었다. 그 근거는 오수양의 『천선정리직론』과 『선불합종어록』, 그리고 유화양의 『금선증론』과 『혜명경』에 있다. 이들 저술은 전진도의 청정 수행 정신을 계승하면서도, 내단의 오묘한 이치를 알기 쉽게 풀어내어 널리 보급되었다. 그 결과 도교 수행이 다시 활기를 띠고, 내단학의 대중화에도 큰 영향을 미쳤다. 광서 23년(1897년), 등휘적鄧徽績이 오수양과 유화양의 저술을 모아 『伍柳仙宗』이라 편찬하였으며, 이후 두 진인의 사상을 따르는 이들을 통칭하여 '오류파'라 부르게 되었다.

이전의 내단 진인들은 천기의 누설을 경계하여 비유와 은어를 사용해 기록하였는데, 그로 인해 사문邪門의 신자들이 이를 오용하거나 왜곡하는 폐해가 적지 않았다. 이에 오수양은 선도를 닦는 이들이 정도를 잃고 혼미 속에 방황하는 현실을 깊이 우려하며, 후세의 수련자들을 위해 문파의 비전천기秘傳天機 12개 조항을 공개하는 파격적인 결단을 내렸다.

그는 내단 수행의 경로를 연정화기-연기화신-연신환허의 3단계로 구체화하여, 이론과 실천이 결합된 체계적 수행법을 처음으로 확립한 인물로 평가된다. 또한 전진도의 삼교합일 전통을 계승하면서도, 도교를 근본에 두고 불교의 선법禪法과 유교의 심성론을 융합하여 이를 단도丹道의 수행체계에 통합하였다. 그는 선법禪法과 단도의 수행 원리를 비교하며 양자의 공통점과 차이점을 구체적으로 논하였으며, 이러한 특징은 그의 단도론을 선불합종이라 부르게 한 핵심 요체가 되었다.

오수양은 단순한 교리적 혼합을 넘어, 실제 수행을 통해 유·불·도 삼교가 궁극적으로 하나의 도로 귀결됨을 강조하였다. 그는 도교 내단의 핵심 원리인 성명쌍수를 근간으로 삼되, 여기에 불교의 공관空觀과 자성관自性觀의 심오함을 더하고, 유가의 심성론을 보완적으로 결합하여 한층 입체적이고 통합적인 단도 수련체계를 정립하였다.

오수양의 사상은 단순한 이론적 사유에 머무르지 않고, 수행자들이 특정 종교의 교리에 얽매이지 않으면서도 신선이나 부처의 경지에 이르기를 염원하던 실천 중심의 지향 속에서 형성되었다. 이러한 통합적 접근은 내단 수행에 대한 새로운 이해의 지평을 열었으며, 훗날 제자인 유화양에게 계승되어 『혜명경』 등의 저술을 통해 더욱 체계화되었다.

결과적으로 오수양과 유화양의 선불합종 사상은 하나의 독립된 전통으로 정립되었으며, 명·청 시대 내단가와 도가사상 전반을 대표하는 중요한 철학적 조류로 자리매김하였다.

5. 삼관수련론三關修煉論의 선불합종적 해석

1) 삼관수련론의 개요

오수양은 『천선정리직론증주天仙正理直論增註』에서 삼관수련론을 제시하였다. 삼관에 대한 개념적 정의는 이미 진단의 『무극도』에서 뚜렷이 정립되어 있었으며, 그는 수련의 과정을 연정화기, 연기화신, 연신환허의 세 단계로 구분하였다. 이 체계는 이후 내단 수련의 종지로 자리 잡게 되었다.

남송의 장백단은 『오진편』에서 처음으로 세 단계를 삼관이라 명명하였다. 그는 연정화기를 초관, 연기화신을 중관, 연신환허를 상관에 해당한다고 보았다. 내단학에서는 신을 성과 동일시하고, 정과 기를 곧 명에 해당한다고 본다. 따라서 신기합일神氣合一을 이루는 수련을 성명쌍수라 부르기도 하였다.

장백단은 진단의 내단법을 계승하여 수련의 과정을 네 단계로 체계화하였다. 첫째, '축기'는 내면을 다스리는 기초 단계로서, 성명쌍수의 뜻을 함께 밝히는 것이다. 이때 수심收心, 존심存心, 내시內視, 입정入定, 조신調身, 조정調精 등은 모두 마음을 닦는 공부가 된다. 둘째, '연정화기'의 단계는 정을 단련하여 기로 변화시키는 시기로, 명공命功의 공부에 속한다. 이에 이르러 채약採藥, 봉고封固, 연약煉藥, 지화止火 등의 단련이 차례로 행해진다. 셋째, '연기화신'의 단계는 기를 단련하여 신으로 변화시키는 시기로, 성공性功의 비중이 점차 커진다. 기가 신으로 전환되고 신과 기가 서로 융합하여, 정묘하고 불가사의한 변화가 일어난다. 넷째, '연신환허'의 단계는 순수한 성공의 시기로, 마음이 고요히 안정되어 감이수통感而遂通의 경지에 이른다. 이때 사대四大가 공으로 돌아가 생사를 초월하며, 천지와 더불어 존재하는 해탈의 도에 이른다.

원대元代 이후에는 남종과 북종이 통합되면서 단법 또한 융합되었다. 이에 따라 다수의 문파에서는 먼저 마음을 다스려 본성을 완성하는 연기煉己를 수행한 뒤, 그 기반 위에서 축기에 들어가는 방식을 취하였다. 이러한 연기의 과정을 거친 후 삼관의 순서에 따라 수련을 진행하면, 정·기·신의 전환이 자연스럽게 이루어진다고 보았다. 오수양 또한 이러한 이론을 수용하여, 먼저 연기와 축기를 실천한 뒤, 삼관에 해당하는 연정화기, 연기화신, 연신환허의 단계를 중시하였다.

이제 우리는 이러한 삼관론이 도교 내단학의 역사적 전개 속에서 어떠한 변화를 거쳐 구체화되었는지를 살펴보고자 한다.

위魏·진晉 시대의 현학玄學과 당唐 시대의 중현학重玄學은 유교와 불교의 논리를 차용하여 노장사상을 새롭게 해석하려는 시도에서 비롯된 사상적 흐름이었다. 이러한 학풍은 도교의 수행법에도 커다란 전환을 가져왔으며, 장생불사와 신선이 되는 것을 궁극의 목표로 삼던 기존 수행체계가 내면적 수양으로 방향을 틀게 되는 계기가 되었다.

특히 금단을 중심으로 한 외단법外丹法은 수隋·당唐 시대에 이르러 점차 내면과 정신을 중시하는 내단 수련법으로 전환되었다. 이러한 변화는 내단 수련론의 기초를 확립한 종려학파의 등장을 이끌었으며 도교 수행 방법론에 일대 혁신을 가져오는 계기가 되었다.[71]

수대隋代에는 불교가 숭상되고 도교는 억압받았으며 기존의 외단 수련법인 금단술이 폐단을 낳고 실효성이 없다는 인식이 퍼져 있었다. 이러한 시대적 분위기 속에서 도교의 내단 수련이 점차 부각되었다. 특히 소현랑蘇玄朗에 의해 내단 수련이 극비의 수행법으로 본격적으로 논의되었으며, 그 이론적 기반은 『참동계』에 있었다.

당대唐代에 이르러 내단 사상은 이미 상당히 보급되어 있었고, 최희범의 『입약경』, 유지고의 『일월현추편』 등 다양한 내단 문헌이 등장하였다. 당말唐末과 오대五代에 이르러 종리권과 여동빈이 내단 수련을 널리 전하고, 그 이론과 실천을 체계적으로 정리함으로써 이른바 종려금단도가 확립·성행하였다. 이는 도교 교리의 측면에서 획기적인 진전이었으며, 이후 도교 발전에 지대한 영향을 미친 전환점이 되었다.

송宋·요遼·금金·원元 시대(960-1368)는 사회적 혼란과 더불어 철학과 학문 전반에서 중요한 전환이 이루어진 시기였다. 이 시기 도교는 수많은 도파가 성립되며 철학적 깊이를 더하고, 이론 체계를 정비하는 전기를 맞았다. 이때 대표적인 교단으로는 태일도太一道, 진대도眞大道, 전진도全眞道, 정명도淨明道, 청미도淸微道 등이 있다.

『참동계』와 도교의 관계는 내단 수련의 핵심인 연양煉養, 즉 성명쌍수 이론의 확립을 통해 자연스럽게 이어진다. 이 이론을 실제로 실천하고 체계화한 대표적인

---

71 崔相鎔, 앞의 논문, 1쪽.

인물로는 진단, 장백단, 왕중양, 진현미, 진치허 등이 있다.

명·청明淸 시대(1368-1911)는 도교의 사회적 세력이 점차 쇠퇴한 시기였다. 비록 종교적 영향력은 이전보다 약화되었으나, 내단과 양생의 방면에서는 여전히 중요한 발전이 이루어졌다. 이 시기에는 동파東派와 서파西派가 새로 등장하였고, 남쪽에서는 무당도武當道가 부흥하여 내단 수련의 이론과 방법이 지속적으로 계승되었다. 저술 활동 면에서도 『참동계』와 같은 고전 도서道書에 대한 주석 작업이 활발히 이루어졌으며, 이전 시대의 성과를 종합적으로 정리하고 새롭게 해석하려는 경향이 두드러졌다.

특히 불교의 교리를 흡수하여 이를 바탕으로 내단 이론을 시대의 언어와 철학적 체계에 맞게 재해석하려는 움직임이 활발히 나타났다.[72] 이 시기의 저명한 내단가는 장삼봉, 육서성, 오수양, 유화양, 이서월, 왕상월, 유일명 등이다.

이상에서 살펴본 바와 같이, 당말唐末과 오대五代의 종리권 이후로 이어져 온 성명쌍수 사상은 명대明代에 이르러 중요한 전환점을 맞이하였다. 명 왕조는 도교를 국가적으로 통제하고 관리하는 정책을 펼치면서, 한편으로는 정일도正一道를 우대하고, 다른 한편으로는 전진도를 억압하였다. 그 결과 전진도는 주로 민간 기반의 교단으로 활동하게 되었고, 이 과정에서 점차 세속화되는 경향을 보였다.

이러한 시대적 긴박함 속에서 등장한 오수양의 내단 사상, 즉 삼관론은 단순한 우연이 아니었다. 이는 내단학의 내적 발전이 사회가 내단술을 필요로 하는 외적 환경과 맞물려 나타난 필연적 산물이었다. 특히 명대明代 후반의 100년은 내단학이 성숙기로 접어든 시기로, 내단술과 관련된 다양한 세부 문제가 이전과는 전혀 다른 철학적 차원에서 새롭게 논의되기 시작하였다.[73]

---

72 朱元育 著, 李允熙 譯, 앞의 책, 88쪽.
73 卿希泰 主編, 『中國道敎史』 제4권, (成都, 四川人民出版社, 1993), 23쪽.

이러한 시대적 흐름 속에서 오수양은 전진도의 법맥을 잇는 북종의 단법을 계승하였다. 북종은 전통적으로 선성후명의 수행법을 중시하였으나, 그는 종려鍾呂로부터 전해 내려온 성명쌍수 이론을 근본으로 하여, '도의 궁극에 이르기 위해서는 반드시 성과 명을 함께 닦아야 한다'고 명확히 밝혔다.

그는 『고본오류선종전집古本伍柳仙宗全集』, 『선불합종仙佛合宗』「서序」에서 다음과 같이 말한다.

선종의 궁극적 지위는 장생을 완전히 증득하는 데 있고, 불종의 궁극적 지위는 무생無生을 완전히 증득하는 데 있다. 그러나 무생을 증득하려면 반드시 장생의 경지에 실질적으로 이르러야 하며, 장생을 증득하려면 반드시 무생의 증득을 그 시작이자 끝으로 삼아야 한다. 이것이 곧 성명쌍수라 하는 것이다.[74]

또한 그의 당제인 오진양은 『천선정리직론증주天仙正理直論增註』「도원천설편道源淺說篇」에서 다음과 같이 말하였다.

이미 성性과 명命이 모두 온전해야 비로소 한 사람을 이룰 수 있으며, 또한 반드시 성명쌍수를 해야만 비로소 신선이나 부처가 될 수 있다. 이 두 가지가 온전히 갖추어지지 않고서 사람이나 선불仙佛이 된 예는 없다. 반드시 순리로 사람을 이루고, 역행으로 선불을 이룬다. 그러므로 선불이 됨은 결

---

74 『古本伍柳仙宗全集』, 『仙佛合宗』「序」, 247쪽. : 仙宗果位 了證長生 佛宗果位 了證無生 然而了證無生 必以了證長生位實詣 了證長生 必以了證無生爲終始 所謂性命雙修者也. 원문에서는 實指라고 쓰여 있으나 의미상 實詣로 바로 잡는다.

국 사람 됨에서 비롯됨을 알 수 있다."[75]

즉 신선이나 부처가 되기 위해서는 반드시 '성명쌍수를 함께 닦아야 한다'는 것이다.

오수양은 이러한 성명쌍수의 원리를 실천적으로 구체화하기 위해 삼관론을 수행의 근간으로 삼았다. 그는 먼저 연기축기煉己築基를 통해 심신의 조화를 이루는 것을 중시하였으며, 그 기반 위에서 삼관의 수련에 들어갔다. 삼관의 수련은 셋(정·기·신)이 둘(신·기)로 돌아가고, 둘은 다시 하나(원신元神)로 합쳐지며, 하나는 다시 허虛로 회귀하는 역관逆關의 방식으로 전개된다.

삼관론에서 초관에 해당하는 연정화기는 명命을 닦는 수행이며, 중관의 연기화신은 성性을 증득하는 수련에 해당한다. 그 위에는 최초환허最初還虛와 말후환허末後還虛의 두 단계가 이어진다. 그러나 오수양의 내단 사상에서 특히 주목할 점은, 삼관 수련에 앞서 '연기 축기'의 과정을 매우 중시했다는 사실이다. 즉 그의 전체 단법 체계에서 성공性功이 중심에 놓이고, 명공命功은 그에 따라가는 순서로 배치되어 있음을 분명히 알 수 있다.

이러한 관점은 『장춘조사어록』에서도 확인된다. 이 책에서는 "우리 종파는 오직 견성見性을 가장 귀하게 여기며, 수화水火의 배합配合은 그다음이다"[76]라고 언급하고 있다. 이는 곧 오수양의 사상적 강조점과 온전히 일맥상통한다. 즉 "삼분三分은 명공이고, 칠분七分은 성공이다"라는 그의 말은, 오수양 단법의 성명관을 간결하고도 정확하게 요약한 표현이라 할 수 있다.

---

75 『天仙正理直論增註』 「道源淺說篇」(『藏外道書』제5책), 834쪽. : 旣性命雙全, 方成得一箇人, 亦必性命雙修, 方成得箇仙佛, 未有二者不全而能成人能仙佛, 必以順之成人者, 以逆成仙佛, 所以知爲仙佛由於爲人.
76 『邱祖全書』, 「長春祖師語錄」(『藏外道書』제11책), 287쪽. : 吾宗惟貴見金(性), 水火配合其次也.

이처럼 오수양의 삼관수련론은 내단 사상의 핵심을 이루며, 성명쌍수性命雙修의 이치를 구체적으로 구현한 체계라 할 수 있다. 다만 이러한 삼관 수련은 일반적으로 16세에서 64세 사이, 즉 이미 정精이 일정 부분 소모된 성인을 대상으로 하는 수행법이다.

반면, 16세 이전의 동남童男, 곧 정이 외부로 한 번도 누설되지 않은 동진체童眞體가 이 수련을 행할 경우, 이미 그 존재 자체로 동진을 성취한 상태이거나, 최소한 축기 단계에서 누진漏盡이 실현된 것으로 본다.

불가에서는 수행의 초입을 수다원행須陀洹行이라 하여, 예류預流, 즉 성류聖流에 들어감을 의미한다. 이는 곧 번뇌의 흐름을 벗어나 성인의 흐름에 접어드는 최초의 각성 단계로, 소승불교에서는 성문聲聞 수행자가 증득하는 첫 번째 과위果位인 '수다원과須陀洹果'에 해당한다.

한편 도가에서는 이에 상응하는 개념으로 누진통漏盡通을 제시한다. 누진이란 생명의 정이 외부로 더 이상 누설되지 않은 상태를 가리키며, 이는 정의 본원적 순수성을 보존함으로써 천지의 근원적 생기를 유지하는 경지를 뜻한다.

불가의 수다원행이 '번뇌의 누설을 끊음'이라면, 도가의 누진통은 '정의 누설을 끊음'이라 할 수 있다. 전자는 마음의 청정을, 후자는 정의 청정을 중시하지만, 양자는 모두 내외의 새어 나감을 멈추고 근원을 회복하는 첫 관문이라는 점에서 동일한 수행적 의미를 지닌다.

따라서 정이 누설되지 않은 동진체는 이미 누진통의 경지를 선천적으로 지닌 것이며, 불교적으로는 수다원과를 선천적으로 성취한 상태와 같다. 이러한 경우에는 삼관 수련 가운데 첫 단계인 연정화기의 과정이 더 이상 필요하지 않으며, 곧바로 다음 단계인 연기화신으로 진입할 수 있다고 본다.

2) 삼관수련론의 선불합종적 해석

오수양은 삼관론을 사상적 기반으로 삼아 선불합종 사상을 주창하였다. 이는 도교 내단가의 시각에서 도교와 불교가 본질적으로 동일한 도의 길을 걷고 있다는 점을 밝히려는, 일종의 동도론同道論적 시도로 이해할 수 있다.

도교는 전통적으로 명命에 관한 이론, 즉 정·기·신의 운행과 단련을 비교적·체계적으로 발전시켜 왔으나, 이에 비해 성性에 대한 논의는 상대적으로 미비하였다. 오수양은 이러한 한계를 극복하기 위해 불교의 수행 차제修行次第와 그에 따른 증험론證驗論, 즉 점진적 수행을 통해 깨달음에 이르는 점수漸修 사상을 적극적으로 수용하였다. 그 결과 도교의 성에 대한 이해가 한층 심화되었고, 성과 명을 함께 닦는 성명쌍수 사상은 보다 합리적이고 체계적인 수행 구조를 갖추게 되었다. 이러한 통합적 발전은 곧 선불합종의 사상으로 구체화되었다.

불교가 중국에 전래된 이후, 도교는 불교와 끊임없는 사상적 교류를 이어왔다. 이러한 교섭은 한편으로는 상호 비판을 통해 각자의 정체성을 확립하려는 방향으로, 다른 한편으로는 상대의 사상을 수용하여 자신의 철학적 깊이와 체계를 확장하려는 방향으로 전개되었다.[77]

특히 도교의 전진도는 대승불교의 반야般若, 유식唯識, 여래장如來藏 사상과 선불교의 불성佛性 사상으로부터 깊은 영향을 받았다. 그중에서도 견성성불론見性成佛論에 내포된 성상융회性相融會의 개념은 도가 내단학에서 성명쌍융性命雙融 사상으로 변용되었다. 또한 선불교의 돈오頓悟 사상은 전진도의 수련체계와 깨달음 이론을 정립하는 데 있어 핵심적인 철학적 토대가 되었으며, 오수양의 선불합종

---

77 金洛必, 「權克中의 內丹思想」 (서울대 박사학위논문, 1990), 141쪽.

론은 바로 이러한 사상적 융합의 결정체로 평가된다.

한편, 당말唐末과 송초宋初에 시작된 삼교합일三敎合— 사상은 명말明末에 이르러 절정을 맞이하였다. 이 시기 왕양명은 이학理學의 혁신운동을 주도하며, 많은 후학들이 선禪과 도道의 사상을 융합하여 유교 사유체계 안으로 흡수되도록 이끌었다. 불교 또한 유교와 도교의 사상을 포섭하여, 불학佛學의 부흥을 꾀하는 종합적 사상운동을 전개하였다.

이러한 시대적 흐름 속에서, 오수양의 태사조인 장정허張靜虛를 비롯한 전진도의 학식 높은 도사들은 도교의 부흥을 위해 삼교합일을 적극적으로 주장하였으며, 그중에서도 특히 선불합종 사상에 주목하였다.

이 사상은 장정허→이허암李虛庵→조환양曹還陽→오수양으로 전승되었으며, 오수양은 전진도의 삼교 융합적 전통을 계승하면서도 도교를 근본에 두고, 불교의 선법禪法과 유교의 심성론을 자신의 내단학 속에 창의적으로 통합하였다.

그는 불교의 선법을 자신의 내단 이론 속에 적극적으로 인용하였으며, 이러한 점에서 그의 단도론丹道論은 명백히 선불합종적 성격을 지닌다고 할 수 있다.

불교 경전이 매우 방대함에도 불구하고, 오수양은 『선불합종어록』에서 특히 『금강경』, 『법화경』, 『화엄경』, 『능엄경』 등 주요 경전을 중심으로 인용하였다. 그러나 선불교의 조사어록은 전혀 인용하지 않았다. 그 이유를 명시적으로 밝히지는 않았지만, 이는 선종의 교의, 즉 돈오돈수頓悟頓修나 즉심시불卽心是佛과 같은 사상이 도가 내단 수행의 점진적 차제법次第法과는 근본적으로 상충한다고 판단했기 때문으로 해석된다.

다만 그의 제자인 유화양의 『혜명경慧命經』을 살펴보면, 오수양이 선종의 언어적 표현보다는 경전의 논리적 구성과 수련체계의 일관성을 더욱 중시했음을 간접적으로 확인할 수 있다.

그는 『혜명경』「자서自序」에서 다음과 같이 말하였다.

세상에서 도를 구하는 자들은 대부분 조사들의 어록을 신봉하지만, 그 어
록 가운데에는 참된 말도 있고 허망한 말도 있다. 처음 배우는 자들은 여
래의 혜명慧命의 도를 알지 못한 채 틀에 박힌 말과 입으로만 하는 구두선
에 빠져 끝내 어리석은 자가 된다. 도리어 조사어록의 해를 입게 되는 것이
다. 내가 여러 경전과 스승의 전승을 두루 살펴 대조해 본 결과, 『능엄경』,
『화엄경』, 『단경』만이 참된 말씀이며, 선사의 어록과 화상의 어록은 허망
한 말일 뿐이다.[78]

이 인용문에서 볼 수 있듯이, 오수양의 사상적 전통은 언어적 깨달음보다는 수
행의 실제적 검증과 내적 체험을 중시하는 방향으로 발전하였다. 이는 곧 그의 선
불합종 사상이 단순한 교의적 융합을 넘어, 실천 중심의 내단적 통합을 지향했음
을 보여준다.

유화양은 오수양으로부터 혜명의 은밀한 뜻을 직접 전수받았으며, 이후 스승 호
운노사壺雲老師로부터 "불교의 쌍수雙修는 이제 이미 끊어졌으니, 내가 그 명맥을
이어 인연 있는 이들을 제도하리라"[79]라는 가르침을 받았다. 그는 수행을 통해 깨
달음을 얻은 뒤 『혜명경』을 저술하였으며, 이를 통해 오수양의 내단 사상과 수행
체계가 유화양에 의해 충실히 계승되었음을 확인할 수 있다.

---

78 『慧命經』「自序」, (『藏外道書』제 5책), 876쪽. : 世之求道者多宗語錄, 而語錄中有實語者有妄語者, 彼下
　學不知如來慧命之道, 誤入套語口禪終爲下愚轉受語錄之害. 余遍閱諸經與師傳印證, 有楞嚴華嚴壇經乃
　實語也, 禪師語錄和尚語錄乃妄語也.
79 위와 같음. : 佛敎雙修今已斷滅, 予當續其命脈, 以度有緣.

오수양은 불교의 주요 경전을 자신의 삼관론과 대응시켜, 내단 수행의 실제적 의미와 단계적 구조를 명확히 드러냈다. 그는 불교의 수행 차제를 단순히 인용하는 데 그치지 않고, 이를 도가의 내단론적 구조 속에 통합하여 '수행의 보편적 진리'를 탐구하였다.

그렇다면 선불융합과 선불합종은 무엇이 다른가?

선불융합은 불교가 중국에 전래된 이후, 도교와 불교가 상호 영향을 주고받으며 형성된 사상적 흐름을 의미한다. 이 개념은 주로 사상사적 관점에서 사용되며, 양자가 서로의 교리를 흡수하고 변용하는 과정에서 나타난 교류적ㆍ융합적 현상을 가리킨다. 그 결과 도교의 내단 수련체계와 불교의 깨달음 경지가 서로 통한다고 보는 선불동원 사상으로 발전하였다.

반면 오수양의 선불합종은 이러한 단순한 융합을 넘어선 철학적ㆍ수행론적 통합이다. 그는 도교와 불교의 수행체계와 궁극적 목표가 본래 하나의 도로 귀결된다고 보았다. 즉 양자는 서로 다른 길을 걷는 것이 아니라, 모두가 성명쌍수를 통해 불생불사의 경지에 도달하는 동일한 진리의 구현이라 해석하였다.

이러한 사상을 이론적으로 뒷받침하는 개념이 바로 선불동원론이다. 이는 국내에서 김낙필에 의해 처음 제기된 개념으로, 도가의 내단과 불교의 수행이 모두 태극을 근원으로 삼아 반본환원을 지향하며, 궁극적으로 불생불사의 경지에 이른다는 인식에 기초하고 있다.[80]

중국 도교사에서도 불교와 도교의 사상 교섭은 매우 활발하게 이루어졌다. 특히 당말唐末 무렵부터는 선불교의 선 수행법이 도교의 내단 수련 속으로 적극적

---

80 일본 학계에서는 도교의 수일 사상과 불교의 도신·홍인·혜능으로 이어지는 一心 사상 간의 상호 영향 관계에 관하여 다양한 연구와 논문이 발표되어 있으며, 이를 통해 선불융합 사상의 철학적 뿌리와 변용 과정을 구체적으로 분석해 왔다.

으로 수용되는 경향이 두드러졌다. 그 대표적인 예가 왕현람王玄覽의 『현주록玄珠錄』과 사마승정司馬承貞의 『좌망론坐忘論』이다.

이후 송대宋代에 이르러, 선불교의 영향은 도교 내단파의 대표적 두 계통인 북종과 남종 모두에 깊이 작용하였다. 이는 내단 사상의 발전에 핵심적인 역할을 했던 여동빈과 진단 등이 선불교의 사상을 적극적으로 수용하고, 그것을 도교 내단의 수련체계 속에 융합하려 한 노력에서 비롯된 것이다.[81]

이처럼 송대 이후 일부 내단가들에 의해 선불융합의 흐름이 지속되었으며, 명말明末에 이르러 오수양에 의해 마침내 선불합종 사상이 이론적으로 정립되고 체계화되는 단계에 도달하였다.

오수양은 『고본오류선종전집古本伍柳仙宗全集』, 『선불합종』 「서」에서 다음과 같이 정의하였다.

> 비록 신선과 부처는 이름은 다르지만, 그 공법의 미세한 이치는 서로 어긋남이 없다. (중략) 유가는 마음을 보존하고 성性을 기르며 하늘과 합하고, 불가는 마음을 밝히고 성을 보아 대각大覺에 이르며, 선가는 마음을 맑히고 성을 단련하여 도를 깨친다. 삼교가 교敎가 되는 까닭은, 이 몸과 마음, 성과 명을 벗어나지 않기 때문이다.[82]

위 인용문에서 볼 수 있듯이, 오수양은 비록 선과 불의 명칭은 비록 다르지만, 궁극적으로 추구하는 목적이 동일하며 수행과정에서의 공법 또한 세밀한 부분까

81　金洛必, 앞의 논문, 84-85쪽.
82　『古本伍柳仙宗全集』, 『仙佛合宗』 「敍」, 249쪽. : 且以仙佛之名雖殊, 而功法纖細無不相合. (중략) 夫儒者存心養性以合天. 佛氏明心見性以大覺. 仙家清心煉性以了道, 三教之所以爲教, 無非此身心性命而已.

지 서로 통한다는 점을 강조하였다. 따라서 그는 선과 불 모두가 성명쌍수를 함께 실천해야 함을 분명히 밝혔다. 이를 통해 삼교가 본래 하나의 도로 통합된다는 사상적 기반을 확립하였다.

특히 오수양은 『선불합종어록』에서 불교의 주요 경전들을 인용함으로써, 자신의 선불합종 사상을 이론적으로 정립하고 체계화하였다. 그는 단순히 불교 교리를 차용한 것이 아니라, 도가의 내단 원리를 불교의 종지와 대응시켜 서로의 진리를 교차 검증하려는 시도를 통해 삼교합일의 철학을 수행론 차원에서 구체화하였다.

또한 그는 『오진인단도구편』「서문」에서 다음과 같이 밝히고 있다.

이 기록은 신선의 뜻을 드러내고, 불교의 종지를 근거로 삼아 그것을 증명하였으므로 이름을 합종이라 하였다. 이는 천하의 후세 사람들이 성명쌍수를 요체로 삼게 하려는 것일 뿐이다. 예전에 『천선정리직론』 9장이 있어 신선의 이치를 널리 펴고 그 차제를 자세히 밝힌 바 있다. 이에 다시 『선불합종어록』 9장을 서술하여, 『직론』에서 미처 드러내지 못한 비법을 밝히고자 한다.[83]

이처럼 오수양은 합종이라는 명칭의 의미를 명확히 제시하며, 선불합종이 단순한 사상적 융합이 아니라 신선의 도리와 불교의 종지를 상호 인준하는 통합적 수행체계임을 분명히 하였다. 그의 이러한 접근은 도교와 불교의 교리적 차이를 넘어, 실제 수행의 단계와 목표를 동일한 궁극의 도로 귀결시키려는 시도로서, 명대 내단학의 이론적 완성도를 결정적으로 높이는 계기가 되었다.

---

83 『伍眞人丹道九篇』「序文」, 866쪽. : 斯錄闡發仙宗, 而以佛宗爲印證, 故名合宗. 無非使天下後世之性命雙修爲要也. 向有天仙正理直論九章, 敷陳仙理, 次第詳明. 玆復述仙佛合宗語錄九章, 一以闡直論未宜之秘法.

Ⅱ.

오수양의 생애와
사승 관계 및 저서

1. 생애와 사승 관계 및 저서

1) 생애 生涯

오수양은 명대明代 내단가들 가운데 성명쌍수를 강력히 주장한 대표적인 인물로, 전진도 용문파 제8대 법맥에 속한다. 그는 명 신종神宗 만력 2년(1574년)에 태어났으며[84], 사종思宗 숭정 13년(1640년)에 모친의 별세를 계기로 세속과의 인연

---

[84] 오수양의 생애에 대해서는 여러 상이한 기록이 전하며, 특히 출생 연도와 본적에 관한 논란이 크다. 첫째, 출생 연도에 대한 견해는 크게 두 가지로 나뉜다. 1) 오수양 자신이 지은 것으로 추정되는 「오진인수선가」에 근거한 견해이다. 이 기록에 따르면, 그는 만력 원년(1573년) 어머니의 태에 머물렀다가, 이듬해인 만력 2년(1574년) 정월 초하루 아침 오시에 출생했다고 한다. 이 기록은 구체적이고 자전적 요소를 지니고 있어 비교적 신뢰도가 높다. 2) 「오진인사실급수수원유략」에 따른 견해이다. 이 문헌은 건륭 29년(1764년) 신조정申兆定이 편찬한 것으로, 오수양이 명나라 가정 을묘년(1555년)에 효렴孝廉 유마주維摩州 자사刺史인 휘 희덕, 호 건재 선생의 막내아들로 태어났다고 서술한다. 그러나 이 주장은 그의 어머니 왕씨가 가정 임자년(1552년)에 태어났다는 기록과 모순된다. 계산상 어머니가 네 살 때 오수양을 낳았다는 결론이 되므로, 신조정의 기술은 연대 계산상의 오류일 가능성이 높다. 따라서 자전적 요소를 포함한 「오진인수선가」의 기록이 더 신뢰할 만하다. 둘째, 오수양의 본적에 대해서도 서로 다른 견해가 존재한다. 오수양은 『고본오류선종전집古本伍柳仙宗全集』의 『천선정리직론증주天仙正理直論增註』에서 스스로를 "남창현 벽사리 사람南昌縣辟邪里人"이라 명확히 밝히고 있다. 신조정 또한 「오진인사실급수수원유략」에서 그가 "남창현 벽사리에 거주하였다."고 기록하는데, 이는 그의 당질 오달행伍達行(派名 太一)의 증언에 근거한 것이다. 반면 민일득閔一得은 『금개심등金盖心燈』권2 「오충허율사전伍沖虛律師傳」에서 오수양을 "강서 길안 사람江西吉安人"이라 기술한다. 이는 범청운范青雲의 『발감속鉢鑒續』을 인용한 것으로 보이지만, 출처가 불분명하며 주석가 포정박鮑廷博 역시 『발감속』의 기술이 근거가 빈약하다고 비판하였다. 따라서 여러 문헌과 증언을 종합해 볼 때, 오수양이 직접 밝힌 내용과 신조정과 오달행의 증언을 따라, 그의 본적은 "강서성 남창현 벽사리(江西省 南昌縣 辟邪里)"로 보는 것이 타당하다. 반면, 민일득閔一得이 주장한 "강서 길안 출신" 설은 근거가 부족하여 신뢰하기 어렵다.

을 끊었으며, 숭정 17년(1644년)을 기점으로 세간에서 자취를 감추었다.

본명은 수양守陽, 자는 단양端陽, 호는 충허자沖虛子이다. 신종 만력 21년(1593년), 스무 살의 나이에 조환양을 만나 그의 문하에 들어가 단도를 전수받았고 전진도 용문파의 정통 계승자로 인정받았다.

당시 전진도는 금대金代 대정 7년(1167년)에 왕중양이 창립한 이후, 주술적 요소를 배제하고 대승불교의 선법을 적극적으로 수용하여 자기 수양과 중생 교화를 동시에 추구하는 수행을 이상으로 삼았다. 특히 출가자에게는 엄격한 계율 준수를 요구하고, 명심견성을 수행의 핵심으로 삼았으며, 유·불·도 삼교합일의 사상적 지향을 분명히 하였다. 이러한 왕중양의 가르침은 구장춘에 의해 계승되어 용문파의 창립으로 이어졌다.

이와 같은 수행 전통과 사상적 기반 속에서 성장한 오수양은 도가 내단술의 전통을 폭넓게 탐구하며 전대 성인과 진인들이 남긴 내단 이론과 공법을 면밀히 분석하였다. 그는 선인들의 수행체계를 바탕으로 자신의 사유와 수련 체험을 재구성하고 체계화하여 독자적인 내단 이론을 정립하였으며 나아가 선불합종이라는 독창적 사상을 발전시켰다.

오수양의 생애와 수행과정을 전하는 주요 문헌으로는, 그가 직접 지은 「오진인수선가伍眞人修仙歌」를 비롯하여, 청대 건륭 29년(1764년)에 신조정申兆定이 편찬한 「오진인사실급수수원유략伍眞人事實及授受源流略」, 그리고 민일득[85]이 저술한 『금개심등金盖心燈』 권2의 「오충허율사전伍沖虛律師傳」등이 있다. 이 가운데 특히

---

85 민일득閔一得(1758-1836)의 자는 소간小艮, 자호는 나운자懶雲子이다. 일찍이 동백산桐柏山에서 고동리高東籬를 만나 용문파에 귀의하였다. 이후 금회회金懷懷, 백마이白馬李, 이봉두李蓬頭를 차례로 만나 교유하였는데, 이들은 모두 용문파 서축심종西竺心宗의 조사들이었다. 그들과 서로 교류하며 강론하는 과정에서 내단의 깊은 뜻을 함께 탐구하고 공유하였다. 심일병沈一炳은 고동리의 수제자였는데, 고동리가 세상을 떠난 뒤 민일득은 심일병에게서 도를 배우며 그를 스승으로 공경히 모셨다. 청대 도광 11년(1831년)에 그는 『도장속편초집道藏續編初集』을 편찬하였으며, 명청 시기의 내단 관련 저작 27종을 수록하였다.

『장외도서藏外道書』에 수록된 「오진인수선가伍眞人修仙歌」는 오수양 자신이 남긴 자전적 기록으로, 그의 일생의 행적과 단도 수행의 핵심 내용을 포괄하고 있어 사료적 가치가 매우 높다.

전하는 바에 따르면, 오수양은 명대 숭정 17년(1644년) 70세의 나이에 세속의 자취를 감추고 세상을 떠난 것으로 기록된다. 그러나 청淸 건륭 45년(1780년)에 유화양이 그에게서 금단대도金丹大道를 전수받았다는 기록이 『혜명경』에 나타난다. 이 기록이 사실이라면, 당시 오수양의 나이는 207세가 되므로 현실적으로는 불가능한 수치이며, 전설적이거나 상징적 서술일 가능성이 높다.

따라서 이러한 기록은 오수양을 단순한 역사적 인물로만 보려는 관점보다는, 금단 수행 전통 속에서 그를 신격화하려는 후대의 종교적·상징적 의도가 반영된 사례로 해석할 수 있다.

2) 사승師承 관계 및 저서

(1) 사승 관계

오수양은 자신의 저작을 통해 단도의 사승師承 계보를 분명히 밝혔다. 그가 속한 계보는 장정허張靜虛[86]를 시조로 하여, 이허암李虛庵[87], 조환양曹還陽[88]을 거쳐

---

86 장정허張靜虛(1432-?)는 명대 선덕 임자년 비주邳州(지금 江蘇省 徐州)에서 태어났다. 정허는 그 법명이자 호로, 전진도 북종 용문 정자선파靜字仙派에 속한다. 젊은 시절 세속을 떠나 도를 구하던 그는 어느 날 밤 서쪽 하늘에 백호광이 솟는 이적을 보고, 그 빛을 따라 촉 지방의 벽양동에 이르렀다. 그곳에서 한 고덕을 만나 간절히 도를 청하였고, 입문을 허락받아 수년간 수행하였다. 수행을 마친 뒤 스승은 "오늘날 세상에는 도를 아는 자가 없으니, 이제 너와 내가 그 문호를 열어야 한다"라고 하며 세상으로 나가 도를 전하라 명했다. 이후 장정허는 서역과 북방을 거쳐 중국으로 돌아왔으며, 여강현의 이허암 한 사람만을 제자로 받아 제도하였다. 그는 평소 무당산에 은거하며 좌선에 전념했고, 호피를 깔고 수행했기에 세상 사람들은 그를 호피장이라 불렀다. 만력 기묘년(1579년)에 그는 이허암을 제도하였고, 그 법맥은 이허암에서 조환양으로, 다시 오수양에게로 이어졌다.

87 이허암李虛庵(1525-1615)은 명대 가정 을유년 여강현廬江縣(지금 寧安徽 廬江縣) 성서城西 지역에서 태어났다. 성은 이李, 호는 허암虛庵이며, 그가 속한 법맥은 용문파 진원선파眞元仙派에 해당한다. 젊은

오수양 본인에게 이어지는 전진도 용문파의 뚜렷한 지계支系로 확인된다.

그는 대표 저작인 『선불합종어록』 「오태일십구문·오문」에서, 자신이 몸담았던 등선파登仙派의 전수 관계를 다음과 같이 밝히고 있다.

> 옛날 우리 조사이신 호피좌 장진인께서는 무당산에 은거하시며, 이 오묘한 이치를 깨닫고 비밀한 기밀을 드러내셨다. 그 후 여강현의 이허암에게 구전하였고, 이허암 진인은 남창현 남쪽 무양리에 사는 조환양에게 전하였다. 조환양 진인은 나와 너의 부친 진양에게 전하였으며, 등선파登仙派라 불리는 수허守虛지계의 사람들이 모두 이 법을 전해 들었다.[89]

이 기록을 통해 오수양은 장진인으로부터 시작된 도맥이 끊어지지 않고 이어져

시절 그는 본래 의술을 닦아 사람들을 구제하였으며, 이후 성 밖에 암자를 짓고 은거하며 심신을 수양하였다. 19세부터 55세까지 장정허를 여러 차례 찾아가 가르침을 청하였고, 만력 기묘년(1579년)에 내외금단內外金丹, 천선대도天仙大道, 봉성초범捧聖超凡, 공성현성功成顯聖의 법을 전수받았다. 이허암은 장정허가 일생 동안 유일하게 제도한 제자로, 용문파 법맥의 핵심 전승자이자 오수양 도맥의 중간 고리로 평가된다. 그는 천선의 도를 체득한 인물로, 자신의 제자인 조환양에게 법을 전하여 단도의 정통 계보를 잇게 하였다.

88 조환양曹還陽(1561- ?)은 전진도 용문파 제7대 전승자로, 도호는 환양還陽, 법명은 상화常化이다. 그는 북종 계열 용문파의 정통 법맥에 속하며, 장정허-이허암-조환양-오수양으로 이어지는 단도 전승의 중추적 고리를 담당했다. 명 가정 임술년(1562년) 12월 28일 진시, 강서江西 남창현南昌縣 무양武陽의 정도精渡에서 태어났으며, 부유한 가문 출신이었다. 젊은 시절 세속의 부귀를 버리고 도의 길을 택하였으며, 만력 정해년(1587년)에는 여강현廬江縣의 이허암을 집으로 초청해 도를 청했다. 이듬해 무자년(1588년)에 정식으로 제도하였으며, 청빈한 삶 속에서 수련에 전념했다. 그는 마침내 오룡봉성五龍捧聖의 경지에 이르렀고, 천계 임술년(1622년) 6월 12일에 양신陽神이 탄생하였다고 전한다. 이후 그는 신건현新建縣 서쪽 서산에 들어가 면벽 수행에 몰두하였으며, 환허還虛하여 신선의 대은大隱의 삶을 살았다. 만력 갑오년(1594년)에 오수양을 처음 제도하였고, 만력 임자년(1612년)에 이르러 완전한 도를 전수하였다. 그는 오수양이 장정허로부터 이어지는 4대 법맥의 정통 제자이자 용문파 제8세 법손임을 분명히 하였다. 또한 조환양은 자신의 도맥을 "도덕은 현정玄靜에 통하고, 진상眞常은 태청太淸을 지키며, 일양一陽은 근본으로 돌아가, 가르침이 원만히 이어진다"라고 규정하며, 이 전승이 단순한 인물 계보가 아니라 천지의 이치와 수행의 정수를 담은 법맥임을 강조하였다.

89 『仙佛合宗語錄』 「伍太一十九問·五問」(『藏外道書』 제 5책), 681쪽. : 昔我祖師虎皮座張眞人, 常幽棲於武當山, 深得此名理, 以吐露秘機. 其後, 口授於廬江縣之李虛庵. 虛庵眞人, 口授於南昌縣南 武陽里之曹還陽. 還陽眞人來, 口授於我及汝父眞陽, 登仙派, 名守虛也, 皆得聞此者.

왔음을 명확히 밝히고 있다. 그는 자신과 오진양 모두가 이 가르침을 직접 전수받았음을 강조함으로써, 자신의 전승적 정통성을 분명히 하였다.

또한 『천선정리직론증주』 「후발」의 주해에는 장진인의 생애와 그가 이허암에게 도를 전수한 구체적인 과정이 자세히 서술되어 있다.

호피좌 장정허 진인은 명나라 가정제嘉靖帝가 여러 차례 억지로 불렀으나 응하지 않았다, 이에 조정에서는 비주邳州의 태수에게 책임을 물었고, 부름은 거듭되었다. 삼 년이 지나서야 비로소 수도에 나아갔으며, 황제가 그를 맞이하여 예우했으나 곧 세상을 떠나 다시는 조정의 명을 받지 않았다. 조정에서는 그를 육안주로 돌려보내라는 명을 내렸고, 그곳에서 여강현의 이허암을 불러 도를 전수하였다. 장진인은 법문을 세 번 외우고, 세 번 되뇌게 한 뒤, 사흘 만에 작별하였다. 이허암은 마침내 진인의 경지에 이르렀으며, 그 고을과 인근의 사람들이 모두 그를 '육신보살'이라 칭송하였다.[90]

이 일화는 단도의 전수가 단순한 문헌적 지식의 전달이 아니라, 구전口傳과 심전心傳을 통한 비밀스러운 전수 방식이었음을 상징적으로 보여준다. 즉 스승이 제자에게 도를 전할 때는 문자와 언어를 넘어선 직심전심直心傳心의 경지에서 이루어졌음을 드러내며, 이는 전진도 용문파의 법맥이 끊어지지 않고 이어진 정신적 핵심을 잘 보여주는 사례이다.

이러한 기록들을 종합해 보면, 오수양은 단도의 정통 계승자로서 자신의 사승 관

---

90 『天仙正理直論增註』 「後跋」 註解 (『藏外道書』 제 5책), 828쪽. 『古本伍柳仙宗全集』 231-232쪽. : 如虎皮座張眞人, 以嘉靖帝强請之不起. 罪邳州守, 請屢及. 三年而後至京, 延及徂落, 而不復命. 還旨六安州, 召廬江縣李虛庵而度之. 令三誦三背其言, 三日而別. 李竟成眞, 縣及隣封, 皆稱肉身菩薩.

계를 명확히 밝히고, 전진도 용문파의 도맥을 후세에까지 잇고자 한 뚜렷한 사명을 지녔음을 알 수 있다. 그는 이론의 집대성에 머물지 않고, 살아 있는 수행 전통을 계승하고 심화시킨 실천적 수행자였다. 특히 『천선정리직론증주』「직론기유直論起由」에서 그는 자신의 도문이 형성된 구체적 연유를 밝히며, 이 저술이 이론적 논서에 그치지 않고, 스승의 가르침과 깨달음을 담은 정통 도맥 전승의 기록임을 천명하고 있다.

> 『직론』은 또한 나의 노조사 장정허 진인께서 도를 얻으신 뒤에 남긴 말씀에서 비롯되었다. 그는 "오늘날 사대부주에 도를 아는 자가 전혀 없으니, 이제 마땅히 교문을 널리 열어야 한다"라고 하셨다. 이 신선의 뜻을 받들어 이 『직론』을 지은 것이다. 그 말씀이 십오 년의 세월을 흘렀고, 두 번의 전승을 거쳐 비로소 내게로 이어졌다.[91]

이로써 오수양은 단도 수행 전승의 역사적 실체와 철학적 기초를 동시에 제시하였다. 이 기록은 그가 개별적 수행자에 머문 인물이 아니라, 정통 법맥의 계승자로서 자신이 받은 전수의 연원과 의의를 명확히 인식하고 있었음을 보여준다. 실제로 장정허 진인은 만력 기묘년(1579년)에 이허암을 제도한 뒤, 3년 후인 임오년(1582년)에 그의 집을 직접 찾아가 수행 자금으로 은자를 하사한 것으로 전해진다.

이 일화는 스승과 제자 간의 전승 관계가 단순한 도법의 전달을 넘어, 생활과 수행 전반에 걸친 물심양면의 신뢰와 지원으로 이어졌음을 보여주는 대표적 사례라 할 수 있다.

이와 같은 전승의 맥락에서 『천선정리직론증주』는 단순한 이론서가 아니라, 스승의 뜻을 이어받은 제자가 도를 세상에 열고 후세에 전하려는 실천적 선언문으로

---

91 『古本伍柳仙宗全集』, 『天仙正理直論增註』「直論起由」223-223쪽. : 直論, 亦緣我老祖師張靜虛眞人得道後曰 '今日四大部洲, 全無半箇人兒知道, 今當廣開敎門' 奉此仙旨故也. 歷十五年間, 再傳而遞言於予.

읽힌다. 즉 오수양은 장정허의 교문 개창開敞의 유지를 잇고자 한 법맥의 계승자이자 개혁적 실천자였다.

당시 만력 정해년(1587년)에 이허암은 조환양의 간절한 청을 받아 그의 집을 방문하였다. 이때 조환양과 세 명의 동료들은 각각 육금六金을 바쳐 도를 보필하고자 하였으나, 그것만으로는 수행에 필요한 물질적 여건을 충족하기 어려웠다. 결국 이듬해인 무자년(1588년)에 제자들이 삼십금三十金을 모아 스승의 수행을 지원하였고, 이를 계기로 내단 수행은 본격적인 궤도에 오르게 되었다. 이 시점을 기준으로 내단 전수의 도맥은 한층 확고한 기반을 갖추며, 이후 전진도 용문파의 체계적 전승이 본격적으로 자리 잡게 된다.

그 후 만력 계사년(1593년)에 조환양은 처음으로 오수양을 만났으며, 이듬해 갑오년(1594년) 여름 오월, 그를 정식으로 제도하였다. 이로써 장정허가 이허암을 제도한 기묘년(1579년)으로부터, 오수양이 처음 도문에 입문한 계사년(1593년)까지 정확히 15년의 세월이 흘렀다.

또한 이 계사년(1593년)으로부터 임자년(1612년)까지 다시 19년이 지난 뒤, 조환양은 마침내 선불합종의 핵심 교의인 삼계상승三界上昇의 도리를 오수양에게 완전하게 전수하였다. 이로써 장정허→이허암→조환양→오수양으로 이어지는 전진도 용문파의 전승 법맥은 비로소 완전한 계통과 완결을 이루게 되었다.

이때 조환양은 오수양에게 단도 수행의 근본 취지와 더불어 나라를 이롭게 하는 방도를 함께 전하며 다음과 같이 일깨워 주었다.

이는 『원사元史』에 기록된 구장춘 진인이 세상을 교화한 방식과 다르지 않으니, 오직 묵묵히 마음에 새기고 실천하라.

이 말은 단도 수행이 단지 개인의 깨달음에 머무르지 않고, 중생을 교화하고 세상을 구제하는 제세濟世의 책임을 수반한다는 점을 분명히 보여준다. 즉 오수양의 수행관은 내단의 성취를 넘어서, 도를 사회 속에 구현하고 중생과 더불어 완성하려는 적극적 실천윤리로 확장된 것이다.

결국 오수양의 도통은 개인의 해탈을 넘어 세상의 교화로 나아가는 수행의 완성, 즉 내단의 궁극 목적을 인간과 조화 속에서 실현하려는 철학적 지향을 보여준다. 이는 그가 정통 법맥의 계승자이자, 세속과 초월의 경계를 잇는 '교화의 도인'으로 평가받는 근거가 된다.

또한 「오진인사실급수수원유략伍眞人事實及授受源流略」에서도 이와 관련하여 다음과 같이 서술하고 있다.

> 진인은 용문파의 적통 계승자이다. 원래의 서문에 따르면, "용문이 이를 장정허에게 전하였으니, 곧 세속에서 이른바 호피좌 장진인이라 하는 자이다"라고 하였다. 이허암은 장정허를 스승으로 삼았고, 조환양은 이허암을 스승으로 삼았으며, 오수양은 조환양의 제자이다. 이에 따르면 진인은 용문파의 네 번째 전승 제자이다. 용문파의 이십자파 법계를 살펴보면, 진인은 마침 여덟 번째 글자에 해당하며, 곧 진인 스스로 자신을 용문 제팔파 제자라고 기록하였다.[92]

위 인용문을 통해 오수양의 사승 관계와 도맥 계보를 명확히 확인할 수 있다. 그

---

92 『伍眞人事實及授受源流略』, 784쪽. : 眞人爲龍門嫡嗣. 原序謂龍門授之張靜虛, 卽俗所謂虎皮張眞人者. 李虛庵師靜虛, 曹還陽師虛庵, 而眞人爲還陽弟子, 據此則眞人爲龍門四傳弟子矣. 間考龍門二十字派, 眞人適當第八字, 卽眞人亦自書龍門第八派弟子.

의 스승은 조환양이며, 조환양의 스승은 이허암, 그리고 이허암의 스승은 장정허이다. 오수양은 이와 같은 정통 전승의 계보에 따라 전진도 용문파의 직계 후계자로 자리매김하였으며, 용문 이십자파 가운데 제팔자 수守에 해당한다. 그는 자신의 대표 저작인 『천선정리직론증주』「본서」 말미에서 스스로를 구진인문하邱眞人門下 제팔파第八派 분부영절分符領節 제자[93]라고 밝히고 있다.

이러한 표현은 오수양이 단지 도를 수련한 개인 수행자에 머문 인물이 아니라, 전진도 용문파의 정통 법맥을 계승한 법손임을 명확히 드러낸 것이다. 그의 수행은 장정허로부터 이어진 내단 전통을 완결지은 집대성자로서의 위치를 드러낸다.

오수양은 조환양 노사에게서 도를 전수받은 이후, 교문을 활짝 열어 제자를 널리 받아들이며 전법의 기반을 확립하였다. 만력 을묘년(1615년)에 그는 명나라 황실의 일원이었던 주태화[94]에게 처음으로 구결을 전하였고, 이어 오태초[95], 오태일[96], 이희인[97], 주성원[98], 고여도[99], 요경연[100], 사응소[101] 등 여러 제자에게 도법을 전하였다. 이 외에도 령, 사태초, 호태진, 호부랑장 등 네 인물이 오수양에게 도를 물었다고 전

---

93 『天仙正理直論增註』「本序」, 782쪽. ; 『古本伍柳仙宗全集』41쪽.

94 『仙佛合宗語錄』「吉王 朱太和 十問」, 681쪽. : 주태화朱太和는 성이 주朱이고, 이름이 상순常淳, 파명派明은 태화太和, 호는 운수雲水이다. 그는 명나라 영종제睿皇帝의 증손이자 숭정제崇禎帝의 종형從兄으로, 세상에서는 길왕吉王이라 불렸다. 오수양의 첫 제자로, 오수양 저작 가운데 상당 부분은 바로 그의 질문과 오수양의 답변을 모아 완성된 것이다. 『伍眞人丹道九篇』「緣起」(『藏外道書』제 5책), 865쪽. : 오진인은 만력 을묘년(1615년) 초에 길왕吉王 태화太和에게 처음으로 백일연정百日煉精의 구결을 전하였다. 7년 뒤인 천계 임술년(1622년)에는 두 번째로 채대약採大藥의 구결을 전하였고, 다시 6년이 지난 숭정 원년 무진년(1628년)에는 세 번째로 오룡봉성五龍捧聖, 곧 대약과관大藥過關의 구결을 전하였다. 그로부터 4년 뒤인 숭정 5년 임신년(1632년)에 이르러서야 비로소 선불합종의 현묘하고 완전한 뜻을 전하고, 아울러 구조문하정전부절邱祖門下正傳符節을 하사하였다.

95 『仙佛合宗語錄』「伍太初 六問」, 659쪽. : 오태초伍太初는 법명이 태초太初, 호는 견초見初이다. 그는 오수양의 넷째 숙부의 아들이자, 진양자眞陽子 오수허伍守虛의 친동생으로, 혈연상 오수양과 한 일가에 속한다. 따라서 오태초는 사승 관계를 넘어서 가전제자로서, 오수양의 선불합종 수행 이론을 직접 이어받은 인물이다. 『오진인 수선가』와 『오진인사실급수수원유략』에도 그의 이름이 자주 언급되어, 그가 오수양 문하에서 가장 가까운 혈통적·수행적 후계자였음을 보여준다.

96 『仙佛合宗語錄』「伍太一 十九問」, 668쪽. : 오태일伍太一은 법명이 태일太一이고, 이름은 달행達行, 자는 제가際可이다. 오수양의 당질堂姪로, 오수허伍守虛의 아들이다. 즉 혈연적으로 오수양과 가까운 일가이자, 도맥상으로도 그의 법을 직접 이어받은 가전제자였다. 오태일은 오수양의 가르침을 충실히 계승하며, 『오진인사실급수수원유략』에 기록된 주요 전승 제자 중 한 사람으로, 언급된다.

하나, 그들의 생애나 구체적인 행적에 대한 기록은 전하지 않는다.[102]

이로써 오수양은 자신의 스승 조환양이 열어 놓은 내단 교학의 전통을 계승하면서, 이를 보다 개방적이고 포용적인 교문 형태로 발전시켰다. 그는 단도의 비법을 은폐하지 않고, 시대적 요청에 따라 널리 전하여 선불합종의 교화 정신을 실천에 옮긴 수행자였다.

그로부터 약 130여 년이 지난 뒤, 오수양의 도맥은 다시 유화양에게 전해진 것

---

97 『仙佛合宗語錄』「李義人 七問」, 747쪽. : 숭정 병자년(1636년) 가을 초하루, 오수양은 금릉을 떠날 준비를 하고 있었다. 이희인李義人은 처음 천부天府의 부름을 받아 학문을 익히고 벗들과 교류하던 인물이었다. 기사년 초여름에는 삼박산參博山에서 수행하며, 스님과 다름없는 생활을 하였고, 그곳에서 선기禪機의 날카로움 속에서 스스로 깨달음을 얻었다고 전한다. 경오년(1630년) 늦가을 보름 전날, 그는 오수양의 종문에 예배하고 입문하여 성명쌍수의 도리를 배웠다. 이후 7년 동안 초나라 절강浙江 지역을 떠돌며 수행을 이어갔고, 새해가 되어 비로소 금릉의 집으로 돌아왔다.

98 『仙佛合宗語錄』「長沙王 朱星垣 二問」, 749쪽. : 주성원朱星垣은 장사군왕長沙君王으로 불렸으며, 호는 성원星垣이다. 그는 길왕태화吉王太和의 당제堂弟로 미등선파未登仙派에 속한다. 즉 주성원은 왕실 출신 제자로서 도가의 내단 수행에 입문하였으며, 오수양의 가르침을 이어받은 왕실 계열 전승자 중 한 사람으로 평가된다.

99 『仙佛合宗語錄』「顧與弢 六問」, 758쪽. : 고여도顧與弢는 이름이 소소昭이며, 응천부應天府의 학상생學庠生이다. 그는 학문과 교양을 겸비한 문사 출신으로, 후에 오수양의 가르침을 받아 내단 수행에 입문한 제자이다. 즉 세속의 학문에서 도가의 수행으로 전향한 인물로, 유학적 교양과 도가의 내단 사상을 아우른 대표적 제자로 평가된다.

100 『金蓋心燈』(『藏外道書』제 31책), 208-209쪽. : 요경연姚耕烟은 이름이 태녕太寧이며, 스스로 호를 경연자耕烟子라 하였고, 절강浙江 숭덕崇德 출신으로, 용문파 제9대 율사律師였다. 그는 어린 시절 고아가 되어 주씨 집에 입양되었으나 총명하고 학문이 밝았다. 13세 때 오수양의 눈에 들어 제자로 받아들여졌으며, 오수양이 서호에 은거하던 시절, 훗날 자신이 절강으로 돌아올 것을 예견하고, 그에게 전법의 모든 내용을 전수하였다. 숭정 16년(1643년) 11월 1일, 사응소謝凝素가 그를 찾아와 장생의 비결을 물었다. 이에 요경연은 "나는 먼저 스승에게 돌아가니, 제자는 속히 와서 반드시 얻어야 한다"라고 답하였다. 그는 곧 한 통의 편지를 남기며 '삼가 절하며 부탁하니, 돈을 강에 바칩니다'라고 쓰고는 배가 떠나자 강 언덕에 서서 조용히 숨을 거두었다. 그의 유해는 서호 근처의 육화탑六和塔에 안장되었다.

101 같은 책, 209-210쪽. : 사응소謝凝素는 이름이 태역太易이며, 스스로 호를 응소자應素子라 하였다. 강소江蘇 무진武進 출신으로, 성품이 청렴하고 평소 육식을 하지 않았다고 전한다. 숭정 16년(1643년) 요경연姚耕烟의 추천을 받아 여산廬山으로 가서 오수양을 방문하였다. 음력 섣달 초하루에 그를 만나 도를 전수받았으며, 그는 스승의 깊은 학문과 덕행에 감화되어 문하에 입문하였다. 이듬해 숭정 17년(1644년) 정월 초하루, 오수양이 무릉武陵에서 세상을 떠나자, 사응소는 스승의 뜻을 받들어 무릉의 평산平山에 장사지냈다. 강희 갑진년(1664년) 그는 종양궁宗陽宮을 찾아 왕곤양王昆陽 조사를 알현하고 '또 많은 전수를 받았다'고 기록하였다. 사응소는 청렴한 성품과 정결한 생활로 도의 근본을 지켰으며, 스승 오수양의 마지막 제자이자 유훈을 직접 이어받은 인물로 평가된다. 그의 생애는 전진도 용문파 도맥의 최후 계승자 중 한 사람으로서 오수양 이후의 교문 전승을 이어 준 중요한 고리로 자리한다.

102 丁常春 著, 『伍守陽 內丹思想 研究』(四川, 巴蜀書社, 박사학위논문, 2007), 22-27쪽.

으로 전한다. 이는 전진도 용문파 계통의 도맥이 명·청 교체의 격동기에도 끊어지지 않고 지속적으로 이어졌음을 보여주는 중요한 사료적 근거이다.

따라서 오수양은 단순한 한 시대의 내단가가 아니라, 장정허로부터 유화양에 이르기까지 이어지는 천선 도맥의 중추적 연결점이자 교화의 전환점으로 평가된다.

(2) 저서

오수양의 내단 사상과 선불합종 사상을 살펴볼 수 있는 주요 저술로는 『천선정리직론天仙正理直論』, 『도원천설편道原淺說篇』, 『선불합종어록仙佛合宗語錄』 등이 있다. 이 가운데 『선불합종어록』은 다음 절에서 별도로 논의하고자 한다.

『천선정리직론』은 오수양의 가장 이른 저작이자 그의 사상을 체계화한 기본서로, 총 9장으로 구성되어 있다. 이 책은 만력 을묘년(1615년)에 제자 길왕 주태화 吉王朱太和가 화후에 대해 질문하자, 이에 답하는 과정에서 집필되기 시작하였다. 이후 천계 임술년(1622년)에 원고를 완성하였으며, 숭정 기묘년(1639년) 가을에 옛 원고를 다시 검토하고 주석을 덧붙였다. 그 주요 내용은, 제1장 「선후천이기직론先後天二氣直論」, 제2장 「약물직론藥物直論」, 제3장 「정기직론鼎器直論」, 제4장 「화후경火候經」, 제5장 「연기직론煉己直論」, 제6장 「축기직론築基直論」, 제7장 「연약직론煉藥直論」, 제8장 「복기직론伏氣直論」, 제9장 「태식직론胎息直論」 등으로 이루어져 있다.

『천선정리직론』은 선·후천론에서부터 약물, 정기, 화후를 거쳐 태식에 이르기까지 내단 수련의 전 과정을 일관되게 서술한 저작으로, 오수양 사상의 철학적·실천적 기반을 확립한 기념비적 저술이라 할 수 있다.

또한 『천선정리직론』은 간본刊本으로도 전해진다. 청淸 강희 연간에는 팽정彭定이 이를 편찬하였으며, 가경 연간에는 장원정蔣元庭이 『도장집요』를 증보하면서 『천선정리직론증주』 7권을 수록한 판본을 간행하였다. 이는 오늘날 전해지는 판본 가운데에서도 이른 시기의 중요한 자료적 가치를 지닌 간행본이다.

이후 광서 32년(1906년)에 이르러, 성도成都의 이선二仙인 암염庵閻과 영화永和 등이 앞서 팽정의 편찬본과 장원정의 증보본을 바탕으로 다시 간행하였다. 이 중간본重刊本의 명칭은 『중간도장집요重刊道藏輯要』이며, 이 판본은 현대에 와서 1992년 파촉서사巴蜀書社에서 간행한 『장외도서藏外道書』 제5책에 수록되었다.

『도원천설편』은 오수양이 『천선정리직론』 9장을 완성한 이후에 집필한 저작으로, 그의 내단 사상을 총괄한 총론에 해당한다. 이 책의 주요 내용은 다음 세 가지로 요약된다. 첫째, 인도人道와 선도仙道의 관계를 밝히며 순행과 역행의 원리를 해석하였다. 둘째, 삼관의 상호 관계와 그 수련 순서를 서술하였다. 셋째, 법·재·여·지론法財呂地論에 관한 이론적 논의를 전개하였다. 『도원천설편』 또한 간본刊本으로 전하며, 『도장집요』에서는 이를 『천선정리천설』이라 명명하여 1권으로 수록하였다.

또한 등휘적鄧徽績이 편찬한 합간본合刊本 『오류선종伍柳仙宗』에서는 『천선정리직론』을 두고 "『직론』은 으뜸 중의 으뜸이라 칭한다直論稱爲諸書之冠"라고 높이 평가하였다. 이 평가는 중경重慶의 양운선관본養雲僊館本과 천동川東의 선성당판善成堂版 『오류선종』에도 함께 수록되어 있다. 이로써 『천선정리직론』이 오수양 사상 연구의 핵심 경전으로서, 전통적으로 최고 권위를 지닌 내단 교본으로 자리매김해 왔음을 확인할 수 있다.

2. 『선불합종어록』의 이본異本에 관한 문헌 고증

『선불합종어록』은 『오진인단도구편伍眞人丹道九篇』과 『문인현문답門仁賢問答』 두 편으로 구성되어 있다.

이 가운데 『오진인단도구편』은 오수양이 숭정 임신년(1632년)에 집필을 시작하여 숭정 경진년(1640년)에 완성한 저작으로, 모두 9장으로 이루어져 있다. 이 책은 제자인 길왕 주태화吉王朱太和가 『천선정리직론』에 관해 제기한 여러 질문에 대해 오수양이 직접 답변한 내용을 엮은 것으로, 스승과 제자 간의 심전心傳이 기록된 문답서 형식이다.

그 주요 내용은 다음과 같다. 제1장 「최초환허最初還虛」, 제2장 「진의眞意」, 제3장 「수원청탁진단환단水源淸濁眞丹幻丹」, 제4장 「화족후지화경채대약火足候止火景採大藥」, 제5장 「칠일채대약천기七日採大藥天機」, 제6장 「대약과관복식천기大藥過關服食天機」, 제7장 「수중守中」, 제8장 「출신경출신수신법出神景出神收神法」, 제9장 「말후환허末後還虛」 등이다.

이 중 제1장부터 제4장까지는 초관初關에 해당하며, 연정화기의 수련 과정을 다루고, 제5장부터 제7장은 중관中關으로, 연기화신의 단계를 서술한다. 마지막으로 제8장과 제9장은 상관上關에 해당하며, 연신환허의 경지와 그 궁극의 도를 논하고 있다.

『오진인단도구편伍眞人丹道九篇』은 『천선정리직론』을 보완하고 심화하기 위해 집필된 보충서로, 오수양 내단 사상의 심층 구조와 수행체계를 이해하는 데 있어 핵심적 자료로 평가된다. 이 저작은 내단 수련의 전 과정을 초·중·상 삼관으로 구분하여 체계적으로 제시하였으며, 이를 통해 오수양이 주장한 성명쌍수의 수행 원리를 구체적으로 완성한 실천 중심의 단도 지도서이자, 그의 사상을 집대성한 핵심 저술로 자리매김하고 있다.

『선불합종어록』 역시 간본刊本으로 전하며, 『중간도장집요重刊道藏輯要』에 수록된 『오진인단도구편』은 오수양의 저술 가운데 『선불합종어록』의 일부에 해당한다. 이 판본은 현대에 이르러 1992년 파촉서사巴蜀書社에서 간행한 『장외도서藏外道書』 제5책에 수록되었다.

또한 광서 22년(1896년)에 서촉西蜀 출신의 등휘적鄧徽績이 여러 자료를 합각合刻하여 간행한 『오류선종』에는 두 종의 영인본이 존재한다. 첫째는 1987년 하남인민출판사河南人民出版社가 중경양운선관장판重慶養雲僊館藏板을 바탕으로 영인한 『오류선종』이며, 둘째는 중화민국 51년(1963년) 대만의 진선미출판사眞善美出版社가 천동선성당장판川東善成堂藏板을 근거로 발간한 『고본오류선종전집古本伍柳仙宗全集』이다.

이 두 영인본에 수록된 『오진인단도구편』의 내용은 파촉서사에서 간행한 『장외도서』본과 대체로 일치한다. 따라서 이는 오수양의 내단 사상의 전승 체계와 판본

계통을 비교·연구하는 데 매우 중요한 자료로 평가된다.

한편 『선불합종어록』의 또 다른 구성요소인 『문인현문답』은 대략 숭정 12년(1639년)에서 숭정 13년(1640년) 사이에 정리·집성된 것으로 보인다. 이 책은 제자인 주태화朱太和를 비롯한 문인들의 질문에 오수양이 직접 답변하고 주해를 덧붙이는 방식으로 구성되어 있으며, 스승과 제자 간의 도학적 문답과 내단 수행의 핵심 요의를 집대성한 문헌으로 평가된다.

『문인현문답』은 내단의 청수법문淸修法門을 평이하게 해설하면서도, 외단 관련 쟁점까지 함께 논의한다. 한편 등휘적이 간행한 『오류선종』의 두 종 영인본에 수록된 『선불합종』과 파촉서사본 『장외도서』에 수록된 『선불합종어록』은 내용 구성과 수록 범위에서 적지 않은 차이를 보인다.

역자가 『선불합종어록』에 처음 접근한 경로는 국내 번역본 두 종, 오수양 저·석원태 역주의 『주석 선불합종』(서림문화사, 1994)과 오충허 저·허천우 옮김의 『선불합종』(여강출판사, 1995)이었다.

이후 역자는 파촉서사본 『장외도서』를 직접 열람하여 기존 번역서와 대조한 결과, 몇 가지 뚜렷한 차이를 확인하였다.

등휘적 편 『오류선종伍柳仙宗』 영인본들을 대조한 바, 국내 유통 번역본들이 참조한 저본은 등휘적 영인본이며, 그 모태가 곧 『장외도서』본임을 확인할 수 있었다.

이에 본서에서는 『장외도서』본과 등휘적 영인본 『선불합종』 사이의 내용 구성·편집 체계 차이에 주목하여, 양자 간 구체적 상이점을 면밀히 검토하고자 한다.

〈표 2〉 仙佛合宗語錄 目次

	仙佛合宗語錄　目次
藏外道書本	吉王朱太和10問·附錄 吉王朱太和 詩2首·伍太初6問·伍太一19問·李義人7問·長沙王朱星垣2問·伍守虛2問·顧與弨6問·或問13條·雜問答3條·後跋·附錄 伍眞人修仙歌
伍柳仙宗影印本	門人問答(太和10問·太初5問·從姪太乙伍達行10問), 評古類13問

먼저 〈표 2〉에서 확인되듯, 『선불합종어록』의 각 판본은 목차 구성에서 뚜렷한 차이를 보인다. 1906년에 간행된 『중간도장집요』는 『선불합종어록』전 6권을 오수양 저, 오수허 교주校註로 수록하고 있으며, 그 구체적 내용은 다음과 같다.

첫째, 길왕주태화19문吉王朱太和19問(현존 10문, 나머지 9문은 유실된 것으로 추정), 부록 길왕주태화 시2수吉王朱太和詩二首, 오태초6문伍太初6問, 오태일19문伍太一19問, 이희인7문李義人7問, 장사왕 주성원2문長沙王朱星垣2問, 오수허2문伍守虛2問, 고여도6문顧與弨6問, 혹문13조或問13條, 잡문답3조雜問答3條, 후발後跋, 부록附錄으로 오진인수선가伍眞人修仙歌가 실려 있다.

이들 문답과 부록에는 모두 오수허의 주석이 덧붙어 있으며, 해당 문집의 원래 명칭은 『문인현문답』이다. 이 판본은 1992년 파촉서사에서 간행한 『장외도서』제5책 『선불합종어록』편에 수록되어 있다.

반면, 두 종류의 영인본인 『오류선종』에서는 『선불합종』의 부록 형식으로 『문인문답門人問答』의 일부만을 수록하고 있다. 그 내용은 태화10문太和10問, 태초5문太初5問, 종질태을오달행10문從姪太乙伍達行10問), 평고류13문評古類13問 등으로 구성되어 있다.

이처럼 『중간도장집요』와 『오류선종』간에는 『선불합종어록』내 문답편의 수록

범위와 항목 구성에서 명확한 차이가 존재함을 확인할 수 있다.

둘째, 두 종류의 영인본에 수록된 『선불합종』편의 부록 『문인문답』은 『장외도서』 제5책에 수록된 『선불합종어록』과 비교할 때, 본문이 전반적으로 축약되어 있으며, 주해가 모두 생략되어 있다는 점에서 뚜렷한 차이를 보인다.

마지막으로, 등휘적이 편찬한 두 영인본에서는 『장외도서』본 『선불합종어록』에 포함된 불교 경전 인용 부분이 모두 생략되어 있다. 그 대신 내단 수행과 관련된 핵심 내용만을 요약·정리한 형태로 구성되어, 전체적으로 한층 간결하고 실용적인 편집 방식을 취하고 있다.

이러한 점들을 종합하면, 등휘적은 순수한 내단가의 입장에서 오수양의 『천선정리직론』, 『도원천설편』, 『선불합종어록』과 유화양의 『금선증론』과 『혜명경』 등을 하나로 묶어 『오류선종』으로 합각合刻하였다.

이 과정에서 『장외도서』본 『선불합종어록』에 포함되어 있던 불교 경전의 인용과 해설 부분은 의도적으로 배제되었으며, 내단 수행과 직접 관련된 본문만을 선별·요약하여 수록하였다.

또한 기존의 주해를 모두 삭제하고, 오수양 사상의 핵심 수행체계를 중심으로 재편하여, 보다 실천적이고 간명한 내단 체계를 제시하고자 한 편집 의도를 엿볼 수 있다.

결과적으로 등휘적의 영인본에 수록된 『선불합종』은 원전인 『선불합종어록』과 달리 『금강경』, 『법화경』, 『화엄경』, 『능엄경』 등 불교 경전의 인용과 주해가 모두 삭제된 형태로 구성되어 있다. 반면, 내단 수행과 직접 관련된 핵심 텍스트인 『천선정리직론』, 『도원천설편』, 『금선증론』, 『혜명경』 등의 내용은 전반적으로 일치하는 경향을 보인다.

따라서 등휘적의 영인본에 수록된 『선불합종』은 『선불합종어록』의 완전본이기
보다, 그 내용을 축약하고 독립적인 내단서內丹書로 재구성한 텍스트라 할 수 있
다. 즉 『선불합종』은 동일한 제목 아래에서 불교적 요소를 제거하고, 도가 내단 수
행의 실천 체계를 중심으로 재편집된 별도의 문헌으로, 전승적 맥락보다는 편찬자
의 내단적 해석이 반영된 개인적 편집본으로 해석할 수 있다.

Ⅲ.

오진인 수선가
伍眞人 修仙歌

충허 오자는 신선의 반열에 오른 인물로,

명나라 만력 원년(1573년)에 어머니의 태중에서 잉태되었다.

당시 계유년(1573년)은 연호가 바뀌어 신종 황제가 즉위하여 만력 연호가
시작된 해였다. 그의 어머니 왕씨 부인은 명 가정 임자년(1552년) 6월 1일에
태어나, 숭정 경진년(1640년) 11월 20일 유시에 병 없이 좌화坐化하여 시해
하였다. 이는 세속에서 말하는 "낮에 이루어진 진정한 시해白日爲眞屍解"라
고 불리는 경지로, 곧 승천하거나 하늘에서 다시 태어나는 부류에 속한다.

沖虛伍子有仙階 충허오자유선계,

萬曆元年住母胎 만력원년주모태.

癸酉改元계유개원, 神宗皇帝年號신종황제년호. 母王氏孺人모왕씨유인, 自嘉
靖壬子年六月初一日生자가정임자년육월초일일생, 至崇禎庚辰年十一月二十日
酉時지숭정경진년십일월이십일유시, 無疾而坐化屍解무질이좌화시해, 所謂白
日爲眞屍解소위백일위진시해, 乃升天及生天之類내승천급생천지류.

그의 아버지는 공거貢舉로 선발되어 제나라 청주부 학관의 교수로 재직하였으며,

그의 아버지 건재옹은 명나라 가정 연간에 강서 지방에서 공거로 뽑혔다. 임술년(1562년) 과거 회시會試에서 장원으로 급제하였으나 권세가들에게 그 영예를 빼앗겼다. 그 후 제나라 청주부 학관의 교수로 부임하였으며, 비록 가난하였으나 청렴함을 즐거움으로 삼은 선인이었다. 군자가 선불의 도를 닦는 자는 반드시 어진 부모에게서 태어나니, 이는 인과가 밝은 것이다. 옛말에 "한 사람이 도를 얻으면 아홉 조상이 하늘에 오른다"고 하였으니, 성스러운 부모가 있어야 성스러운 자식이 태어남을 알아야 한다.

나는 공자의 문묘에서 가르침을 받고 자랐다.

문묘文廟란 곧 문선사文宣師, 즉 공자 성인의 사당이다.

父由貢舉齊青教 부유공거제청교,

父健齋翁부건재옹, 嘉靖時가정시, 中江西榜貢舉중강서방공거. 壬戌科中會元임술과중회원, 爲權貴所奪위권귀소탈. 乃就齊地青州府學教授내취제지청주부학교수, 雖甚貧窘而甚甘清廉수심빈군이심감청렴, 乃善人내선인. 而君子修仙佛者이군자수선불자, 必生於仁賢父母之家필생어인현부모지가, 方是因果不昧방시인과불매. 古云고운 : "一人得道일인득도, 九祖升天구조승천." 當知有聖父母而後可生聖子당지유성부모이후가생성자.

卻從文廟毓吾來 각종문묘육오래.

文廟是文宣師孔聖人廟문묘시문선사공성인묘.

104

어머니는 꿈에서 문묘 앞의 석류나무 열매를 보았는데,

그 한 알 한 알이 단사丹砂처럼 붉고 불꽃처럼 타올랐다.

母夢廟前榴樹果 모몽묘전류수과,

顆顆如丹又如火 과과여단우여화.

그 한 알을 삼키자 그 속에서 한 생명이 자라났고,

열 달이 지나 마침내 내가 세상에 태어났다.

呑之一顆化生人 탄지일과화생인,

十月將過遂生我 십월장과수생아.

또다시 꿈에 아홉 봉황이 태를 에워싸는 등,

신선이 태어날 상서로운 징조가 거듭 나타났으니, 그 길함을 어찌 다 말하랴?

又夢環胎九鳳多 우몽환태구봉다,

仙兆重來瑞若何 선조중내서약하?

만력 2년(1574년) 정월 초하루, 해가 중천에 이르렀을 때,

나는 몸을 뒤집어 내려와 사바세계에 첫발을 디뎠다.

二年正旦朝將午 이년정단조장오,

翻身下降入婆娑 번신하강입파사.

반년 동안 아버지를 따라 절서浙西 소흥부에 머물렀는데,

 그곳은 절서浙西 소흥부로, 양곡과 염법을 관장하는 별가의 관아였다.

소흥부는 곧 신선인 백양 위진인의 고향이었다.

 백양 위진인은 소흥부의 행정중심지인 상우현에서 태어났다.

半載隨官臨浙滸 반재수관임절호,

 浙西紹興府糧儲鹽法別駕衙內也절서소흥부양저염법별가아내야.

伯陽仙里紹興府 백양선리소흥부.

 伯陽魏眞人[103]也백양위진인야, 生於上虞縣紹興府之所治생어상우현소흥부지소치.

다섯 살 때 아버지는 떠나 전남滇南으로 가서 주목州牧으로 지내셨는데,

 '전滇'은 '전顚'과 같은 음이며, 운남에는 전지滇池라는 큰 호수가 있고, 당시
 운남 유마주의 주목이었다.

문장을 벗 삼아 황개黃蓋 지방에서 홀로 지내셨다.

 관직에 있을 때 세상을 떠나셨다.

五齡父別牧滇南 오령부별목전남,

 滇音顚전음전. 雲南有滇池운남유전지, 時爲雲南維摩州牧시위운남유마주목.

所怙文章黃蓋土 소호문장황개토.

---

103 백양위진인伯陽魏眞人은 후한의 환제 때 사람으로 『참동계』를 저술했다.

以官卒也이관졸야.

그해 나는 어린 동자로서 스승 곁에 머물며 배우고 있었으며,
숙부와 형제들은 실타래처럼 얽혀 잘못을 거듭하였다.

當年童子侍師筵 당년동자시사연,
叔兄兄叔疊繩愆 숙형형숙첩승건.

열 살이 되자 뜻을 세워 경전을 밝히는 공부에 힘썼으나,
인연 따라 왕중양 조사의 『칠편』을 만나게 되었다.
 그 내용은 제1장 선천先天, 제2장 후천後天, 제3장 곤궁坤宮, 제4장 건궁乾宮
궁, 제5장 현궁玄宮, 제6장 황방黃房, 제7장 지뢰地雷로 이루어져 있다.

十齡奮志明經學 십령분지명경학,
得遇重陽祖七篇 득우중양조칠편.
 先天章一선천장일, 後天章二후천장이, 坤宮章三곤궁장삼, 乾宮章四건궁장사,
 玄宮章五현궁장오, 黃房章六황방장육, 地雷章七是也지뢰장칠시야.

열세 살에 처음으로 속세와는 다른 뜻을 품게 되었으니,
 집에는 입재라 불리는 숙부가 계셨는데, 그는 명경과에 급제하신 분으로, 일
찍부터 도를 배우려는 뜻을 지니고 있었다. 그때 숙부의 책을 보고 '도를 배
우면 신선이 될 수 있겠구나'라고 생각하였다. 이에 도를 배우려는 남다른

뜻이 마음에 일어났다.

마음마다 참됨을 찾아 속세를 벗어나고자 구하였다.

마자연은 "이 몸을 이번 생에서 건지지 못한다면, 또 어느 생에서 이 몸을 건지겠는가?"라고 하였다. 이를 보고 어찌 장생을 향한 마음이 일어나지 않겠는가?

十三歲初生異志 십삼세초생이지,

家有立齋叔翁가유입재숙옹, 中明經科貢擧중명경과공거, 而志於學道이지어학도. 此時見立齋叔之書차시견입재숙지서, 謂學道證仙위학도증선. 亦即生學道之異志역즉생학도지이지.

念念尋眞求出世　염념심진구출세.

馬自然云마자연운 : "此身不向今生度차신불향금생도, 更向何生度此身갱향하생도차신?" 見此怎不生長生之想견차즘불생장생지상?

열여섯 살에 글을 비평할 자격을 얻었으나,
과거 시험장에 나아가 두 번째 시험을 치르려 하지 않았다.

十六許可批其文 십육허가비기문,
不向橋門爭二試 불향교문쟁이시.

스무 살이 되자 명리名利를 향한 마음을 거두었고,

그 무렵 내가 머물던 고장에는 연주선사당連主仙祠堂이라는 도관이 있었는데, 이곳은 범등운 진인 삼형제를 모신 사당으로, 신령한 감응이 매우 뚜렷하였다. 나는 명리名利의 성패를 점치고자 그곳에서 점괘를 뽑았는데, 점괘에 이르기를, "어찌 군이 호월胡越처럼 경계를 나누려 하는가? 울타리를 허무는 순간, 그곳이 바로 집이 되리라. 몸이 번뇌와 장애를 벗어던지면, 눈꽃이 안개와 노을을 배경 삼아 훨훨 날아오를 것이다"라고 하였다. 이는 내가 도와 깊은 인연을 지닌 사람임을 알려주는 징조였다.

그리하여 나는 유생의 옷과 낡은 신발을 벗어 던지고, 홀연히 세속을 등졌다.

廿齡名利便休心 이십령명리편휴심.

時岳翁之地시악옹지지, 有連主仙祠堂유연주선사당, 乃范登雲眞人兄弟三人仙祠也내범등운진인형제삼인선사야. 顯靈無二현령무이. 吾以名利成敗問之오이명리성패문지, 簽曰점왈 : "何必分胡越하필분호월, 藩籬剖即家번리부즉가. 脫身煩惱障탈신번뇌장, 飛雪襯煙霞비설친연하." 此亦指予之有根緣也차역지여지유근연야.

儒衣敝履幡然棄 유의폐리번연기.

집 안에는 제법 살림살이가 있었으나,
삼 년 동안 이어진 수해 앞에서는 속수무책이었다.

해마다 삼월에서 유월 사이 장마로 비가 많이 내려 물이 불어나면, 백성들은 평평한 땅에 살 집조차 잃었고, 농민들 또한 가을 수확을 전혀 기대할 수 없었다.

家中頗亦有紅陳 가중파역유홍진,

無奈三年水荒至 무내삼년수황지.

　每自三月至六月매자삼월지육월, 雨多而水漲우다이수창, 民無平土之居민무평토지거, 農無西成之望농무서성지망.

기근의 해에는 감히 많은 복을 누리려 하지 않았고,

여뀌 뿌리를 씹으며 몇 차례나 허기를 달랬다.

　여뀌뿌리蓼根란 씨앗도 없고 싹도 없는 풀인데, 만력 무자년(1588년)과 기축년(1589년) 무렵 강서 지방에 큰 기근이 들었을 때, 우연히 강가의 모래톱에서 그 풀이 돋아났다. 굵기는 비녀 끝만 하고, 길이는 세네 치쯤 되었으며 붉거나 희었다. 이를 갈아 떡처럼 만들어 먹을 수 있었기에, 그곳 사람들은 굶주림을 면하려 찾아 먹었다. 나 또한 이웃집 노인에게 얻어 여러 차례 먹었다. 그때 나는 복록이 줄어드는 것도 하늘의 뜻이라 여기며, 스스로 위안하였다. 이듬해 흉년이 들지 않자, 그 풀도 다시 돋아나지 않았다.

不敢荒年受福多 불감황년수복다,

也食蓼根十數次 야식료근십수차.

　蓼根者료근자, 無種無苗무종무묘. 萬曆戊子己丑年間만력무자기축년간, 江西歲大饑강서세대기, 偶生此物於河泮沙洲우생차물어하반사주. 如簪脚大여잠각대, 三四寸長삼사촌장, 或微紅혹미홍, 或白혹백. 可末爲餅食가말위병식, 土人尋食療饑토인심식료기. 予亦求鄰家老여역구린가노, 食數次식수차. 意謂減祿求增福也의위감녹구증복야. 後歲不饑則不生후세불기즉불생.

물을 건너 음식을 전하며 굶주린 이들을 구제하느라,

그때 큰물이 하늘을 뒤덮을 듯 밀려오고, 가난한 이들은 끼니가 완전히 끊겼다. 나는 날마다 맨발로 물을 건너 밥을 나르며, 굶주린 사람들을 구제하려고 온 힘을 다해 고행에 나섰다.

발가락에 종기가 생기고 그 고통이 온몸으로 퍼져갔다.

涉水傳餐救饑人 섭수전찬구기인,

時有滔天之水시유도천지수, 貧者絶食빈자절식. 每日跣涉送飯매일선섭송반, 救人饑餓구인기아, 力爲苦行역위고행.

足指生瘡痛及身 족지생창통급신.

옷은 자주 물에 젖어 아침마다 세 번이나 갈아입어야 했고,
밥은 기장을 더 넣어 하루에 두 번이나 쪘다.

衣遭跌濕朝三換 의조질습조삼환,
飯竟加粱日倍蒸 반경가량일배증.

창고에 있던 곡식은 모두 남들에게 빌려주었으나,
문서에 적힌 돈이 과연 얼마나 진실하겠는가?

겉으로는 수해를 핑계 삼았지만, 속으로는 남을 속이려는 꾀를 품고 있었을 뿐이다.

倉中空穀皆人貸 창중공곡개인대,

券上售錢有幾誠 권상수전유기성?

口稱水荒구칭수황, 心存騙局심존편국.

이 마음은 언뜻 보기에는 갓난아이처럼 어리숙해 보였으나,

이는 곧 신선의 도를 닦는 자의 본성에서 드러난 자비로움이었다.

곡식을 내어주고도 되돌려 받을 생각조차 하지 않았으니, 마치 아무것도 모르는 아기처럼 보였다. 남을 이롭게 하고 자신을 손해 보게 한 일은, 돌이켜 보면 참으로 인을 베풀고 덕을 쌓은 일이었고, 순수한 적자赤子의 마음 그대로였다.

此情有若嬰孩拙 차정유약영해졸,

便是修仙性地仁 편시수선성지인.

以穀借出而不收入이곡차출이불수입, 似無知之嬰孩사무지지영해. 利人而損己矣이인이손기의, 究此施仁積德구차시인적덕, 亦眞赤子之心也역진적자지심야.

스무 살이 되던 만력 21년(1593년) 오월, 스승을 만났으니,

그때 나는 막 스무 살이 되었다.

그 스승은 조씨 성을 가진 친척의 아들로, 도호는 환양이었다

성은 조, 도호는 환양, 법명은 상화로, 구장춘 진인의 법맥에 속한 도사였다. 남창 무양의 정도라는 곳에서 태어났으며, 조부 모두 부유한 집안이었다. 여강현에 계시던 이허암 진인이 도행이 있다는 소문을 듣고 짐을 꾸려 찾아가,

마침내 '천선의 도를 얻었다'고 한다. 다만 이전에도 스스로 조환양이라 칭하던 또 다른 인물이 있었는데, 그는 진강부에 머물며 『단경丹經』에 주석을 달고 외사外事와 사술邪術을 논하던 자였다. 이 둘은 전혀 관련이 없으므로 후학들은 이를 혼동해서는 안 되며, 참된 도맥과 무관한 말들을 함부로 믿어서는 안 된다.

二旬五月得逢師 이순오월득봉사,
生年初至二十歲 생년초지이십세.
還陽曹姓戚之兒 환양조성척지아.
姓曹號還陽성조호환양, 邱眞人派下구진인파하, 法名常化법명상화. 生於南昌武陽之精渡處생어남창무양지정도처, 祖父皆富조부개부. 聞廬江縣李虛庵眞人有道行문여강현이허암진인유도행, 治裝往치장왕, 謂得天仙之道위득천선지도. 前此別有一人亦號曹還陽전차별유일인역호조환양, 住鎭江府주진강부, 註丹經談外事邪術者주단경담외사사술자. 與此不同여차부동, 後學不可誤以爲此후학불가오이위차, 而妄信其言外者이망신기언외자.

나는 남창 고을, 같은 현에 속한 무양 땅에 살고 있었으며,
삼 리 떨어진 이웃 마을에서 그를 뒤늦게 만나게 되었다.

南昌同縣武陽地 남창동현무양지,
三里鄰居遇個遲 삼리린거우개지.

천선의 지극한 이치를 한 번 논하고자,

그가 집에 찾아왔을 때 공손히 가르침을 청하였다.

一論天仙最上理 일론천선최상리,

請到家中時扣之 청도가중시구지.

그는 "너의 조상은 대대로 선한 인연을 이어왔고,

너의 전생은 부처로부터 가사를 받은 자였다"라고 하였다.

　내가 청주부 관청에서 태어난 지 몇 달 되지 않았을 무렵, 한 술사가 와서

"이 아이는 선승이 다시 태어난 것이다"라고 말한 적이 있었다.

謂我先人世有善 위아선인세유선,

謂我前生佛授衣 위아전생불수의.

初生於靑州府之官衙才數月초생어청주부지관아재수월, 有術者曰유술자왈：

此禪僧之轉生也차선승지전생야.

전생에 불법을 닦았던 기억은 마치 어제의 일 같았고,

환생하여 다시 태어난 일은 그저 하룻밤 잠든 뒤의 일처럼 느껴졌다.

前生修佛猶昨日 전생수불유작일,

轉世夜眠恰如一 전세야면흡여일.

금생의 오늘에야 신선을 만나게 되었고,

깨어난 뒤에도 어제의 마음은 여전히 변함없이 지니고 있었다.

왕형 진인은 "스스로 닦아 증득한 세월이 다섯, 여섯 겁에 이르렀고, 이 몸을 증득한 것도 그러하다. 한 생각마다 마음을 닦으니, 문득 이미 한 생애가 흘러갔다. 비록 육신이 변한다고 할지라도, 이 마음은 끝내 잊히지 않는다"고 하였다.

今生今日得逢仙 금생금일득봉선,

醒後昨心還不失 성후작심환불실.

　王复眞人云왕형진인운 : "自修證五六劫及證此身자수증오육겁급증차신, 念念修心候已一世염념수심숙이일세, 形骸雖改형해수개, 此心不忘차심불망."

그 마음을 중추 팔월까지 간직하다가,

논밭을 팔아 스승을 모시고 함께 수행처에 들어갔다.

집에는 예전에 벼슬하셨던 아버지가 남긴 약간의 재물이 있었으나, 흉년이 들어 가난하고 굶주린 이웃들을 돕는 데 모두 나누어 쓰고, 다시 돌려받을 생각도 하지 않았다. 그리하여 내가 스스로 뜻을 이루려 할 즈음에는 밭을 팔지 않을 수 없는 형편이 되고 말았다.

持到中秋八月時 지도중추팔월시,

賣田護師同入室 매전호사동입실.

　家有父宦囊餘가유부환낭여, 荒年爲貧饑者황년위빈기자, 散盡去而不回산진거이불회. 及至自有所爲급지자유소위, 必有賣田之勢필유매전지세.

스승의 형이 말하였다. "자네는 권세 있는 집안의 자제로서,
기세가 하늘을 찌르는데, 어찌 그 도인을 따르려 하는가?

師之兄曰公子家 사지형왈공자가,
勢焰偏高怎及他 세염편고즘급타?

도를 핑계 삼아 꾀를 부려 보배를 얻으려 하나,
이 또한 제자를 신중히 가려 뽑는 한 단면이니, 이른바 "스승이 제자를 찾기
어렵다"는 말이 바로 이 경우이다.
그러나 도를 전해 사람을 제도한 일을 어찌 후회하겠는가?"

騙得道聞又取寶 편득도문우취보,
此亦차역 愼擇弟子之一端신택제자지일단, 所謂師尋弟子難者是也소위사심제
자난자시야.
烏能悔輔度人差 오능회보도인차?

차라리 생계를 위해 힘써 본전과 이자를 갚는 편이 나았을지라도,
나는 스스로 그보다 더 혹독한 길을 택해 걸었다.

且做生涯還本利 차주생애환본리,

116

我自爲之更甚些 아자위지갱심사.

형제와 함께 영주에 이르러 하룻밤을 묵었는데,
산에서 만난 한 사람을 믿고 나무를 다듬는 일을 맡겼다.

弟兄同到甯州宿 제형동도영주숙,
信個山人解梳木 신개산인해소목.

그 산 사람이 본전의 절반을 속여 가로챘고,
집에 돌아와서는 슬픔에 북받쳐 눈물을 흘렸다.

山人騙去半本錢 산인편거반본전.
到家折盡愁思哭 도가절진수사곡.

내가 백 냥이 넘는 돈을 잃었다고 말하자,
스승은 "외단으로 네 욕망을 갚아주겠다"고 하였다.
 불을 태워 점화하여 금과 은을 만드는 기술을 세상에서는 외단을 연단한다
고 한다. 그때 스승은 외단만 전하려 하고, 내단은 가르치지 않았다. 이로써
선사께서 내단을 외단보다 훨씬 더 중히 여겼음을 알 수 있다.

語予折去百數金 어여절거백수금,
願把外丹酬你欲 원파외단수니욕.

燒煉點化成金銀之術소연점화성금은지술, 世謂之煉外丹세위지연외단. 當此時師只肯受外丹당차시사지긍수외단, 不肯授內丹불긍수내단. 此見仙師重內甚於重外차견선사중내심어중외.

나는 세속을 초월하여 신선의 도를 증득하려는 사람인데,

어찌 단약이나 금은보화를 집 가득히 쌓는 일을 바라겠는가?

참된 수행자라면 마땅히 세속을 버리고 속된 욕망을 끊어야 하며, 어찌 외단을 탐내어 그것을 배우려는 마음을 내겠는가? 내가 외단을 가볍게 여긴 것은 내단을 중히 여겼기 때문이니, 그러므로 그것을 받지 않은 것이다.

我求超世證仙眞 아구초세증선진,

何欲丹金堆過屋 하욕단금퇴과옥?

大修行人家且宜必捨대수행인가차의필사, 絶其俗念절기속념, 豈可戀外丹而生一心傳乎개가련외단이생일심전호? 予輕外여경외, 由於重內유어중내, 故不受고불수.

나는 본래 스승의 외단 전수를 좋아하지 않았으나,

스승께서는 "네가 단약을 만드는 것을 좋아하지 않는 것은 곧 부귀와 권세를 탐하지 않기 때문이다. 덕행은 이미 허물없음에 이르렀고, 뜻 또한 남다르게 드높으니 외단을 전할 수 있다. 게다가 신선이 사람을 제도할 때, 내단만 전하고 외단을 전하지 않는 법은 없다. 외단을 바탕으로 내단을 닦는 법이니, 우선 이것을 받아들이도록 하라. 다만 함부로 쓰거나 망령되이 전하려 해서는 안 될 것이다"라고 하셨다.

그 말씀을 마음에 깊이 새기고, 눈으로 본 듯 생생히 간직하였다.

임자년(1612년) 봄, 마침내 나는 스승과 함께 예장성 서쪽, 서산 뒤의 계곡 가에서 연단을 시작하였다.

予唯不好師固傳 여유불호사고전,

師云사운 : 汝惟不好煉丹여유불호연단, 是不貪富貴勢力시불탐부귀세력. 德已不虧덕이불휴, 志已特異지이특이, 故可傳外고가전외. 且仙度人傳內未有不傳外者차선도인전내미유부전외자. 資外以修內자외이수내, 汝且受之여차수지. 但無妄爲妄傳則可矣단무망위망전즉가의.

但記在心著在目 단기재심저재목.

壬子春임자춘, 遂與師同煉於豫章城西수여사동련어예장성서, 西山之後溪水涯次서산지후계수애차.

납과 모래 같은 범속한 물질을 단로丹爐에 넣어 달이면,
검은 기운이 다하고 흰 기운이 드러나 금과 목을 이루게 된다.

비록 두 가지 물질이라 말하지만, 옛사람이 "하나의 물건에 다섯 가지 빛이 깃드니, 이는 곧 신선의 복록이 되었다"고 한 것이 바로 이것이다. 그 속에는 금·목·수·화·토의 오행이 모두 갖추어져 있고, 청룡·백호·현무·주작의 사상이 완비된 뒤에야 비로소 흰 것이 이루어진다. 스승께서 "한 번의 전환으로 모체를 이룬다"고 한 말은, 곧 이것이 참된 모眞母라는 뜻이었다. 옛날 정양 진인이 『동부철권』에서 주해하기를, 오맹의 『직지령문』에서 "검은 것한 근에서 흰 것 두 냥을 얻으니, 삼십육 근이면 칠십이 냥을 얻는다"고 하였는데, 이 또한 그 사실을 증험한 것이다.

鉛砂凡體入池煎 연사범체입지전,

黑盡白見成金木 흑진백현성금목.

雖曰二體수왈이체, 即古所謂즉고소위 "一物含五彩일물함오채, 亦作仙人祿역작선인록" 者是也자시야. 其中金木水火土之五行俱全기중금목수화토지오행구전, 青龍白虎玄武朱雀之四象俱備청룡백호현무주작지사상구비, 而後成其爲白이후성기위백. 予師所謂여사소위 : 一轉成母者일전성모자, 即此是眞母즉차시진모. 昔旌陽석정양 『銅符鐵券동부철권』 註주, 乃吳猛내오맹 『直指靈文직지령문』 所言소언 : "每黑一斤可得白二兩매흑일근가득백이량, 則三十六斤得七十二즉삼십육근득칠십이" 亦驗역험.

얼굴에는 조각조각 붉은 복숭아꽃이 피어나고,

마음속에는 알알이 부서진 황금 좁쌀이 맺혀있었다.

이 금속金粟은 곧 백금이라 부르며, 건금·태금·경금·수중금·화중금이라 이름하고, 그 형상은 마치 달걀과 같다. 납과 수은은 각각 진연眞鉛, 진홍眞汞이라 불리며, 이는 하늘 위의 지극한 보배이자 신선들이 간직한 비밀스러운 기밀이다.

面上片片紅桃花 면상편편홍도화,

心中顆顆碎金粟 심중과과쇄금속.

此即名白金차즉명백금, 名乾金兌金庚金水中金火中金명건금태금경금수중금
화중금, 若雞子약계자. 鉛汞名眞鉛眞汞연홍명진연진홍, 爲天上之至寶위천상
지지보, 神仙之秘機신선지비기.

참된 납과 참된 수은이 곧 이 참된 것이며,

이 밖의 것들은 아무리 연단한다 해도 참됨을 얻을 수 없고, 모두 세상의 범
속한 물질에 지나지 않는다.

흰 것이든, 노란 것이든 모두 이 한 가지를 가리킨다.

이는 수화가 이미 조화를 이루고, 금과 목의 신기가 서로 교합된 것이니, 곧
신단神丹의 근본이 된다. 이것은 흰 것이면서 또한 누런 것이며, 누렇지 않으
면서 또한 흰 것이 아니다. 그 안팎이 모두 황백黃白 두 색과 같으므로, 선가
에서는 이를 '황백'이라 부른다. 그러나 세상 사람들은 이를 들을 수도, 볼
수도 없으며, 그러므로 이 황백이 어떤 물건인지도, 또 어찌하여 황백이라
부르는지도 알지 못한다.

眞鉛眞汞是此眞 진연진홍시차진,

除此煉成得眞之外제차연성득진지외, 餘皆世間之凡物여개세간지범물.

物白物黃皆此物 물백물황개차물.

此得水火旣濟차득수화기제, 交幷金木之神氣者교병금목지신기자, 爲神丹之根
基위신단지근기. 是白而又是黃시백이우시황, 非黃而又非白비황이우비백. 內外
皆若黃白二色내외개야황백이색, 故仙家稱黃白[104]고선가칭황백. 世人無由能聞

---

104 황백黃白은 도가에서 단약丹藥을 단련하여 금은이 되게 하는 것을 말한다. 이를 황아백설黃芽白雪이
라고 한다.

세인무유능문, 亦無由能見역무유능견, 故亦不知黃白是何物고역부지황백시하물, 名黃白是何故명황백시하고.

단두丹頭는 단계마다 참되게 의지할 바가 되며,

솥마다 거듭 훈증하여 마침내 하늘의 복록으로 변화한다.

연단이란 곧 이것을 뜻하며, 삶는 일 또한 이와 같다. 기르고 젖을 먹이는 일 또한 모두 여기에 의지한다. 이것이 있어야만 단을 되돌릴 수 있으므로 '금액환단金液還丹'이라 부른다. 그러나 이것이 없으면 단을 되돌릴 수 없고, 단을 이루고 점화하여 복용할 수 있는 이치 또한 존재하지 않는다. 설령 백 년 동안 불태우고 연마하더라도 헛되이 집안 재산만 탕진할 뿐이다. 이른바 "주사朱砂가 희어지기도 전에 머리부터 먼저 희어지고, 수은이 없어지기 전에 사람이 먼저 쇠해버린다"는 말이 바로 그 뜻이다. 결국 그러한 형세에 이르게 되니, 어찌 경계하지 않을 수 있겠는가?

次次丹頭實所依 차차단두실소의,

鼎鼎薰蒸化天祿 정정훈증화천록.

煉即此연즉차, 烹亦即此팽역즉차 ; 養以此양이차, 而乳哺亦以此이유포역이차. 有此유차, 則丹可還즉단가환, 故曰金液還丹고왈금액환단. 無此무차, 則丹不可還즉단불가환, 必無成丹點化服食之理필무성단점화복식지리. 縱燒煉百年空廢家業종소연백년공폐가업. 所謂소위 "朱砂未白頭先白주사미백두선백, 水銀未死人先死수은미사인선사." 勢所必至세소필지, 可不慎之가불신지?

122

초월하고 벗어나는 그 자체가 곧 단연丹鉛이며,

'초超'란 검은 것을 벗어나 흰 것을 초월해 나오는 것이고, '탈脫'이란 흰 것을 떠나 신령한 기운이 드러나는 것이다. 그러므로 이를 '신단神丹'이라 부른다. 만약 이 납 속의 단약이라는 신령한 물건을 얻지 못한다면, 결코 도를 이룰 수 있는 이치는 성립되지 않는다.

어둡게 나아가든 밝게 나아가든 술누룩처럼 저절로 익어간다.

'암진暗進'은 신수神水와 신화神火가 어둠 속에서 스며드는 것이며, 이는 단약을 끓이고 단련하는 공부, 곧 팽련烹煉의 작용에 해당한다. '명진明進'은 신수와 신화가 밝게 나아가는 것으로, 불을 통해 초탈하고 벗어나는 공부, 곧 화초탈火超脫의 작용에 속한다. 암진은 굳게 닫힌 중심에서 은밀히 이루어지고, 명진은 외부에 환히 드러나 나타난다. 그러므로 이 오묘한 작용은 세속의 법과는 전혀 같지 않으며, 세상 사람들이 주고받는 언사와도 다르다. 만약 이러한 이치를 따라 실행하지 못한다면, 그것은 단도丹道가 아니며, 성취될 수 없다. 만일 성취하지 못한 경우라면, 단법을 배우는 자는 마땅히 스스로 분수를 지켜 그만두어야 한다.

超之脫之即丹鉛 초지탈지즉단연,

超者초자, 離黑而超出白이흑이초출백. 脫者탈자, 離白而超出神來이백이초출신래, 所以謂之神丹소이위지신단. 若非得此鉛中丹之神物약비득차연중단지신물, 必無成道之理필무성도지리.

暗進明進如酒麴 암진명진여주국.

暗進者암진자, 暗進神水暗進神火암진신수암진신화, 屬烹煉之工也속팽련지공야. 明進者명진자, 明進神水明進神火명진신수명진신화, 屬火超脫之工也속화초탈지공야. 暗進者在固密之中암진자재고밀지중, 明進者顯然在外명진자현연재외. 所以此妙絶與世法不同소이차묘절여세법부동, 與世談者異여세담자이. 若不能如此약불능여차, 則非丹道즉비단도, 不成불성. 不成불성, 學丹者當安分已矣학단자당안분이의.

임자년(1612년) 봄, 마침내 한 번 시험해보니,

모든 것이 증험되어 스승께서 친히 당부하신 바와 부합하였다.

스승에게 전수받은 지 이미 여러 해가 지났으나, 아직 한 번도 직접 실행해보지 못한 것은 자금이 부족했기 때문이었다. 그러던 중 『어장』에서 "대단大丹은 고작 네 냥으로 시작할 수 있다"는 구절을 보고, 어찌 한 번 시험해보지 않겠는가? 하는 생각이 들었다. 더구나 생각만 하고 배우지 않는다면 결국 불안하고 마음이 편치 않을 것이니, 그로 인해 시험해보지 않을 수 없었으며, 이는 다만 참된 효용과 실제 이치를 확인하기 위한 실행이었을 뿐이다.

壬子春來一試焉 임자춘래일시언,

般般已驗符親囑 반반이험부친촉.

師授已多年사수이다년, 尙未經手一爲之상미경수일위지, 亦乏資財之故역핍자재지고. 及見급견 『漁莊어장』 所云大丹只從四兩起手소운대단지종사량기수, 何不一試爲之하불일시위지? 況思而不學황사이불학, 終是危殆不安종시위태불안, 是以不得不試驗而爲眞用實理시이부득불시험이위진용실리.

비록 점화하여 세상에 머무는 금단을 얻는다 하더라도

세 차례의 전환을 거쳐 신령한 빛이 크게 드러날 때라야 비로소 점화가 이루어진다.

그런데 어찌 감히 그것을 섣불리 하늘 가득한 복이라 여길 수 있겠는가?

雖堪點得住世金 수감점득주세금,

三轉靈光大現삼전영광대현, 即能點化즉능점화.

怎敢妄爲滿天福 즘감망위만천복?

생계에 쓰던 밭조차 아낌없이 여러 차례 내다 팔고,

스승을 따라 먼 길을 나서며 함께 수행하였다.

시험은 임자년(1612년)에 있었고, 법을 전수받은 것은 계사년(1593년)의 일이었다. 비록 그 법을 전수받았으나 선뜻 그 일을 실행하려 하지 않았다. 그러다가 갑오년(1594년)에 다시 밭을 팔고 스승을 따라 신선의 도를 깊이 탐구하게 되었다. 만일 이처럼 굳은 결심이 아니었다면, 아마도 도를 들을 기회조차 없었을 것이다.

未惜食田屢賣之 미석식전누매지,

依師遠出相隨逐 의사원출상수축.

試在壬子시재임자, 授法在癸巳수법재계사. 雖傳其法而不肯爲其事수전기법이불긍위기사. 故甲午又賣田고갑오우매전, 隨師參究仙道수사참구선도. 若非如此堅心약비여차견심, 恐亦不得聞道공역부득문도.

영주의 여관, 서씨의 집에 몸을 의탁하였고,

거친 밥을 아침마다 먹었으나 배부르게 먹기 어려웠다.

처음 집을 떠나 기름지고 좋은 음식을 배부르게 먹기란 쉽지 않았고, 거칠
고 메마른 잡곡밥으로 겨우 끼니를 이었다.

甯州旅邸投徐家 영주려저투서가,

粗飯常朝難食足 조반상조난식족.

初離家之膏粱甚難飽초리가지고량심난포, 食其粗糲식기조려.

목이 마르면 나물 달인 쓴 약으로 갈증을 달래고,

밤이면 땔나무 방에서 호랑이와 함께 잠들었다.

渴時苦菜藥般湯 갈시고채약반탕,

夜後柴房虎伴宿 야후시방호반숙.

쓸 돈이 다 떨어져 주머니는 텅 비었고,

병독이 온몸에 퍼져 눈썹마저 저절로 찌푸려졌다.

孔方用盡囊且空 공방용진낭차공,

瘡毒生多眉又蹙 창독생다미우축.

몸은 외로워 끼니조차 도모할 겨를이 없었으나,

신선을 닦겠다는 뜻에는 티끌만 한 의혹도 없었다.

　믿음은 참되었고, 배움은 독실했으며, 마음에는 두 갈래의 의심조차 없었다.

孤身安飽不暇圖 고신안포불가도,

修仙決志無疑蔔 수선결지무의복.

　信之眞신지진, 學之篤학지독, 心無疑二심무의이.

세상의 흐름을 좇아 정치에 몸담은 일도 없었고,

　공명功名을 구하지 않고, 오직 은거하는 삶에 뜻을 두었다.

군사를 이끌어 화약술의 계책을 펼친 일도 없었다.

　'화약술火藥術'은 공격과 수비를 두루 갖춘 뛰어난 기술로, 나라를 지키고
변방을 안정시키는 데 유용한 기예였다. 어린 시절에는 제후로 봉해져 봉토
를 받기를 꿈꾸며 그 기술을 익혔으나, 훗날 종리권 진인이 후작의 작위를
버리고 신선이 되는 것을 보고, 나 또한 그것을 쓸모없는 일로 여겨 기꺼이
내던졌다.

也不爲時嘗政事 야불위시상정사,

　不求功名불구공명, 專於事隱전어사은.

也不帥師抒火計 야불수사서화계.

　火藥之法화약지법, 有攻戰守之全能유공전수지전능, 實護國安邊之長技실호국
안변지장기. 幼時只圖分茅祚土유시지도분모조토, 故學之고학지, 見鍾離棄侯
爵而成仙견종리기후작이성선, 亦且棄置於無用之地역차기치어무용지지.

칠서七書와 팔척八尺의 무기는 마치 원수라도 되는 듯 멀리하였고,

'칠서'란 병가의 무경武經 일곱 권을 뜻하며, '팔척'은 관세음보살께서 소림사에 남기신 신령한 창으로, 베고 때리는 법이 있어 협창곤夾槍棍이라 부른다. 이 모든 것은 무력을 위한 도구이므로, 신선이나 불법을 닦는 자는 살생의 마음을 경계해야 하며, 사람을 해치는 일은 마땅히 금해야 한다.

백 가지 사서와 오경은 다시는 기억하려 하지 않았다.

'식識'이란 기억함을 뜻한다. 오경과 제자백가는 문사들이 세상을 다스리기 위해 익히는 도구이지만, 이미 자신의 몸과 마음을 다스리기로 뜻을 세웠다면 세상을 다스릴 필요는 없으므로, 굳이 그것들을 다시 외울 필요는 없었다.

七書八尺若爲仇 칠서팔척약위구,

七書者칠서자, 兵家之武經七書也병가지무경칠서야, 八尺者팔척자, 觀世音菩薩所遺少林寺之神槍관세음보살소유소림사지신창, 有劈打之法유벽타지법, 又名夾槍棍우명협창곤. 皆用武之具개용무지구, 修仙佛者戒殺心수선불자계살심, 正要戒所以殺事정요계소이살사.

百史五經不再識 백사오경부재식.

識식, 記也기야. 五經子史文士博學之具오경자사문사박학지구, 爲治世之需위치세지수. 旣治身心則不治世기치신심즉불치세, 故不必再記고불필재기.

선기璇璣와 도장倒杖의 법은 이제 모두 내려놓았고,

'선기璇璣'란 북두칠성의 자루가 운행하는 이치를 따라 별자리의 배열로 하늘의 운행을 점치는 점성술이다. '도장倒杖'이란 풍수지리에서 혈을 짚어 분묘의 자리를 정하는 장법으로, 천체의 구형 구조와 하늘의 중심, 그리고 십방위의 기틀에 따라 묘지를 정하는 신령한 비결이다. 그러나 수행자가 거처할 터전을 선택하는 길은 이와 본질적으로 다르므로, 이러한 기술 또한 더이상 사용하지 않는다.

금둔禽遁과 악기握奇의 계책 또한 이제 모두 버렸다.

'금둔禽遁'이란 연금演禽의 수법과 둔갑팔문의 병법을 말하며, 병가에서 길흉을 점치고 승패를 결정하는 데 필수적인 전략이었다. '악기握奇'란 진영을 꾸리고 병력을 배치할 때, 중앙 군영의 장막 속에서 장수가 홀로 쥐고 있는 궁극의 핵심 계책을 뜻한다. 이른바 "장막 속에서 계책을 운용하여 승리를 결정한다"는 말이 바로 그것이다.

璇璣倒杖盡休哉 선기도장진휴재,

璇璣者선기자, 斗柄運轉두병운전, 以明星象週天之占候이명성상주천지점후. 倒杖者도장자, 地理法扦點穴法所宜지리법천점혈법소의, 即球檐天心十道葬墳墓之仙機즉구첨천심십도장분묘지선기. 修行擇地異於此수행택지이어차, 故亦不用此고역불용차.

禽遁握奇俱已矣 금둔악기구이의.

禽遁者금둔자, 演禽之數연금지수, 及遁甲八門之法급둔갑팔문지법, 兵家卜吉凶決勝負必要之機병가복길흉결승부필요지기. 握奇者악기자, 安營寨排兵佈陣時안영채배병포진시, 在中軍帳獨持至一之樞機재중군장독지지일지추기. 所謂'運籌帷幄之中而決勝也소위운주유악지중이결승야.'

129

때는 주나라의 기운이 아직 남아 복된 운이 흐르던 시절이었으며,

오월 이십이일, 하늘의 큰길에 뜻을 아뢰었다.

스승을 만난 지 일 년이 지난 뒤, 나는 하루 한시도 빠짐없이 도를 물었다. 그리하여 내 마음과 뜻이 참되게 확립되었음을 알게 되었다. 이에 표문을 올려 하늘의 조정에 아뢰고 자미성의 중앙 궁궐에도 고하였다. 천명을 청하여 전수할 수 있는지를 결정하였다. 하늘이 허락하면 전하고, 허락하지 않으면 멈추었다. 신선의 도는 금령과 계율이 지극히 엄중하므로, 하늘의 허락 없이는 결코 남에게 사사로이 전수할 수 없었다.

時値周基日有餘 시치주기일유여,

五月卄二奏天衢 오월이십이주천구.

遇師一年之後우사일년지후, 無一日一時不問道무일일일시불문도. 此而知心識志차이지심식지. 方行表奏天庭방행표주천정, 及紫微中宮급자미중궁, 請天命而決可傳與否청천명이결가전여부. 許傳則傳허전즉전, 不許則止불허즉지. 仙道禁戒至重선도금계지중, 不得私授於人也부득사수어인야.

맹세의 말과 부절符節을 함께 올려 의식을 마쳤고,

'투사投詞'란 맹세의 말이다. 왕중양 진인의 제자 마단양과 손불이 등이 모두 맹세문을 불태운 전례가 있으니, 이것이 바로 그 예이다. 세상의 후학들은 스승에게 투사를 올리지만, 여기서는 상제에게 직접 투사를 올려 명을 청하고 부절符節을 받는다. '부절'에 대해서는 『동신경』에서 "승천권은 푸른 띠에 묶여 있으며, 몸소 승천할 날에 오악五岳이 이 권표를 보지 못하면 사

람을 억류하여 승천하지 못하게 하고, 수신水神이 이 권표를 보지 못하면 물가에서 막으며, 지관地官이 보지 못하면 승도하지 못하고, 천관天官이 보지 못하면 천문이 닫혀 들어가지 못한다. 그러나 이 권표를 얻은 자는 곧바로 자미궁紫府에 들어가 대도군大道君을 배알할 수 있으며, 이후에는 어떤 신도 감히 그를 구속하지 못한다"고 하였다. 이는 천선이 제자를 인도할 때 반드시 거치는 절차이다.

피를 찔러 맹세하자, 영관왕께서 친히 이를 증명하셨다.

『포박자』에서 "가장 은밀하고 중대한 가르침 가운데 장생의 법보다 더 큰 것은 없으므로, 반드시 피를 뽑아 맹세한 뒤에야 전할 수 있다. 장생을 닦고자 하면서도 겸손하지 않고 부지런히 스승을 가까이하지 않는다면, 어찌 이처럼 요긴한 도를 얻을 수 있겠는가? 구하는 마음이 지극하지 않으면 스승 또한 많은 가르침을 주지 않으니, 그 비밀스러운 도가 어찌 전해지겠는가? 겉만 핥는 얕은 가르침으로 어찌 불사의 도를 이룰 수 있겠는가? 만약 이런 자라면 끝내 가르침이 전해지지 않는다"고 하였다.

投詞符節合同了 투사부절합동료,

投詞者투사자, 誓之詞也서지사야. 重陽眞人之門人馬與孫等皆焚誓狀之類중양진인지문인마여손등개분서장지류, 是也시야. 世之後學세지후학, 皆投詞於師개투사어사, 此則投詞於上帝而請帝命付符節차즉투사어상제이청제명부부절. 符節者부절자, 即즉『洞神經동신경』云운：升天券以青素帶승천권이청소대, 身臨升之日신림승지일, 五岳不見此券오악불견차권, 則拘人不得升즉구인부득승；水神不見此券수신불견차권, 則留人不令升즉유인불영승；地官不見此券지관불견차권, 則不得升度즉부득승도 ; 天官不見此券천관불견차권, 則閉天門不令升進즉폐천문불영승진. 得券則前入紫府見大道君득권즉전입자부견대도군, 然後一切諸神不敢拘制연후일체제신불감구제. 此天仙度弟子之所有事者차천선도제자지소유사자.

刺血靈官王證之 자혈영관왕증지.

抱朴子云포박자운 : "至秘重者지비중자, 莫過長生之方막과장생지방, 故必歃血盟誓乃傳고필삽혈맹서내전. 欲修長生而不謙勤親師욕수장생이불겸근친사, 至要寧可得乎지요영가득호? 求心不盡구심부진, 令師告之不多영사고지부다, 秘何及得비하급득? 浮淺之示부천지시, 豈足成不死之功기족성불사지공? 若此之人약차지인, 亦終不得敎之역종부득교지."

스승이 내 귓가에 두어 마디 말씀을 속삭여 주시니,
그제야 신선의 길에 겨우 한 가닥 실마리가 열렸다.

在我耳邊說兩句 재아이변설양구,
聊通一絲修仙路 요통일사수선로.

이 법은 보통 사람이 들을 수 있는 것이 아니며,
신선을 닦고자 한다면 마땅히 신선의 인도를 받아야 한다.
『고신선신사가』에서 "하늘의 사람은 반드시 하늘의 학문을 닦아야 하니, 하늘은 스스로 어리석은 사람을 들어 올려 주지 않는다"고 하였다.

不是等閒人可聞 불시등한인가문,

修仙便要應仙度 수선편요응선도.

『古神仙身事歌고신선신사가』云운 : "天人須選天人學천인수선천인학, 上天不

擇下愚人상천불탁하우인."

그때부터 벽사라 불리는 외진 시골 마을에 은거하게 되었고,

벽사는 시골 지역의 지명으로, '시市'는 사람들이 모여 교역하는 장터를 뜻

한다.

아침밥을 먹자마자 곧바로 스승께 달려가 도를 물었다.

내 거처는 스승의 집에서 약 오리쯤 떨어져 있었기에, 매일 아침 식사를 마

치자마자 곧장 달려가 스승을 뵙고 도를 물었다.

從今隱處辟邪市 종금은처벽사시,

辟邪是鄉間地名벽사시향간지명, 市則有街道貿易시즉유가도무역.

朝食忙趨日問師 조식망추일문사.

予隔師家五里許여격사가오리허, 每日早飯畢매일조반필, 即趨侍師而問道즉추

시사이문도.

일 년 삼백일을 하루도 쉬지 않고 정진하였으며,

보름 동안에는 스승을 무려 백이십 시진이나 찾아뵈었다.

一年間有三百日 일년간유삼백일,

半月參將百二時 반월참장백이시.

십오 년 세월 동안 부지런히 스승을 모시고 배우며,
수많은 가르침 속에서 간절히 되새기고 도를 궁구하였다.

十五年間勤侍教 십오년간근시교,
萬千句裏切尋思 만천구리절심사.

눈앞에서 스승께서 두 끼니를 드시는 것을 보았으나,
마음은 스스로를 잊고, 배가 몹시 고픈 것도 견뎌냈다.

　매일 도를 묻기 위해 스승을 찾아가면, 스승께서 내 앞에서 두 끼를 드셨으
나, 나는 아직 한 끼도 먹지 못했다. 그러나 밥조차 잊을 만큼 분발하는 이
들을 본받고자 했기에 그렇게 스스로 단련하며 인내하였다.

眼見師餐飲兩頓 안견사찬음양돈,
心忘我受腹重饑 심망아수복중기.

　每日問道見師餐兩飯矣매일문도견사찬양반의, 我尚未及一餐아상미급일찬. 亦
願效發憤忘食者역원효발분망식자, 故如此고여차.

온전히 굶주림을 견디며 먹을 생각조차 잊었고,
점차 장에 통증이 생겼으나 의사조차 찾지 않았다.

　굶주린 날이 오래되어 몸이 상하고 장이 아팠으나, 그것이 굶주림 때문임을

134

깨닫지 못해 치료받을 생각조차 하지 못했다.

整整忍饑不想食 정정인기불상식,

漸漸腸疼不識醫 점점장동불식의.

　餓日久아일구, 則傷而腸疼즉상이장동, 亦不識爲餓傷而求醫역불식위아상이구의.

도를 여쭈느라 황혼이 되어서야 집으로 돌아왔고,

어느 날은 밝을 때, 또 어떤 날은 어둠 속에 늦게 귀가하였다.

　달이 일찍 뜨면 길이 훤했으나, 늦게 뜨면 앞이 캄캄했다. 그럴 때면 관청 심

　부름꾼의 수레나 말, 혹은 사람들이 들고 가는 횃불을 따라 걸어야 했다.

問到黃昏方返舍 문도황혼방반사,

或明或暗到家遲 혹명혹암도가지.

　月上早則明월상조즉명, 月上遲則暗월상지즉암. 隨著差馬火把而行수저차마화

　파이행.

집에서는 밥을 세 번이나 지어 놓고,

문에 기대선 이는 돌아오지 않는 자식을 애타게 기다렸다.

家中飯辦炊三次가중반판취삼차,

倚門人望不歸兒의문인망불귀아.

이처럼 날마다 아침저녁으로 수행을 이어가며,

푸른 하늘에 빌어 다만 도의 가르침을 듣기를 바랄 뿐이었다.

如此朝朝並暮暮 여차조조병모모,

禱蒼唯願道聞之 도창유원도문지.

매월 초하루와 보름이 되면 황표黃表를 올렸고,

매월 초하루와 보름마다 상제에게 표문을 올려 은혜와 자비를 구하며 도의

완성을 빌었다. 이때 천선이 세 차례나 재촉하였고, 스승께서 마침내 나를

도의 길로 인도해주셨다.

한 자락 청정한 제단에서 초재醮齋를 올리며 청사靑詞를 아뢰었다.

도를 들은 뒤 기해년(1599년) 봄에 초재를 세워, 하늘과 땅, 그리고 역대에

도를 전하신 성스러운 스승들께 감사를 드렸다.

每逢朔望進黃表 매봉삭망진황표,

每月朔日望日매월삭일망일, 表奏上帝표주상제, 以祈恩賜이기은사, 全道果전

도과. 有天仙三催師度유천선삼최사도.

一壇淸醮奏靑詞 일단청초주청사.

聞道之後문도지후, 己亥年春기해년춘, 建醮건초, 謝天地及歷代傳道之聖師사

천지급역대전도지성사.

또한 매달 그믐밤마다 무상無常을 끊는 의식을 행하며,

부지런히 마음을 다해 도를 닦으니, 하늘이 그 뜻을 알아주었다.

'참무상斬無常'이란, 일 년 동안 죽음을 면하고 생명을 보전하는 법으로, 부
적과 비결, 주문을 써서 무상을 끊어내는 의식이었다.

又斬無常三十夜 우참무상삼십야,

勤心進道有天知 근심진도유천지.

斬無常者참무상자, 保全一年不死之法보전일년불사지법, 有符訣咒以斬斷之유
부결주이참단지.

신선의 기밀과 불법의 이치를 모두 물어보았고,

이제는 반드시 천선이 되리라 굳게 맹세하였다.

서영부는 "도를 닦아 전진全眞의 경지에 이르는 것은 바로 이 한 생에 달려
있다. 미혹한 자는 죽음을 기다리며 다음 생을 기약하지만, 다시 무슨 삶이
있겠는가? 지금 이번 생에서 무생無生의 이치를 깨닫지 못한다면, 설령 다시
태어난다 해도 어디에 태어날지 어찌 알 수 있겠는가?"라고 하였다.

仙機佛法都問過 선기불법도문과,

誓今決要天仙做 서금결요천선주.

徐靈府云서영부운 : "學道全眞在此生학도전진재차생, 迷徒待死更何生미도대
사갱하생? 今生不了無生理금생불료무생리, 縱復生知何處生종부생지하처생?"

평생 시달려온 온갖 병이 거의 다 사라지려 하고,

어린 시절부터 앓아온 천식과 풍습의 병이 대부분 나았고, 이제 거의 사라지려 했다. 옛날 마단양 진인은 종남산 서쪽 화정을 유람하면서, 우연히 빈 가마터에 하룻밤을 묵었다가 흙 속의 화독에 중독되어 피를 토하고 숨이 찼다. 도반이 "생파와 진한 식초를 먹으면 그 독을 풀 수 있다"고 하였다. 이에 나는 "도가의 수행자가 병이 들었을 때는 남이 고칠 수 있는 것이 아니며, 스스로 다스림으로써 충분하다. 몸속의 지극한 보배를 단련하면 그 병은 저절로 낫는다"고 하였다. 또 "사가四假의 불균형을 풀고자 한다면, 몸속의 금옥 金玉을 단련하라"고 하였다.

짧은 한마디에도 감회가 북받쳐 스스로 축하하지 않을 수 없었다.

도를 시험 삼아 실천해 보면 곧바로 효험이 있었고, 짧은 한 구절이라도 신묘한 뜻이 담겨 있다면 그것을 얻은 것만으로도 기뻐하며 스스로 축하하지 않을 수 없었다. 이 모든 것은 다행히도 전생의 인연 덕분이었다.

生平諸病欲將無 생평제병욕장무,

凡童稚時所得哮喘風濕等범동치시소득효천풍습등, 皆癒而欲無개유이욕무. 昔丹陽眞人在終南西遊華亭석단양진인재종남서유화정, 偶宿窯空우숙요공, 中土津火毒중토진화독, 吐血發喘토혈발천. 道友曰도우왈 : 當食生蔥釀醋可解其毒당식생총엄초가해기독. 予謂道家有病여위도가유병, 他人莫能醫타인막능의, 自治足矣자치족의. 修煉身中至寶수련신중지보, 厥疾自瘳궐질자추. 又詞云우사운 : "欲要解四假[105]違和욕요해사가위화, 煉身中金玉연신중금옥."

---

105 사가四假는 사체四體라고도 하며, 형체, 기운, 정신, 마음을 뜻한다. 도가에서는 이 네 가지를 임시로 모여 이루어진 가짜라 하여 집착을 버리고 비움으로써 참된 도에 돌아가야 할 대상으로 본다. 즉, 사가를 초월한다는 것은 몸과 마음, 에너지와 의식의 구속을 끊고 본래의 참된 나로 돌아감을 의미한다.

些小句言便稱賀 사소구언편칭하.

試道行即有驗시도행즉유험, 凡得一句一言秘妙범득일구일언비묘, 無不躍喜稱
賀무불약희칭하. 幸有前緣행유전연.

세속의 모든 직분을 마음에서 내려놓으니,

이는 곧 "세속의 모든 일을 완전히 내려놓는다"는 가르침을 따른 것이었다.

오직 한 생각의 기연機緣 속에서 나 자신을 온전히 단련하였다.

여기서 '나'란, 곧 자기 안의 망상과 사심을 뜻하니, 그 유아有我의 마음을
단련하여 무아無我에 이르면, 곧 무생無生의 경지에 들어 적멸을 참된 즐거
움으로 삼게 된다.

萬般職分總休心 만반직분총휴심,

效所謂全抛世事효소위전포세사.

一念機緣全煉我 일념기연전연아.

我者아자, 即自己妄想私心즉자기망상사심, 煉有我之心至於無我연유아지심지
어무아, 便入無生之際편입무생지제, 寂滅爲樂적멸위락.

도를 깨우치지 못하면 신선이 될 수 없고,

그저 세상 사람 중 한 명으로 헛되이 생을 마치게 된다.

이번 생에는 반드시 도를 깨달아 신선이 되겠노라 맹세하였다. 만일 그렇지
못하다면, 전생에 도를 닦아 이번 생에 사람으로 태어났음이 헛될 뿐이다.
이미 사람의 몸을 얻었거늘, 어찌 이를 바탕으로 신선을 닦지 않겠는가? 그

렇지 않다면, 그것이야말로 헛된 일이 아니겠는가?

道若不明仙不成 도약불명선불성,

枉作世間人一個 왕작세간인일개.

　誓志此生必要明道成仙서지차생필요명도성선. 若不如此약불여차, 則前世似實

修而人生於今즉전세사실수이인생어금 ; 既得人今기득인금, 何不以之而修仙하

불이지이수선, 不亦枉然乎불역왕연호?

예전에 아내에게 금귀고리를 벗어달라 청했고,

은비녀 또한 기꺼이 내어놓아 도를 위한 자금을 보탰다.

　스승께서 화기化氣를 거의 완성해 가던 때로, 이를 수호하는 데 급히 재물이

필요했으므로, 부득이하게 사정을 굽혀 도움을 구한 것이다.

曾求妻下耳金環 증구처하이금환,

並下銀釵湊護財 병하은채주호재.

　化氣將完화기장완, 護者要財用甚急호자요재용심급, 不得不委曲부득불위곡,

求爲應用구위응용.

망건의 고리와 단추까지 아낌없이 잘라 바쳤고,

　고리와 단추는 거의 다 써서 남은 것도 없었다.

그 정성으로 스승의 수련을 도와 마침내 대약을 이루게 하였다.

網巾圈子割還盡 망건권자할환진,

　圈子及鈕扣用廢殆盡권자급뉴구용폐태진.

護得師工大藥來 호득사공대약래.

스승께서 드실 음식이 부족할 때는 내 몫을 내어 드렸고,

스승께서 입으실 옷이 모자랄 때는 내 옷을 벗어 드렸다.

師家少食我推食 사가소식아추식,

師家少衣我解衣 사가소의아해의.

과부가 된 어머니는 집안을 기울게 한 나를 꾸짖었고,

　생업을 일으킬 자금마저 대부분 수행에 써버렸으니, 차츰 살림이 궁핍해지
는 것을 피할 수 없었다.

거친 베옷을 입은 나는 근심에 잠겨 멀리 책상 앞에서 눈썹을 찌푸렸다.

　부부가 함께 밥상을 들어 서로를 공경하는 것은 세상에서 가장 큰 소망이지
만, 수행자는 도를 이루기 전에는 반드시 집을 떠나 수련에 전념해야 한다.
도를 이룬 뒤에는 집안을 향한 생각마저 버려야 하니, 청빈한 옷차림의 내가
어찌 멀리서 근심하지 않을 수 있었겠는가?

孀慈罪我傾家計 상자죄아경가계,

　廢家業之資多폐가업지자다, 不免漸漸蕭索불면점점소색.

荊布[106]愁予遠案眉 형포수여원안미.

舉案齊眉거안제미, 凡世夫婦之大願범세부부지대원, 修行者수행자, 未成時미
성시, 離家以修之리가이수지 ; 已成後이성후, 無家之念慮무가지염려, 荊布焉
得不愁予遠형포언득불수여원?

집안 식구들은 헐뜯으며 "도대체 무엇을 도모하느냐?"라고 비난하였고,
세상 사람들은 부귀를 도모하고, 배부르고 따뜻한 삶을 추구하며, 반드시
가계를 이루는 것을 인생의 도리로 삼는다. 그런데 나는 도리어 가업을 버렸
으니, 도대체 무엇을 도모하기에 이와 같이 한단 말인가?

고향 사람들은 비웃으며 "도대체 무엇을 하려는 것이냐?"라고 조롱하였다.
『포박자』에서 "나는 조정 대신의 자손이지만 세상의 영화와 부귀를 버린 것
은, 반드시 명산에 올라 신령한 약을 얻어 장생을 도모하려는 뜻이 있었기
때문이다"라고 하였다. 속된 사람들은 모두 나를 미쳤거나 미혹된 자라 여
겼으나, 나는 인간 세상의 의무를 버린 것이 아니었다. 그렇지 않았다면 어
찌 이처럼 큰 뜻을 닦을 수 있었겠는가? 왕중양 진인 또한 온 고을 사람들이
그를 '해풍'이라 부르며 미쳤다고 했다. 그가 집안을 가볍게 버린 일을 두고
미혹되고 광기 어린 해로운 바람이라 여긴 것이다. 그러나 진인은 스스로 왕
해풍이라 자칭하며 조금도 부끄러워하지 않았다.

家衆貶譏圖個甚 가중폄기도개심?

---

106 형포荊布란 형채포군荊釵布裙이며, 가시나무 비녀를 꽂고 무명 치마를 입은 여인의 청빈한 옷차림을
   가리킨다. 그러나 이 표현은 단순히 복식을 묘사한 것이 아니라, 궁핍 속에서도 절개와 청렴을 지키는
   삶을 상징하는 은유적 표현으로 쓰인다.

世人圖富貴세인도부귀, 圖飽暖도포난, 必圖成家計필도성가계. 今反廢家業금반폐가업, 抑何所圖而然억하소도이연?

鄕人談笑願何爲 향인담소원하위?

抱朴子曰포박자왈 : "予忝大臣之子孫여첨대신지자손, 棄當世之榮華者기당세지영화자, 必欲登名山合神藥規長生也필욕등명산합신약규장생야." 俗人莫不謂予爲狂惑之疾속인막불위여위광혹지질. 然不廢人間之務연불폐인간지무, 何得修如此之志하득수여차지지? 王重陽眞人왕중양진인, 一鄕皆說爲害風일향개설위해풍. 謂其輕棄家業위기경기가업, 爲狂惑害風위광혹해풍. 眞人亦自呼王害風而不辭진인역자호왕해풍이불사.

몇 번이나 욕설과 모욕을 당해도 마른침을 삼키며 참아냈으며,

흉악한 조카가 칼을 들고 사람을 위협하며, 욕설과 모욕을 퍼부어도, 나는 듣고도 듣지 않은 듯 묵묵히 참았다. 그러자 귀에 달라붙던 마魔가 저절로 사라졌으니, 이것이야말로 자신을 단련하는 올바른 수행법이었다.

때로는 기만과 구타를 당해도 단 한 번도 되받아친 적이 없었다.

일찍이 두 사람이 달려들어 심하게 때리려 했을 때도, 끝내 맞서지 않음으로써 그 분노를 스스로 가라앉혔다.

幾遭罵辱憑乾唾 기조매욕빙건타,

有惡侄每持刀殺人降人유악질매지도살인항인, 有罵辱至유매욕지, 聞而不聞문이불문. 則聞魔自消즉문마자소 ; 正煉己法也정연기법야.

便逢欺打未還捶 편봉기타미환추.

143

曾有二人將欲痛毆증유이인장욕통구, 以不還而消之이불환이소지.

겪은 고난은 이루 다 말할 수 없었으니,

나처럼 도를 배운 이는 아직 단 한 사람도 본 적이 없었다.

說來不盡千千苦 설래부진천천고,

學道如吾未見誰 학도여오미견수.

스승께서 "네 뜻을 내가 이미 알고 있다.

고심하며 도를 배우는 것은 곧 신선의 기밀이다.

師言汝志我已知 사언여지아이지.

苦心學道是仙機 고심학도시선기.

십 년 동안 세 차례나 천선의 부촉을 받았고,

하늘은 나에게 '너를 속히 제도하라'고 명하셨느니라"고 하셨다.

어느 날 스승께서 내게 "너는 신선의 반열에 오를 인연이 있는 자이다. 지난

십 년 동안 천진께서 세 차례나 나에게 명하시기를, '속히 너에게 도를 온전

히 전하라'고 하셨다. 이제 나 또한 네 뜻이 그릇되지 않았음을 분명히 알았

으니, 마땅히 너를 제도하여 이 도를 전하겠다"고 하셨다.

十年三受天仙囑 십년삼수천선촉,

144

速我將伊畢度之 속아장이필도지.

一日老師謂予曰일일노사위여왈 : 汝於仙階已有分者여어선계이유분자, 從十年以來종십년이래, 曾三次有天眞命我速速全與你道증삼차유천진명아속속전여니도. 我今亦知汝矣아금역지여의, 當度與汝也당도여여야.

이 도를 닦으려면 무엇보다 먼저 참과 거짓을 분별해야 한다.

'참眞'이란 신선이 되기 위한 참된 기연이며, 선천적인 원정이 생성될 때의 참됨이고, 원정을 채취하고 배합할 때의 참됨을 뜻한다. '거짓僞'이란 후천적으로 형체를 지닌 모든 정을 가리키며, 이는 모두 신선이 될 수 없는 것으로, 반드시 먼저 그 거짓됨을 분별해야 한다.

참됨만이 장생불사를 이루고 양신을 귀히 드러나게 한다.

장생불사는 오직 참된 원정을 닦음으로써 이루어지며, 그 뒤에 양신이 나타나 신통자재한 변화가 드러난다. 이 모든 것은 처음에 참됨을 바르게 분별하여 얻은 데서 비롯된다.

此道先須辨眞僞 차도선수변진위.

眞者진자, 成仙之眞機성선지진기, 元精所生之時眞원정소생지시진, 採取配合之時眞채취배합지시진. 僞者위자, 凡一切後天有形之精범일체후천유형지정, 皆不可成仙者개불가성선자, 是僞必要先辨시위필요선변.

眞者長生陽神貴 진자장생양신귀.

長生不死是眞元精所修장생불사시진원정소수, 後陽神現像후양신현상, 神通變化신통변화. 皆用初辨得其眞개용초변득기진.

정을 단련하여 기로 변화시키고 기를 다시 신으로 전환하며,

그 신이 마침내 허虛로 돌아가면 이를 극위極位라 부른다.

煉精化氣氣化神 연정화기기화신,

神還虛矣名極位 신환허의명극위.

정이란 본래 선천의 원정에서 비롯된 것이니,

후천 오행에 따라 생겨나는 범속한 정과는 그 근원이 다르다.

精生本是元精生 정생본시원정생.

不是凡精後五行 불시범정후오행.

음정과 음사에서 비롯된 범속한 정은

이미 탁하고 더러우니, 어찌 맑고 투명한 도의 경지를 증득할 수 있겠는가?

淫精淫事凡精者 음정음사범정자,

濁穢焉能證洞淸 탁예언능증동청?

다만 탁한 형체는 기로 변화하지 못하기 때문이며,

형체 없는 참된 기라야 비로소 날아올라 승화할 수 있다.

只爲濁形不化氣 지위탁형불화기,

無形之氣始飛昇 무형지기시비승.

원정이 한 번 되돌아와 보충되고 다시 충만해지면,

수행의 기초가 확립되어 자연히 신령한 감응이 일어난다.

 이는 곧 정을 단련하여 기로 변화시키는 작용이며, 기초를 닦는 데 이미 성

 취가 있는 사람에게 나타나는 증험이다.

元精一返補還滿 원정일반보환만,

證個初基自有靈 증개초기자유령.

 此即煉精化氣차즉연정화기, 築基有成功者축기유성공자.

정이 충만하면 욕념이 일어나지 않아 욕계를 초월하게 되고,

 정이 충만하면 더는 음욕을 생각하지 않으므로, 이를 '무생無生'이라 하며,

 이미 음욕의 기운이 사라진 상태는 세존께서 말씀하신 음장陰藏의 경지와

 같다. 이것이 곧 욕념의 세계를 벗어난 상태이다.

그제야 심령心靈이 세속의 티끌 세상을 벗어나게 된다.

精滿無生超欲界 정만무생초욕계,

 精滿不思欲정만불사욕, 故曰無生고왈무생. 既無淫欲之具기무음욕지구, 如世

 尊之所謂陰藏여세존지소위음장. 則超出欲界之外矣즉초출욕계지외의.

心靈方出塵凡世 심령방출진범세.

오룡이 성인을 받들어 남방으로 나아가니,

고요히 선정에 들어 신을 되돌리는 그 공덕이 참으로 크다.

　'남방南方'이란 곧 이궁離宮, 즉 마음의 형상을 뜻한다. 이는 이궁에서 선정
에 들고, 기를 단련하여 신을 되돌리는 수행을 의미한다.

五龍捧聖到南方 오룡봉성도남방,

入定還神功可大 입정환신공가대.

　南方者남방자, 離宮心象也리궁심상야. 即離宮修定煉氣還神之說즉리궁수정연
기환신지설.

아직 신을 되돌리는 경지에 이르지 못했더라도 반드시 신을 되돌려야 하며,

　'환신還神'이란 흩어진 신을 돌이켜 선정의 상태로 들어가게 함을 뜻한다.
신이 돌아오지 않으면 마음은 바깥 경계로 달려가 안정되지 못한다. 고요함
이 없는 신선이나 부처는 있을 수 없으며, 수행의 궁극은 반드시 다시 선정
으로 돌아가야 한다.

기가 멈추고 맥이 고요해지면 더 이상 음식을 취할 필요가 없다.

　'기가 멈춘다'는 것은 이미 기가 충만하여 음식에 대한 욕구가 일어나지 않
음을 뜻한다. '맥이 고요히 멈춘다'는 것은 기가 완전히 잦아들어 선정의 경
지에 들어섰음을 의미하며, 그때는 더 이상 음식이 필요하지 않게 된다. '용
庸'이란 곧 뜻을 인위적으로 쓰고, 마음을 억지로 작용시키는 것을 말한다.

未到還神必欲還 미도환신필욕환,

還神者환신자, 即轉神入定也즉전신입정야. 未還則馳於外而不定미환즉치어외
이부정. 未有不定之仙佛미유부정지선불, 必要還於定필요환어정.

氣停脈住不庸餐기정맥주불용찬.

氣停기정, 則氣滿而不思食즉기만이불사식 ; 脈住맥주, 則氣滅盡定而不用食즉
기멸진정이불용식. 庸即用意용즉용의.

다만 북당의 어머님께서 과부의 몸으로 절개를 지켜오셨으니,

어찌 효성과 덕을 다하지 않을 수 있겠는가?

只爲北堂孀秉節 지위북당상병절,

可無孝德了其間 가무효덕료기간?

아흔을 바라보는 어머님을 생각하며,

금릉의 외로운 자식은 서둘러 귀향하였다.

憶母年將九十足 억모연장구십족,

金陵孤子歸寧速 금릉고자귀영속.

도를 이루신 세존께서도 두 번이나 부모님을 찾아뵈었거늘,

하물며 은거하며 수행하는 내가 어머님의 뜻을 어길 수 있겠는가?

어머니께서 손가락을 깨물며 부르신 그 간절한 마음을 어찌 감히 저버릴 수

있겠는가? 나는 하늘의 가르침을 받들되, 효를 온전히 지키고자 하였다.

成道世尊兩視親 성도세존양시친,

豈我潛修違所欲 개아잠수위소욕?

母有囓指之呼[107]모유설지지호, 不敢違所欲불감위소욕. 奉天教誡而全孝道也봉
천교계이전효도야.

부스스한 머리와 때 묻은 얼굴로 지낸 지 이미 여러 해,

예전 백옥섬 진인은 밤새 좌선하고 새벽에도 씻지 않았으며 낮에도 밥을 짓
지 않았다. 혹 손님이 찾아와 물으면 이가 아프다고 핑계를 대었고, 술이 없
어도 취한 듯하였으며 잠에서 깨어나도 여전히 몽롱하였다.

방석 위에 곧게 앉아 밤을 지새우며 잠들지 않았다.

천래자는 "도를 배우려면 먼저 좌선을 배워야 한다. 그러나 그저 멍하니 앉
아 있는다면, 그것 또한 헛된 일이다. 그림 속의 떡으로는 굶주림을 채울 수
없듯, 끝내 아무런 성취도 없게 된다"고 하였다.

蓬頭垢面已多年 봉두구면이다년,

昔白玉蟾徹夜坐석백옥섬철야좌, 晨亦不沐신역불목, 晝亦不炊주역불취. 或客
來有問혹객래유문, 以牙疼爲辭이아동위사, 無酒亦醉무주역취, 睡醒亦昏수성
역혼.

蒲團兀坐不成眠 포단올좌불성면.

---

107 설지지호囓指之呼는 손가락을 깨물어 자식을 부른다는 고사로, 중국 고대 효행 일화집인 『이십사효
二十四孝』 중 「증삼曾參」의 이야기에서 유래하였다. 이는 효도의 감응력이 얼마나 깊고 기이한가를 잘
보여주는 대표적인 고사이다.

150

天來子云천래자운 : "學道先須學打坐학도선수학타좌. 若還空坐亦徒然약환공좌역도연. 畫餅充饑終受餓화병충기종수아."

한 번에 곧장 무량겁을 뛰어넘으면,

더는 굳이 태어나기 이전未生前을 말할 필요가 없다.

선정에 들어 무량겁을 초월하면, 이미 미생전未生前, 곧 생겨나기 이전의 본래 자리를 증득한 것이다. 그 자리는 말로 다시 논할 수 없는 경지이다. 만약 미생未生을 다시 말한다면, 그 순간 이미 유생有生이 되어, 둘로 나뉜 분별의 경계에 떨어지게 된다.]

一任頓超無量劫 일임돈초무량겁,

不須猶說未生前 불수유설미생전.

定到超劫정도초겁, 則證到未生前矣즉증도미생전의. 無可再說무가재설. 再說未生即是有生재설미생즉시유생, 落二義者락이의자.

하늘보다도, 땅보다도 먼저 내가 있었으니,

'먼저 나'란 곧 천지보다 먼저 존재한 원신으로, 겁운을 초월하며, 천지가 무너져도 함께 무너지지 않는다.

내가 있다有我는 생각조차 일어나지 않는 것이 '참된 나眞我'이다.

'참된 나眞我'란 내가 있다有我는 생각조차 일어나지 않는 자리이니, 이는 크고 고요한 성품의 본체이다. 그 자리는 천지와 대겁의 운행조차 초월한 곳에 있으므로, 천지가 무너져도 함께 무너지지 않는다. 만약 '내가 있다'라는 집착이 생긴다면, 그것은 이미 천지 뒤에 생겨난 것이며, 천지에 의해 생겨난 것이다. 그렇다면 어찌 천지의 멸망을 함께 겪지 않겠는가? 또 만약 '내가 없다'라고 한다면, 이는 천지의 무와 같아져 천지가 무너지면 나 또한 함께 무너진다. 이 두 가지 모두 참된 내가 아니니, 오직 '나이면서도 나가 아닌 것', 이것이 바로 참된 나眞我이다!

天先地先先有我 천선지선선유아.

先有我即先天地之元神선유아즉선천지지원신, 所以超劫運者소이초겁운자, 不隨天地同壞불수천지동괴.

不生有我是眞我 불생유아시진아.

眞我진아, 則不生有我之念즉불생유아지념, 是大寂性體시대적성체. 在天地及大劫運度之上재천지급대겁운도지상, 故不隨以壞고불수이괴. 若有我약유아, 則猶是天地之有後者즉유시천지지유후자, 爲天地之所生위천지지소생, 焉不爲天地之所滅언불위천지지소멸? ; 若無我약무아, 又同天地之無우동천지지무, 天地壞我即壞천지괴아즉괴. 皆非眞我개비진아 ; 惟我而不我유아이불아, 是爲眞我시위진아!

나는 천지를 넘어 마침내 무조차 없는 무無無亦無의 경지에 이르렀으니,

'무조차 없는 무無無亦無'란 지극함 중의 지극한 자리이며, 곧 『도덕경』에서 말한 "현묘하고 또 현묘하며, 오묘하고 또 오묘하다"라는 그 경지이다.

비로소 천선이라 일컬을 수 있는 참된 나眞我라 한다.

'이것這個'이란 곧 참된 나眞我이며, 무조차 없는 무無無亦無의 자리를 뜻한다. 내가 이미 무조차 없는 무의 자리에 있으니, 천지 또한 무조차 없는 무로 보이고, 대겁의 운행조차 또한 무조차 없는 무로 보인다. 설령 천지가 겁운에 따라 허물어진다 해도, 그 천지 또한 여전히 무조차 없는 무일 뿐이다. 그 일이 어찌 나와 관련이 있겠는가? 그러므로 나는 천지의 허물어짐을 따르지 않으며, 언제나 무조차 없는 무의 자리에 머물러 있을 뿐이다. 그러므로 바로 이것이 참된 나라고 하는 것이다.

我到地天無無無 아도지천무무무,

無無亦無무무역무, 是至極之極시지극지극, 即經所謂玄之又玄즉경소위현지우현, 妙之又妙묘지우묘.

方許天仙是這個 방허천선시저개.

這個者저개자, 是眞我시진아 ; 無無亦無무무역무. 我既無無亦無아기무무역무, 視天地無無亦無矣시천지무무역무의, 視大劫運度無無亦無矣시대겁운도무무역무의. 天地雖隨劫壞천지수수겁괴, 猶若無無亦無之天地유약무무역무지천지. 何繫於我하계어아? 故不隨壞고불수괴, 而常存於無無亦無이상존어무무역무. 故曰這個方是這個眞我고왈저개방시저개진아.

153

Ⅳ.

길왕주태화 십문

吉王朱太和 十問

吉王朱太和 法名太和, 號雲水, 在宗人府玉牒名派常淳, 睿皇帝重孫.

길왕 주태화는 법명이 태화이고 호는 운수이다. 종인부의 옥첩에 기록된 이름
과 파는 상순이고 예황제의 중손이다.

누진도漏盡圖

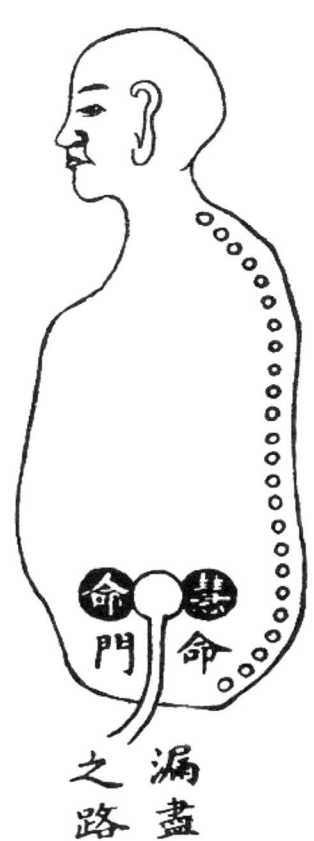

漏盡圖 누진도

欲成漏盡金剛體 욕성누진금강체

勤造烹蒸慧命根 근조팽증혜명근

定照莫離歡喜地 정조막리환희지

時將眞我隱藏居 시장진아은장거

누진漏盡의 경지에 이르러

금강불괴의 몸을 이루고자 하거든,

지혜의 생명慧命을 낳는 근본을

부지런히 달이고 찌듯 단련하라.

선정禪定의 고요함과 지혜의 비춤을 함께 하여

마음이 환희의 땅歡喜地에 머물게 하고,

때가 이르면 참된 나眞我를

드러내지 말고 은밀히 감추어 머무르게 하라.

일 문(一 問)

첫 번째 묻기를, 스승께서 저에게 참된 약물眞藥物을 가르쳐 주셨지만 아직
그 약물의 참된 뜻을 분명히 구별하지 못하겠습니다.

예로부터 성인과 진인, 그리고 여러 스승과 선인들의 말씀을 들었으나, 그들
은 다만 입으로만 참된 약물을 말했을 뿐이고, 정작 스스로 몸 안에서 무엇
이 참된 것이고, 무엇이 참되지 않은 것인지 알지 못하였다. 그러므로 의심이
풀리지 않아 다시 묻게 된 것이다.

一問曰：蒙指我以眞藥物 몽지아이진약물, 猶未明辨所以爲藥物之眞 유미명변소이
위약물지진.

嘗聞上古聖眞及師仙所言상문상고성진급사선소언, 只是口說眞藥物지시구설진
약물, 猶不知自身中辨何爲眞유부지자신중변하위진? 何爲不眞하위부진? 故不
免疑而再問之고불면의이재문지.

오충허가 답하기를, 참된 약물이란 곧 참된 정眞精을 말한다.

그렇다면 정을 왜 '참'이라 하는가? 신선의 도를 닦는 데 실제로 쓸 수 있는
것만을 참이라 부르며, 쓸 수 없는 것은 참이라 하지 않는다.

伍沖虛答曰：眞藥物 진약물, 卽眞精也 즉진정야.

精何故言眞정하고언진? 以修仙道可用者이수선도가용자, 名曰眞명왈진. 不可
用者불가용자, 不名眞불명진.

그 후천적인 교합으로 생긴 정은 곧 참된 것이 아니고,

남녀의 교합으로 생긴 음정은 이미 무겁고 탁한 형질을 지녔으므로, 변화하여 무형질의 원기로 돌아가 신으로 화할 수 없다. 이미 기로도, 신으로도 변화할 수 없으니 쓸 수 없는 것이므로 참된 것이 아니다. 장자의 『남화경』에서 "이미 물질이 되었으니, 다시 그 근원으로 돌아가려 함이 어찌 어렵지 않겠는가?"라고 하였고, 진진인은 "탐욕과 성냄, 애욕을 떠나지 못하면서, 이 몸이 어떻게 오래 장수할 수 있겠는가?"라고 하였으며, 『포박자』에서 "교합의 술법만 붙들고 그것으로 신선을 이루려 하면서 금단의 대약을 만들지 않는 무리가 있으니, 또한 어리석음이 심한 자들이다!"라고 하였다.]

彼後天交媾之精 피후천교구지정, 即不眞 즉부진,

交媾淫精교구음정, 已有重濁形質이유중탁형질, 不能變化復返爲無形質之元炁而化神불능변화복반위무형질지원기이화신. 既不能化炁化神기불능화기화신, 便是不可用者편시불가용자, 故不眞고부진. 莊子장자『南華經남화경』云운 : "既已爲物矣기이위물의, 欲復歸其根욕복귀기근, 不亦難乎불역난호?"陳眞人云진진인운 : "貪嗔愛欲不能離탐진애욕불능리, 安得此身延壽考안득차신연수고?"『抱朴子포박자』云운 : "有一等專守交媾之術유일등전수교구지술, 以規神仙이규신선, 而不作金丹大藥이부작금단대약, 亦愚之甚也역우지심야!"

선천의 원정이라야 비로소 참된 정이라 한다.

하늘의 형체가 생기기 이전에는 다만 원기만 있었다. 사람의 형체가 생기기 전에도 역시 이 원기였다. 하늘이 생기고, 사람이 생기고, 신선과 부처가 생긴 것 모두 이 기에서 비롯된 것이다. 이에 "지극히 고요하여 아직 움직이지 않는 것을 '원기'라 하고, 고요하다가 때때로 움직이는 것을 '원정'이라 한다" 라고 하였다. 원정은 실상 원기이며 둘이 아니라 하나이다. 다만 편의상 이름하여 정이라 부른 것이다. 이것이 곧 신선의 도를 이루는 근본이니, 비로소 신선의 도에 쓸 수 있는 참된 정이라 할 수 있다.

先天元精乃謂之眞精 선천원정내위지진정.

未有天形之先미유천형지선, 只是元炁지시원기. 如未有人形之先여미유인형지선, 亦是此元炁역시차원기. 然生天生人生仙生佛연생천생인생선생불, 皆是此炁개시차기. 故云고운 : 至靜未動曰元炁지정미동왈원기, 靜而時動曰元精정이시동왈원정. 元精實即元炁원정실즉원기, 非二也비이야. 而强名爲精이강명위정. 乃修仙成道之根基내수선성도지근기, 始是修仙可用之眞精시시수선가용지진정.

다만 세상 사람들은 누구나 입으로는 참된 정을 말할 수 있으나,

세상 사람들은 선도 수행이 그저 참된 정만을 말한다고 보고는, 그 말을 핑계 삼아 스스로 참된 정을 안다고 함부로 말하면서 사람들을 미혹시킨다. 하물며 그들이 참된 신선을 만나 직접 전수받은 것도 아닌데, 어떻게 정의 참됨을 제대로 알겠는가?

第世人 제세인, 人人能說眞精 인인능설진정,

世人見仙只言眞精세인견선지언진정, 遂亦藉口亂說知眞精以誑人수역자구난설

지진정이광인. 況彼不遇眞仙親傳황피불우진선친전, 何由知得精之眞者하유지
득정지진자?

다만 남녀의 교합으로 생긴 후천의 정에 집착하여 그것을 억지로 참된 정이라 여기는 자들이다.

여기서 '세속의 사람들'이라 꾸짖은 것은 세속의 법에 미혹되어 거기에 집착한 자들을 뜻하는 것이며, 참으로 뜻을 세우고 고행하며 도를 배우는 사람을 말하는 것이 아니다. 신선이 어찌 이런 자들에게 대도를 전해주겠는가? 설령 그들이 도의 말을 들었다 하더라도 아무런 쓸모가 없으며, 마침내 사람을 속이며 교합으로 얻은 정을 참된 정이라 부르게 될 뿐이다.

不過執後天交媾之精 불과집후천교구지정, 冒認指爲眞精者也 모인지위진정자야.
凡斥稱世人범척칭세인, 以其迷戀世法之人이기미연세법지인. 非眞苦修志學者
비진고수지학자. 仙何肯傳大道선하긍전대도? 假令聞道가령문도, 亦無用處역
무용처, 及至誑人급지광인, 皆指媾精爲眞精也개지구정위진정야.

혹 은밀히 도와 합하여 우연히 한 번 참됨을 마주하는 자도 있으나, 끝내 그 까닭의 오묘한 이치를 깨닫지 못한다.

옛 벗 고여도가 도은재에서 "그렇게 되는 까닭의 이치는 무엇입니까? 부디 자세히 말씀해 주십시오"라고 묻자, 충허자가 답하기를, "고요함과 움직임, 생겨남과 사라짐에는 반드시 순환이 있으니 이는 누구도 피할 수 없는 필연이며, 그 순환이 끝이 없는데, 어찌 한 번쯤 참됨을 만나지 않겠는가? 그러

나 배우되 참된 전수를 얻지 못하면 비록 선천의 발현을 만나더라도 마침내 잃어버리고 만다. 또한 참과 거짓을 분별하지 못한 채 쓰게 되니, 이는 모두 그 까닭을 알지 못하기 때문이다. 그 까닭은 무엇인가? 사람이 남녀의 교합 이후로 정이 소모되고 그로 인해 원기 또한 따라서 줄어든다. 근원이라 불리는 기는 태초의 기, 곧 형상이 없는 원기이다. 이것이 줄어들어 부족해지면 반드시 보충하여 충만하게 해야만 장생불사에 이를 수 있다. 반드시 형상이 없는 동일한 원기로 보충해야 서로 감응하여 받아들일 수 있다. 형상을 지닌 음정淫精은 이미 기가 변하여 한 층 아래로 떨어진 것이므로 서로 감응하지도 보충되지도 않는다. 몸의 형체와 정의 형체는 본래 갈라져 있으므로, 유형과 무형은 서로 받아들일 수 없으니, 이것이 바로 그 까닭의 이치이다. 알지 못하는 자는 정이 생겨나는 데 참된 때가 있음을 알아야 하나 알지 못하므로, 정 가운데의 참된 기가 부족하고, 기를 보충해도 충만하지 않아 신선이 되지 못한다. 약을 채취하고 배합할 때도 반드시 참된 때가 있으니 그 이치를 알아야 한다. 알지 못한다면 정과 기가 참되게 충족되지 못한다. 정이 보충되더라도 충분히 채워져 기로 변하지 못하면 결국 신선이 되지 못한다. 이 충족됨의 이치를 알고 보충할 줄 아는 자는 몸 안의 원기가 저절로 한층 더 왕성해지고 원만해진다. 그러면 태胎를 품고 선정에 들며 신을 나고 들게 하여 신선에 이른다. 그러므로 옛 성인은 '아득하고 어두운 가운데 정이 있으니, 그 정은 지극히 참되다'라고 하였다. 이 까닭의 참됨을 깨달아야 비로소 신선이 되어 도를 이루게 되니, 이것이 곧 도의 근원이다. 반드시 먼저 그 까닭을 알고서야 도를 구할 수 있고, 구해야 얻을 수 있다. 세상 사람들이 겉모습만 동경하고 거칠고 상투적인 말만 듣는다면 어찌 참된 이치를 알겠는가?”라고 하였다.

或有暗與道合 혹유암여도합, 偶似一遇其眞者有之 우사일우기진자유지, 終不知其所以然之妙理也 종부지기소이연지묘리야.

顧與弢庠友在道隱齋中問曰고여도상우재도은재중문왈 : 所以然之理소이연지리? 願得再詳之원득재상지. 沖虛子答曰충허자답왈 : 靜動生滅之有循環정동생멸지유순환, 人人之必然者인인지필연자, 且循環不窮차순환불궁, 焉不一遇언불일우? 由學不得眞傳유학부득진전, 雖遇先天發見而竟失卻수우선천발견이경실각. 亦不知辨眞與不眞而用역부지변진여부진이용, 皆由不知所以然也개유부지소이연야. 何爲所以然하위소이연? 蓋人自有淫媾之後以來개인자유음구지후이래, 精耗而因以耗元炁정모이인이모원기. 炁曰元是元頭始初之炁無形者기왈원시원두시초지기무형자. 耗而少矣고이소의, 必補而足필보이족, 方可長生不死방가장생불사. 必用無形一樣元炁補之필용무형일양원기보지, 才方相受재방상수. 若有形之淫精약유형지음정, 則自炁變落下一層즉자기변낙하일층, 故不相受不相補고불상수불상보. 旣身形與精形相隔기신형여정형상격, 有形與無形不相受유형여무형불상수, 此理之所以然也차리지소이연야. 不知者부지자 : 蓋精生有眞時要知而不知개정생유진시요지이부지, 則精中眞炁不足즉정중진기부족, 即補炁亦不得足즉보기역부득족, 不能成仙불능성선 ; 當採取配合당채취배합, 亦有眞時當知역유진시당지. 若不知약부지, 則精炁不能眞足者즉정기불능진족자. 即補精亦不得足而化炁즉보정역부득족이화기, 亦不成仙역불성선. 能知此所以足者以補능지차소이족자이보, 則身中元炁自能長旺圓滿즉신중원기자능장왕원만. 可伏胎入定出神入仙가복태입정출신입선. 故古聖云고고성운 : ‘杳杳冥

164

冥묘묘명명, 其中有精기중유정, 其精甚眞기정심진.' 得所以然之眞득소이연지진, 方能成仙而了道방능성선이료도, 此正所謂道之原也차정소위도지원야. 必先知此所以然者필선지차소이연자, 而後能求이후능구, 求而能得구이능득. 若世人浮慕而聞其粗淺套語약세인부모이문기조천투어, 安能知안능지?

어떤 이는 유념有念에서 비롯된 정을 따르니, 이는 곧 교합으로 생긴 정과 다를 바 없는 무리에 지나지 않는다.

고여도가 "유념이란 무엇입니까?"라고 묻자, 이에 답하기를, "'유념'이란 음란한 교합을 좇는 망념을 말한다. 음념으로 인해 생긴 정은 곧 교합으로 얻은 정과 다르지 않으며, 음사淫事로 인해 생긴 정 또한 교합으로 얻은 손상된 정일 뿐이다. 정이 이미 손상되면 기 또한 이미 소모된 것이니, 다시 무엇으로 장생을 얻을 수 있겠는가?"라고 하였다. 그러므로 『화엄경』에서 부처님께서 "초선初禪은 곧 생각이 머무는 것이다"라고 하셨고, 또 『능엄경』에서 부처님은 "너는 음탕한 몸으로 부처의 묘한 과果를 구하니, 삼악도에서 윤회할 뿐, 결코 벗어나지 못할 것이다. 그런데 여래의 열반이 어느 길로 닦아 증득되겠는가?"라고 하셨다. 또 진허백은 "대도大道는 사람에게 먼저 생각을 멈추라 가르치며, 생각이 머물지 않으면 또한 헛된 일이다"라고 하였다. 이와 같이 신선과 부처는 모두 한 생각을 끊는 데 뜻을 같이한다.

彼人有從有念而爲精者 피인유종유념이위정자, 即交媾精之類也 즉교구정지류야.
與岛問여도문 : 此有念차유념? 答曰답왈 : 有念者유념자, 有淫媾之妄念也유음구지망념야. 因淫念而生之精인음념이생지정, 即同交媾精즉동교구정. 因淫

事而生之精인음사이생지정, 亦即交媾之敗精역즉교구지패정. 精已敗者정이패자, 尿已耗矣기이모의, 更何以得長生갱하이득장생? 故고『華嚴經화엄경』中중, 佛言불언 : 初禪念住초선염주.『楞嚴經능엄경』中중, 佛言불언 : 汝以淫身求佛妙果여이음신구불묘과, 輪轉三途윤전삼도, 必不能出필불능출. 如來涅槃何路修證여래열반하로수증? 陳虛白云진허백운 : "大道教人先止念대도교인선지념, 念頭不住亦徒然염두부주역도연." 是仙佛皆同除此一念也시선불개동제차일념야!

무념無念에서 생겨난 정이 있으니, 이는 곧 선천의 원정이다.

고여도가 "무념이란 무엇입니까?"라고 묻자, 이에 답하기를, "'무념'이란 음란한 교합의 망념이 전혀 없는 상태를 말한다. 마음이 지극히 허하고 극도로 고요하면, 하늘이 생기기 이전과 같고 생각이 일어나기 전과 같으며, 아득하고 어두운 경계 속에 머무는 정이 있으니, 이것이 바로 선천의 원정이다"라고 하였다. 세상 사람들이 간혹 무념의 경지를 만나기는 하나, 스승에게서 가르침을 받아 신선의 기밀을 얻지 못하면 결국 그것을 써보지 못하고 버려둔다. 혹은 원정이라는 헛된 이름만 들었을 뿐, 그것을 써야 할 참된 때와 실제 쓰임을 알지 못하므로, 끝내 눈앞에서 그 기회를 놓치고 만다.

有從無念而爲精者 유종무념이위정자, 即先天元精也 즉선천원정야.
與彭問여도문 : 無念무념? 答曰답왈 : 無念者무념자, 無淫媾之妄念무음구지망념. 虛極靜篤허극정독, 乃未有天之先내미유천지선, 未有念之先미유념지선, 在杳冥中之精재묘명중지정, 爲先天元精위선천원정. 世人每有無念而遇세인매유무념이우

166

유무념이우, 未得師度仙機미득사도선기, 竟棄而不用경기이불용. 或知元精之
虛名혹지원정지허명, 而不知當用之眞時實用이부지당용지진시실용, 故不免當
面錯過고불면당면착과.

**이 두 가지에 대하여 또한 그것을 연마하는 이가 있으나 끝내 성공하지 못
하니, 이는 어찌 된 까닭인가?**

이 두 가지란 곧 유념에서 비롯된 음란한 정과 무념에서 비롯된 참된 정을
말한다. 음란한 정을 연마하여 성과가 없다는 것은 당연한 일이다. 간혹 참
된 정을 대략 아는 이가 있다 하더라도, 그것을 연마함에 끝내 성공하지 못
하니, 이는 그 까닭을 알지 못하기 때문이다.

於斯二者어사이자, 亦有煉之역유연지, 而亦竟無成功이역경무성공, 是何故시하고?

二者이자, 是言有念無念之淫精眞精也시언유념무념지음정진정야. 淫精煉之無
成음정연지무성, 固宜矣고의의. 而有略知眞精이유약지진정, 煉之亦無成功연
지역무성공, 不知此是何故부지차시하고.

대개 오묘한 이치를 분별하지 못하면 또한 오묘한 작용을 분별할 수 없다.

참된 정은 혼몽하고 아득한 경계 속에서 비롯되며, 그 묘함은 오래 왕성할
수 있는 것이다. 몸 안의 정기를 얻은 자라 할지라도, 오히려 그 정기를 오래
왕성시키지 못하는 경우가 있다. 만일 사람이 채취해야 할 때의 오묘한 이치
를 깨닫지 못한다면, 곧 채취해야 할 때 행해야 할 묘한 공부의 법도 알지 못
하게 된다.

蓋由不知辨所以妙理 개유부지변소이묘리, 則亦不能辨所以妙用 즉역불능변소이묘용.

眞精由鴻蒙杳冥判來진정유홍몽묘명판래, 其妙有可長旺기묘유가장왕. 得身中之精歿者득신중지정기자, 猶有不能長旺中之精歿者유유불능장왕중지정기자. 若人不知當採時之妙理약인부지당채시지묘리, 即不知用當採時之妙工也즉부지용당채시지묘공야.

결국은 다만 세상의 범부를 만났을 뿐이며, 세상 범부의 법을 전해 받았을 뿐이다.

'범부의 법'이란 모두 사음邪淫의 일에 불과하다. 혹 어떤 이는 남들의 조롱과 비방, 수치를 두려워하여, 감히 그것이 삿됨이라 말하지 못하고, 오히려 입으로는 청정하다고 말한다. 그러나 그 몸과 마음의 행위는 실제로는 청정하지 못하다. 입으로는 진정을 말하나 결국 꾸며낸 말에 지나지 않으며, 공허한 환설幻說일 뿐이다. 이는 모두 사람을 속이는 계책이며 거짓으로 옷과 음식을 얻으려는 술책이다. 배우는 자들이 이에 집착하여 믿고 행하며 신선을 바라니, 이는 참으로 큰 잘못이다! 고여도가 "혹 진실로 청정을 실천하는 이도 있지 않습니까?"라고 묻자, 이에 답하기를, "비록 청정을 실천하는 자가 있다 하더라도, 끝내 신선이 전하는 약이 생기는 참된 때를 만나지 못하고, 채취하고 팽련해야 할 참된 때를 알지 못하므로 단을 이루지도 못하고 신선이 되거나 도를 증득하지도 못한다. 아무리 닦는다 해도 기가 다하여 늙어 죽게 되면, 여전히 범부일 뿐이며 죽음에 이를 뿐이다. 죽지 않고 영원히 사는 자는 절대로 있을 수 없다. 이는 모두 신선가에서 분별하는 참된 때

와 다르기 때문이다. 그러므로 내가 말하기를, 그것이 '범부의 법'이라 한 것
이다"라고 하였다.

不過只是遇得世間凡夫불과지시우득세간범부, 傳得世間凡夫法耳전득세간범부법이!

凡夫法皆是邪淫事범부법개시사음사. 或有被人譏貶恥笑혹유피인기폄치소, 不
敢說邪불감설사, 轉爲口說淸淨전위구설청정. 而身心所行이신심소행, 實不淸
淨실불청정. 口說眞精구설진정, 竟是杜撰경시두찬, 空亡幻說[108]공망환설. 皆
爲欺人之謀개위기인지모, 詭取衣食궤취의식. 學者遂執而信行학자수집이신행,
希望成仙희망성선, 亦大誤矣역대오의! 與巽曰여도왈 : "或亦有執實行淸淨者
否혹역유집실행청정자부?" 答曰답왈 : "雖有實行淸淨수유실행청정, 終不得遇
仙傳藥生之眞時종부득우선전약생지진시. 採取烹煉之眞時채취팽련지진시, 不
能得丹成仙證道불능득단성선증도. 修至炁盡老死수지기진노사, 依舊是一凡夫
의구시일범부, 死亡而已사망이이. 絶無不死而長生者절무불사이장생자. 總因與
仙家辨眞時不同총인여선가변진시부동, 我故曰凡夫法아고왈범부법."

그대는 이미 범부에게서 약을 연마하는 법을 배웠으나, 그것이 이루어지지
않는 것을 살펴보면, 그 약이 오히려 참되지 않음을 알 수 있다. 마땅히 저것
과는 다른 바가 있음을 알아야 하며, 참된 약이 따로 있음을 깨달아야 한다.

---

108 공망空亡은 겉보기엔 존재하는 듯하지만 실제로는 텅 비고 사라져버린 실체 없는 상태를 뜻한다. 도가
와 불가에서는 이러한 공空을 궁극의 진리이자 깨달음의 경지로 보기도 하지만, 이 문맥에서는 헛됨, 실
속 없음, 무가치함을 의미하는 부정적인 뉘앙스로 사용된다. 환설幻說은 마치 환영이나 허깨비 같은 말
로, 실체 없는 주장이나 망언을 뜻한다. 즉 진리에서 벗어난 공허한 이론이나, 사람을 미혹하게 만드는
허황된 언설을 비판하는 표현이다.

여기서 '그대'란 길왕 전하께 아뢴다는 말이다. '이루어지지 않는다'는 것은 약이 생성되는 참된 때와 약을 채취해야 할 참된 때를 알지 못했기 때문이다. 그러므로 참된 약을 얻지 못하면 몸 안에서 아직 발동하지 않은 원기를 보충할 수 없다. 기가 보충되어 충만하면 단이 이루어지지만, 기가 보충되지 못하면 단이 이루어지지 않고 신선도 되지 못한다. 이는 다만 범부의 망령된 행위일 뿐이지, 신선이 전한 참된 약이 아니다. 이미 이루어지지 않음을 보았거늘, 어찌 참된 전법을 구하지 않고, 참된 약의 묘리와 묘용을 탐구하지 않는단 말인가?

子已從凡夫學煉藥矣 자이종범부학연약의, 按其不成안기불성, 便見其藥之猶不眞也 편견기약지유부진야. 當知有異於彼 당지유이어피, 而爲眞藥者在也 이위진약자재야.

子者자자, 對吉王殿下言也대길왕전하언야. 不成者불성자, 是由不知藥生之眞時시유부지약생지진시, 不知採藥之眞時부지채약지진시. 故不得眞藥고부득진약, 不能補足身中未發動之元炁불능보족신중미발동지원기. 炁補足기보족, 即是丹成즉시단성, 炁補之不能足기보지불능족, 則是丹不成仙不成즉시단불성선불성. 只是凡夫之妄爲지시범부지망위, 非仙傳之眞藥也비선전지진약야. 旣見不成기견불성, 怎不求眞傳즘불구진전, 尋眞藥之妙理妙用者乎심진약지묘리묘용자호?

무념無念으로 얻은 것을 참된 정이라 함이 참으로 옳다.

사람이 무념에 이르면 마음은 참으로 허하고 고요해진다. 고요함이 깊어 혼몽한 때에 이르면, 움직임이 일어나는 듯하다가 홀연히 움직이려는 기미가 생긴다. 이는 바로 참된 원정의 선천이다. 이것은 사람마다 본래 지닌 것으로, 누구나 만나 얻을 수 있는 것이다.

夫無念而得 부무념이득, 爲眞精者固是矣 위진정자고시의.

人而無念인이무념, 則心眞虛靜矣즉심진허정의. 至於靜篤鴻蒙時지어정독홍몽시, 似有動而忽有動機사유동이홀유동기. 正是眞元精之先天也정시진원정지선천야. 此人人之本有차인인지본유, 可遇而可得者가우이가득자.

비록 참된 정을 알았다 하더라도 원신의 신령한 자각을 이처럼 얻지 못하면, 그 정이 비록 참되다고 해도 또한 참된 정의 쓰임이 되지 못한다.

혹 어떤 이는 스승에게서 참된 정이라는 말을 듣고, 그 이름만 알 뿐이다. 처음 배우는 자가 식견이 얕아 때가 와도 오히려 알지 못하고, 원신으로 배합하고 운행을 주재하여 채취하고 팽련하는 법을 알지 못해 결국 눈앞에서 그 기회를 놓치고 만다. 어찌 참된 정의 쓰임을 얻을 수 있겠는가? 이와 같다면 아는 것도 참되지 못하고, 믿고 행함도 두터움이 없다. 『옥청상묘공덕경』에서 "잘 닦아 지니지 못해 법의 근본을 잃으면 장생을 이룰 수 없다"고 하였고, 천래자의 『백호가』에서 "달에 경기庚氣가 없고, 금에 물이 없으면, 설령 참된 연이 있어도 헛되이 마음만 쓸 뿐이다"라고 하였다.

雖有知眞精 수유지진정, 而不得元神靈覺如是 이부득원신령각여시, 如是精雖眞 여시정수진, 而亦不得爲眞精用 이역부득위진정용.

或有聞師言眞精혹유문사언진정, 而知眞精之名이지진정지명, 但因初學淺見단인초학천견, 時至而猶不知시지이유부지, 不能以元神配合宰運採取烹煉불능이원신배합재운채취팽련, 亦至當面錯過역지당면착과. 如何能得眞精用여하능득진정용? 如此여차, 亦是知之不眞역시지지부진, 信受奉行之不篤耳신수봉행지부독이. 『玉淸上妙功德經옥청상묘공덕경』云운 : 不善修持而失法本불선수지이실법본, 不能長生불능장생. 天來子천래자『白虎歌백호가』云운 : "月無庚氣金無水월무경기금무수, 縱有眞鉛枉用心종유진연왕용심[109]."

이것은 하늘이 감추어 둔 오묘한 이치이니 실로 이와 같다!

'하늘이 감춘다'는 것은 감추어 덕이 없는 자에게는 전하지 않고, 덕 있는 자에게만 전한다는 뜻이다. 사람과 하늘은 서로 멀리 떨어져 있으나, 사람이 덕을 닦아 하늘과 합하면 하늘과 하나가 된다. 그러므로 이와 같이 전하는 것이며, 덕을 닦아 하늘과 합하지 못하면 전수를 얻지 못한다. 이와 같은 이치는 원신으로 약이 생겨나는 때를 분별하여 배합하는 것이다. 이를 알면 장생불사를 이루고 입정과 출정을 자유롭게 하여 신통이 무궁해진다. 이것이 바로 하늘이 마땅히 감추는 까닭이다. 『영보도인경』에서 "수화水火의 두 작용은 성인이 아니면 전하지 않는다"고 하였다.

此上天所秘之妙 차상천소비지묘, 實在如是 실재여시!

天所秘천소비, 是秘之不傳無德시비지부전무덕, 以傳有德也이전유덕야. 人與天相隔甚遠인여천상격심원, 人德合天인덕합천, 則與天爲一矣즉여천위일의. 故

---

109 달月과 금金은 진정眞精을 상징하고, 경庚과 수水는 진기眞炁를 뜻하며, 진연眞鉛은 전반적으로 진정眞精을 은유하는 표현이다.

傳與以如是고전여이여시, 德之不修以合天덕지불수이합천, 則不能得傳也즉불능득전야. 如是者여시자, 是以元神辨藥生之時爲配合시이원신변약생지시위배합. 得知此득지차, 則得長生不死入定出定神通無極즉득장생불사입정출정신통무극. 此上天之所以當秘也차상천지소이당비야. 『靈寶度人經영보도인경』云운: "水火二用수화이용, 非聖不傳비성부전."

온 세상 사람들이 알지 못하는 그 묘함은 실로 이와 같다!

천선은 이와 같은 비법으로 하늘에서 신선의 경지를 증득한다. 오직 천선만이 알고 행하는 것인데, 세상 사람들이 어찌 알겠는가? 사람이 덕을 닦아 하늘과 합하면 곧 천인이 되니, 이로써 그 이치를 알 수 있다. 덕을 닦지 않은 채 하늘과 합하려 한다면, 범부나 하등한 귀신이 될 뿐이며, 끝내 이러한 오묘한 뜻을 깨닫지 못한다. 도를 배우고 신선을 닦으려는 자는 먼저 스스로 힘써 하늘의 덕을 닦아 합해야 한다.

舉世間人 거세간인, 所不得知之妙 소부득지지묘, 實在如是 실재여시!

天仙以如是秘法천선이여시비법, 得證仙於天득증선어천. 惟天仙之所知所行者유천선지소지소행자, 而世間人何以知이세간인하이지? 人能修德合天인능수덕합천, 即是天人즉시천인, 則可得知如是즉가득지여시. 不修德以求合天불수덕이구합천, 即是凡夫下鬼즉시범부하귀, 終於不得知如是者而已종어부득지여시자이이. 欲學道修仙者욕학도수선자, 先當自勉선당자면, 修合天德수합천덕.

바다와 산에 맹세하며 감히 가볍게 누설하지 않는 것은 실로 이와 같다!

세상에는 선근을 지닌 성진들이 있어 마음을 모아 덕을 닦고 부지런히 도를 배운다. 상선上仙과 고진高眞은 진실로 도를 전하기를 마다하지 않는다. 그러나 반드시 맹세를 세우게 하여 그 깊음이 바다와 같고, 그 높음이 산과 같다. 이전에 저지른 허물을 참회하게 하고, 이후에는 다시 잘못을 범하지 않도록 금계하며, 스스로 닦음에 게으르지 않게 한다. 덕이 없는 자에게는 함부로 전하지 않으며, 약이 생기고 채취해야 할 참된 때를 결코 가볍게 누설하지 않는 것은 이와 같다. 『도인경』에서 "장생구시의 법은 하늘이 그 금령을 지극히 중하게 여긴다"라고 하였다.

海誓山盟而不敢輕泄者 해서산맹이불감경설자, 實在如是 실재여시!

世有善根聖眞세유선근성진, 專心修德전심수덕, 精進學道정진학도. 上仙高眞상선고진, 固肯傳以道矣고긍전이도의. 猶且令設盟誓유차영설맹서, 如海樣之深여해양지심, 如山樣之大여산양지대. 懺悔其以前之或有錯者참회기이전지혹유착자, 禁戒其日後之不爲非금계기일후지불위비, 不緩怠於自修불완태어자수. 不妄傳於無德불망전어무덕, 其不輕泄藥生採藥生眞時者如是기불경설약생채약생진시자여시. 『度人經도인경』云운 : "長生久視之法장생구시지법, 上天其禁至重상천기금지중."

이 참됨을 얻으면 곧 천선이 되고, 곧 세존불과 같게 된다.

이 원정의 참됨을 얻으면 정기가 능히 기로 변화하여 누진통을 이루고, 양신이 출현하여 아득한 겁운을 초월한다. 오직 이 참됨만이 비로소 천선의 도이며, 또한 불도의 길이다.

得此眞득차진, 即天仙矣즉천선의, 即同世尊佛矣즉동세존불의.

得此元精眞득차원정진, 則精炁能化炁而成漏盡通즉정기능화기이성누진통, 出
陽神而超浩浩劫運출양신이초호호겁운. 惟此眞者유차진자, 方是天仙之道방시
천선지도 ; 同佛道동불도.

**이 참됨을 얻지 못하면 비록 참선이나 도를 말한다고 하더라도 모두 헛되고
망령된 말에 지나지 않는다.**

만약 이 약이 생기는 때와 채약採藥의 참된 때를 알지 못하면, 누진통을 이
루지 못하고 양신을 출현시켜 겁운을 초월하지 못한다. 마침내 한낱 공허한
말과 망령된 논의에 그칠 뿐이다.

不得此眞 부득차진, 則談禪說道 즉담선설도, 皆爲幻妄虛言矣 개위환망허언의.

若不得知此藥生採藥之眞時약부득지차약생채약지진시, 則不成漏盡通즉불성
누진통, 不出陽神超劫運불출양신초겁운. 只成一個空談妄語而已지성일개공담
망어이이.

**그대가 이제 이 밝은 말씀에서 그것을 깨달았으니, 정이 비로소 참되도다!
약 또한 비로소 참되도다!**

길왕이 이제 약이 생기는 참된 때를 명확히 들었으므로, 비로소 선도에서 쓰
는 참된 정과 참된 약의 이치를 알게 되었고, 누진통을 이루고 양신을 출현
시키는 일 또한 가능해졌다. 비로소 옛날에 배우던 세속의 법과 다름을 깨달

고, 세속의 법에서 말하던 것은 탁정濁精에 지나지 않았음을 알게 된 것이다.

子今得此於明言 자금득차어명언, 精始眞矣 정시진의! 藥始眞矣 약시진의!

言吉王如今得明白說此藥生眞時언길왕여금득명백설차약생진시, 始知仙道所用之眞精眞藥시지선도소용지진정진약, 始可成漏盡通出陽神等事시가성누진통출양신등사. 始知不同於昔所學之世法시지부동어석소학지세법, 所言世法中之濁精而已者소언세법중지탁정이이자.

한 번 시험 삼아 닦아 보기만 해도 처음 시작하자마자 곧 도와 하나가 될 수 있다.

옛말에 "수행의 처음에 참된 스승을 만나지 못하면 끝내 아무 쓸모 없는 골동품이 되고 만다"라고 하였다. 만일 참된 가르침을 전수받으면, 닦는 그 순간부터 도와 합할 수 있다. 수행의 시작에서도 도와 합하고, 도과道果를 증득하는 궁극에서도 도와 합한다. 옛사람이 "아홉 번의 단련 공부는 결국 하나의 이치로 귀결된다"고 하였으니, 바로 이 뜻이다.

一試修之 일시수지, 起首便能合道 기수편능합도.

古云고운 "起頭不遇作家기두불우작가, 到底翻成骨董도저번성골동." 若傳得眞약전득진, 便行得合편행득합. 起頭修也合道기두수야합도, 到證果極處也合道도증과극처야합도. 古云고운 "九轉工夫總一般구전공부총일반" 是也시야.

한 걸음을 깨달으면 한 걸음을 행하고, 한 걸음을 행하면 한 걸음을 들어가

며, 한 걸음을 들어가면 한 걸음을 얻는다. 이로써 전하지 않는 묘함을 알게 되고, 도과道果의 신령한 작용을 얻으며, 도를 증득함이 빠르게 된다.

이미 약이 생기는 때와 채약의 참된 때를 깨달았으면, 그 참된 때가 곧 약의 참됨이며, 또한 정의 참됨이다. 이에 참된 정과 약을 채취하는 공부를 행한다. 이미 채취의 공부를 하면 정이 신을 따라 응결되어 기혈로 들어가고, 주천을 운행하여 팽련하고 훈증한다. 오래 단련하여 정을 연마하는 공부가 충족되면 정이 기로 변화하여 충만해지고 이로써 대약을 얻게 된다. 누진통을 이루고 장생불사의 초과初果를 얻는다. 비로소 천선이 아무에게나 가볍게 전하지 않은 바가 이처럼 묘함이 있음을 깨닫고, 장생의 과果를 얻어 이러한 신령한 효험이 있음을 알게 된다. 요컨대, 백일이면 장생을 얻고 십 개월이면 입정하여 태胎를 이루며, 양신이 출현하여 신통이 무궁하게 된다. 도를 증득함이 이처럼 빠르다. 그래서 옛사람이 "성취는 불과 1~2년이면 된다"라고 하였으니, 이는 음란하고 삿된 외도 방문과 같지 않다. 평생토록 채취와 교합에만 몰두하다 늙고 병들어 고통스럽게 죽게 되고, 뒤늦게 뉘우쳐도 이미 돌이킬 수 없는 자들이 많다.

悟一步則行一步오일보즉행일보, 行一步則入一步행일보즉입일보, 入一步則得一步입일보즉득일보. 則知不傳之妙즉지부전지묘, 得果之靈득과지령, 證道之速증도지속. 旣悟藥生及採藥之眞時기오약생급채약지진시, 則時眞卽是藥眞精眞즉시진즉시약진정진. 便行此採眞精藥之工편행차채진정약지공. 旣行採工기행채공, 令精隨旣行採工영정수기행채공, 令精隨神凝入炁穴영정수신응입기혈, 週天烹煉薰蒸주천팽련훈증. 久而煉精之工足矣구이연정지공족의, 化炁足而得大藥화기족

이득대약. 成漏盡通성누진통, 長生不死之初果장생불사지초과. 始知天仙所不
輕傳시지천선소불경전, 有如是之妙유여시지묘 ; 得長生之果득장생지과, 有如
此靈驗유여차영험. 總之총지, 百日而得長生백일이득장생, 十月而入定胎成십월
이입정태성, 出陽神而神通無極출양신이신통무극. 證道如此速증도여차속. 所
以古云소이고운 "成就只一二年성취지일이년", 不似淫邪旁門불사음사방문. 窮
年採戰궁년채전, 至於老病苦死지어노병고사, 而追悔不及者比이추회불급자비.

이는 저들 세상 사람들이 알 수 있는 바가 아니며, 증득할 수도 없는 것이
다. 그러나 세상 사람들이 삿된 스승을 잘못 믿고 미혹되는 것이 어찌 다 애
석하지 않겠는가!

세상 사람들은 선덕仙德을 닦지 않고 망령되이 선도만을 구하며, 또 참으
로 선도의 바른 이치가 있음을 알지 못한 채 그것을 좇으니, 어찌 알 수 있으
며 또 어찌 증득할 수 있겠는가? 더욱이 삿된 스승들이 선서仙書의 참된 도
라는 말을 빌려 교묘하게 그 삿된 설을 해석하여 거짓으로 속인다. 세세토록
사람들이 그 속임을 믿고 의심하지 못하니, 결국 그릇된 길을 고칠 자가 없
다. 참으로 가엾도다! 스스로 해를 입고 선도를 잃어 미혹될 뿐 아니라, 본래
타고난 현재의 성명性命마저 잃고 만다.

非彼世人所得知비피세인소득지, 所及證也소급증야. 而世人之誤信邪師誆惑者
이세인지오신사사광혹자, 可勝惜哉가승석재!

世人不修仙德而妄求仙道세인불수선덕이망구선도, 又不知果有眞仙道之正理
在우부지과유진선도지정리재, 而求之이구지, 安得知而安及證안득지이안급증?

178

更被邪師以仙書眞道之言갱피사사이선서진도지언, 巧釋彼邪說교석피사설, 詐以欺之사이기지. 世世人人盡信其誑而不能疑세세인인진신기광이불능의, 絶無能改過者절무능개과자. 可惜被害而迷失仙道가석피해이미실선도, 且喪失本自有之現在性命也已차상실본자유지현재성명야이.

이 문(二 問)

두 번째 묻기를, 옛말에 "물의 근원이 맑고 탁함을 반드시 분별해야 한다"고 하였으니, 감히 가르침을 청하오니, 어떻게 그것을 분별해야 합니까?

二問曰 : 古云고운 水源淸濁要分別수원청탁요분별, 敢求指示如何分別감구지시여하분별?

답하기를, 물은 참된 정을 비유한 것이니, 맑음은 곧 선천에 속하고, 탁함은 후천에 해당한다. 근원이란 정기精炁가 생겨나는 근본을 말한다. 이는 신선과 성인이 사람들에게 전하여 준 것으로, 그 분별이 지극히 간절하고 요긴한 말씀이다. 그런데 어찌 세상 사람들이 성인의 말씀을 함부로 해석하여 후학을 속이고 해치는가?

신선과 성인의 말씀이 세상에 전해진 것은, 세상 사람들이 그 가르침을 통해 신선의 인도를 받아야만 비로소 참되게 깨닫고 이해할 수 있기 때문이다. 만일 범부라면 다만 범부의 가르침만 들을 뿐이다. 심지어 범부의 가르침조차 받지 못하고 그저 망령된 자의 헛된 주석만을 읽을 뿐이다. 그리고 제멋대로 성인의 말씀을 추측하고 해석하여 스스로 깨달았다고 자칭한다. 남을 속이고 해치는 일을 거리낌 없이 하며, 미혹으로 미혹을 가리키니 예로부터 오늘날까지 그러하였다.

答曰：水喩眞精수유진정, 淸即先天청즉선천, 濁屬後天탁속후천. 源者원자, 精炁之所由以生者也정기지소유이생자야. 此仙聖示人차선성시인, 分別至切要之語분별지절요지어. 奈何世人妄解聖言罔誣後學내하세인망해성언망무후학?

> 仙聖之言垂世선성지언수세, 必世人得受仙度者필세인득수선도자, 而後悟解始眞이후오해시진. 若凡夫약범부, 但聞凡夫之敎단문범부지교. 甚至不受凡敎심지불수범교, 而徒然看妄人之妄註이도연간망인지망주. 而亦爲妄猜妄解聖言이역위망시망해성언, 自稱能悟得오자칭능오득오. 不顧欺誑害人불고기광해인, 而以迷指迷이이미지미, 遍古今也편고금야.

만일 근원에서 분별하여 쓰지 않고 다만 청淸과 탁濁에만 마음을 쓴다면, 후천에서는 무형의 정을 맑다 하고, 유형의 정을 탁하다 말하게 된다.

> '원정'은 다만 형상이 없는 원기일 뿐이므로 형체로 분별할 수 없다. 형체로 분별할 수 있다면 이미 후천이며 또한 후천의 신이 주재하는 바이다. 비록 형체가 아직 드러나지 않았다 하더라도 정기는 소모되어 흩어졌으니 본래의 원기로 돌아갈 수 없다. 만약 정이 음념淫念이나 음사淫事와 합하지 않는다면 결코 유형의 상태에 이르지 않는다. 일단 유형이 되면 그 속의 참된 기는 이미 음사로 인해 모두 소모된 것이다. 형체로 수행의 옳고 그름을 분별하는 것은 사문邪門과 외도外道의 말이며, 신선의 도에서는 결코 이를 분별의 기준으로 삼지 않는다.

若不向源字上用辨약불향원자상용변, 只於淸濁字勞心지어청탁자노심, 謂後天中以無形之精爲淸위후천중이무형지정위청, 以有形之精爲濁이유형지정위탁.

元精원정, 只是無形元炁지시무형원기, 不可以形辨불가이형변. 可形辨者가형변자, 後天후천, 既爲後天기위후천. 又爲後天之神所宰우위후천지신소재. 雖未見形수미현형, 亦已耗散역이모산, 不得復元부득복원. 若精不合淫念淫事약정불합음념음사, 必不至於有形필부지어유형. 及至有形급지유형, 則中之眞炁즉중지진기, 已爲淫事耗盡矣이위음사모진의. 以形辨是邪門外道所言이형변시사문외도소언, 而仙道必不以如此爲辨이선도필불이여차위변.

오호라! 이는 곧 지옥 속에 떨어질 종자들이 하는 말이다.

무릇 '유형'과 '무형'을 말하는 것은 반드시 음란한 교합을 기준으로 삼는 것이니, 음욕으로 인해 정이 손상되고 기가 소모된다. 옛 성인이 "기가 다하면 죽는다"고 하였으니, 그러므로 지옥 속의 씨앗이 되는 것이다. 신선과 성인은 사람이 원기로 인해 태어남을 알았으므로, 사람으로 하여 원기를 단련하여 머물게 하도록 가르쳐 장생불사에 이르게 하였다.

嗚呼오호! 此地獄中種子之說也차지옥중종자지설야.

凡言有形無形者범언유형무형자, 必是以淫媾爲辨필시이음구위변, 淫敗炁耗음패기모. 古聖言炁盡則死고성언기진즉사, 故爲地獄中種子也고위지옥중종자야. 仙聖因元炁之生人선성인원기지생인, 故教人煉住元炁고교인연주원기, 令人長生不死영인장생불사.

무릇 사람들이 알지 못하니, 선천의 원정은 고요함이 극에 이르면 저절로 움직이며, 기가 충족하면 그 근원 또한 맑아진다. 이와 같은 상태를 일러 '참된 약물'이라 이른다.

고요함 속에서 일어나는 움직임은 천지의 순환이 이루어지는 자연의 기밀이며, 선도의 이치 또한 이와 같다. 이는 사람의 망념이나 사념으로 인한 인위적 작용이 아니므로 '저절로 움직인다'고 한 것이다. 『원시천존설득도료신경』에서 "동정動靜의 참된 기밀을 알지 못하고, 참된 항상과 온전한 참됨의 묘한 이치를 깨닫지 못한다면, 어찌 도를 얻어 참됨에 이를 수 있겠는가?"라고 하였다. 이 질문은 물의 근원이 맑고 탁함을 분별하는 법에 관한 것이며, 앞장의 물음과 이치는 같으나 초점이 다르다. 그러므로 두 번 답하였으며, 각각 자세함과 간략함의 차이가 있으나 서로를 밝혀 도의 이치를 더욱 분명히 드러낸 것이다.

殊不知先天元精수부지선천원정, 由靜極而自動유정극이자동, 㸃至足而源至清기지족이원지청, 即謂眞藥物矣즉위진약물의.

靜而動是天地循環自然之機정이동시천지순환자연지기, 仙道亦如之선도역여지; 不是人心念妄所動者불시인심염망소동자, 故曰自動고왈자동. 『元始天尊說得道了身經원시천존설득도료신경』云운 : "不識動靜眞機불식동정진기, 不達眞常全眞妙理부달진상전진묘리, 如何得道成眞여하득도성진?" 此問水源清濁辨法차문수원청탁변법, 與上章問中事同理同而問異여상장문중사동리동이문이. 故兩答之고양답지, 各有詳略각유상략, 亦互爲發明역호위발명.

원신의 신령한 깨달음이 서로 화합하면, 이것을 '깨달음으로 깨달음을 합한다'고 한다. 그때의 작용은 자연히 이루어져 스스로 채취가 이루어지고 저절로 팽련이 일어나며, 세속의 인연이나 생각을 일으키지 않아야 한다. 수행에 한순간 힘쓰면 그 한순간마다 황아黃芽가 자라나며, 이로써 금단金丹을 성취하고, 신선의 도를 이룰 수 있는 희망이 열린다.

원정과 원기에는 신령한 깨달음이 있으며, 원신 또한 그와 같은 깨달음을 지니므로, 때가 이르면 신지神知의 묘한 작용을 얻게 된다. 이 두 깨달음을 서로 배합하기 때문에 '깨달음으로 깨달음을 합한다'고 한 것이다. 이는 부부가 처음부터 끝까지 떨어지지 않는 것과 같다. 허정양은 "내부에서 참된 기가 교합하여 호흡 속에 머문다"고 하였고, 유옥오는 "참된 기밀의 묘한 자리는 아득한 어둠 속에 있다"고 하였다. 동지의 때에는 반드시 먼저 태兌를 닫아 막고, 마음을 맑히며 침묵을 지켜, 금과 수은을 함께 화로 속으로 되돌려야 한다. 해와 달이 합벽하듯 하면 신이 응집되고 기가 모여 마침내 금액金液이 맺힌다. 만약 그 함묵緘默을 잊고, 중루重樓의 기운이 흘러나가도록 내버려 두면, 스스로 손상됨을 불러온다. 본주에서 "수행에 힘쓴다"는 것은 곧 채취하고 배합하며 팽련하는 공부를 말한다. '한 순간一刻'이란 곧 한 번의 소주천 화후이다. '황아黃芽'란 곧 신기神炁를 내련하여 이루어진 참된 기이다. 여순양 선옹이 "황아란 무엇입니까?"라고 묻자, 종리권 진인은 "참된 용眞龍과 참된 호眞虎가 그것이다"라고 하였으니, 용은 양룡陽龍으로 리궁離宮의 참된 물에서 나오며, 호는 음호陰虎로 감궁坎宮의 참된 불 안에서 나온다. 본주에서 "금단이란 금액환단金液還丹이다. 이는 원신이 원정을 단련하여 이루어진 영기靈炁이다"라고 하였으니, 이를 황아라 하며 또한 대약이라한다. 그것을 복식服食하면 태를 맺고 신을 기르게 된다. 신이 안정되고 온전해지면 곧 신선이 이루어진다. 금단이 성취되면 명命이 머무르고, 신이 안정

되면 성性이 머문다. 그러므로 "금단이 이루어지면 신선을 바랄 수 있다"고
한 것은, 반드시 '신선을 이룰 수 있다'고 말한 것이다.

而元神靈覺即能和合이원신영각즉능화합, 是謂以覺合覺시위이각합각, 隨而採取수
이채취, 隨而烹煉수이팽련, 不作世緣念想부작세연염상. 用工一刻용공일각, 即長一刻
之黃芽즉장일각지황아, 而金丹可就이금단가취, 仙道可冀선도가기.

元精元炁有覺원정원기유각, 而元神亦有同覺이원신역유동각, 即得時至神知之
妙즉득시지신지지묘. 以兩所覺而配合이양소각이배합, 故云고운 '以覺合覺이
각합각'. 如一夫一婦여일부일부, 始終不相離也시종불상리야. 許旌陽云허정양
운 "內交眞炁存呼吸내교진기존호흡." 俞玉吾云유옥오운 : "眞機妙處在杳冥之
內진기묘처재묘명지내." 冬至之時동지지시, 必先閉塞其兌필선폐색기태, 澄心
守默징심수묵, 使金與汞同歸於爐中사금여홍동귀어로중. 如日月合璧여일월합
벽, 則神凝炁聚즉신응기취, 金液乃結금액내결. 倘忘其緘默[110]당망기함묵, 任
重樓浩浩而出임중루호호이출, 則自取傷敗也즉자취상패야. 本註云본주운 : 用
工者용공자, 即採取配合즉채취배합, 烹煉之工也팽련지공야. 一刻者일각자, 即
一小週天火候也즉일소주천화후야, 黃芽者황아자, 即神炁內煉所成之眞炁也즉
신기내련소성지진기야. 純陽仙翁問曰순양선옹문왈 "何爲黃芽하위황아?" 鍾離
眞人云종리진인운 "眞龍眞虎是也진룡진호시야." 龍乃陽龍용내양룡, 出在離宮
眞水之內출재리궁진수지내, 虎乃陰虎호내음호, 出在坎宮眞火之中출재감궁진
화지중. 本註云본주운 : "金丹者금단자, 金液還丹也금액환단야. 即元神煉元
精所成之靈炁즉원신연원정소성지영기." 又曰黃芽우왈황아, 曰大藥왈대약. 所

___
110 함묵緘默은 의도적이고 의미 있는 침묵으로, '입을 닫아 말을 삼간다'라는 뉘앙스를 갖는다.

以服食者소이복식자, 服之而結胎養神복지이결태양신. 神定而全신정이전, 即
是仙成즉시선성. 金丹成時금단성시, 是命住시명주, 神得定신득정, 是性住시성
주. 故曰金丹就고왈금단취, 仙可冀선가기, 言必成仙也언필성선야.

만일 생각과 번뇌의 인연에 물들고, 의심과 습기에 물들어 그로 인해 뒤늦
게 정이 생겨난다면, 이는 전적으로 후천의 사려하는 신이 일으킨 것이다. 그
러한 근원은 탁하므로 쓸 수 없으며, 참된 기가 부족하여 황아를 낳지 못한
다. 그러므로 생겨남이 있으면 반드시 죽음이 따르는 것은 자연의 자명한 이
치이다!

세상 사람들은 입으로는 도를 배운다고 말하면서도, 망령된 생각과 범속한
정, 애욕에 사로잡힌 이가 많다. 정욕情欲이 움직이면 정은 반드시 생긴다.
그러나 이 정의 생김은 고요함 속에서 안으로부터 생기는 것이 아니라, 몸
밖에서 우연히 생겨나는 것일 뿐이다. 그러므로 깊은 고요 속에서 길러진 참
된 기가 부족하여 그 근원이 탁해지고, 내적인 수련에는 쓸 수 없다. 그래서
광성자는 "그대의 정을 흔들지 말라"고 하였으니, 정이 흔들리면 줄어들어
점차 고갈되며 환단還丹을 이루지 못한다. 진진인은 "정이 적으면 환단이 이
루어지지 않는다"고 한 것도 이 뜻이다. 이러한 상태는 모두 번뇌의 인연과
습기에 물든 까닭이며, 음욕을 끊지 못한 데서 비롯된 것이다. 이는 모두 범
부의 행위이며, 여전히 욕계의 가장 낮은 곳에 머물러 생사에 얽매인 범부와
같은 무리로, 범부와 함께 죽음을 면치 못한다.

若念想塵緣약염상진연, 擬議習染의의습염, 而後精因之以生이후정인지이생, 則純

是後天思慮之神所致즉순시후천사려지신소치. 此源濁者之不可用차원탁자지불가용, 以其眞炁不足이기진기부족, 不産黃芽불산황아. 而有生必有死之決然者也이유생필유사지결연자야!

世人口稱學道세인구칭학도, 而妄想凡情愛欲者多矣이망상범정애욕자다의. 情欲有動정욕유동, 則精必生즉정필생, 此精之生차정지생, 不以靜而內生불이정이내생, 唯於身外偶生유어신외우생. 故靜篤之眞炁不足而源濁고정독지진기부족이원탁, 不可用以內修者불가용이내수자. 故廣成子云고광성자운：“毋搖汝精무요여정.”精搖則少而漸竭정요즉소이점갈, 無以還丹무이환단. 故陳眞人云고진진인운“精少則還丹不成정소즉환단불성”是也시야. 若此者약차자, 皆因塵緣習染개인진연습염, 淫欲未斷음욕미단. 皆凡夫事개범부사, 猶在欲界最下處유재욕계최하처, 與有生死凡夫同類여유생사범부동류, 故與凡夫同必死者고여범부동필사자.

혹은 물이 스스로 고요한 듯 보이나 안에서 움직이고, 그 근원 또한 맑을 수 있다. 그러나 그 원신의 신령한 앎은 비록 깨달음의 기미는 있으나 참되게 깨닫지 못하고, 번뇌의 인연과 습기에 물들어 도리어 후천의 사려하는 신에게 사로잡히게 된다. 그리하여 다시는 맑고 참됨의 자리로 돌아갈 수 없고, 망령되이 채취하거나 팽련을 행한다 해도 역시 성인의 과果를 이룰 이치가 없다.

남악 위부인은 “만일 음욕의 마음을 품고 상진上眞의 도를 행한다면 청궁淸의 생적에서 이름이 지워지고, 삼관三官의 심문을 받게 된다. 도를 받드는 자는 삿됨이 없음을 귀히 여기고, 참됨에 깃드는 자는 고요함과 즐거움을 귀히 여긴다”고 하였다. 백옥섬 진인은 “신선을 배우는 일은 어렵지 않으나,

티끌을 벗고 욕망을 끊는 일은 더욱 어렵다"고 하였으며, 왕옥양 진인은 "정情에 따라 흘러가면 반드시 공허와 멸망에 떨어진다. 그러하니 도는 이루기 어렵고 공은 성취하기 어렵고 업은 감당하기 어렵다"고 하였다.

或有水雖自靜而動혹유수수자정이동, 而源亦淸矣이원역청의. 其元神靈覺기원신영각, 雖覺而不能眞覺수각이불능진각, 依然墮於塵緣習染의연타어진연습염, 轉爲後天思慮之神所攝전위후천사려지신소섭. 則不復爲淸眞즉불복위청진. 而妄用其採取烹煉이망용기채취팽련, 亦無成聖果之理역무성성과지리.

南嶽魏夫人云남악위부인운 "若抱淫欲之心약포음욕지심, 行上眞之道者행상진지도자, 淸宮落名生籍청궁락명생적, 被考於三官也피고어삼관야. 宗道者貴無邪종도자귀무사, 棲眞者貴恬愉서진자귀념유." 白玉蟾云백옥섬운 : "學仙非爲難학선비위난, 出塵離欲爲甚難출진리욕위심난." 王玉陽眞人云왕옥양진인운 : "隨情流轉수정유전, 定落空亡정락공망. 更道難成功難就갱도난성공난취, 業難當업난당."

이로써 근원源의 참됨을 분별하여 알게 되면, 약 또한 참됨에 이르게 된다!

물의 근원이 곧 약의 근원이며, 그 맑고 참됨이 약의 맑고 참됨이다. 근원이 탁하여 맑고 참되지 않으면, 약 또한 탁하여 맑고 참된 성질을 잃는다. 장생의 선도에서는 반드시 이 '근원源'을 분별하는 것을 가장 중요한 요체로 삼는다.

於此辨得源字眞어차변득원자진, 藥斯眞矣약사진의!

188

水源即是藥源수원즉시약원, 淸眞是藥淸眞청진시약청진. 源濁不淸眞원탁불청진, 是藥濁不淸眞시약탁불청진. 長生仙道장생선도, 必分別源字爲要필분별원자위요.

또 묻기를, 물의 맑음과 탁함이 어찌 신의 맑음과 탁함과 관련이 있습니까?

又問：水之淸濁수지청탁, 何關神之淸濁하관신지청탁?

답하기를, 고요히 선정에 있을 때는 신과 기가 하나 되어 모두 고요하게 된다. 이와 같이 되면, 고요할 때도 신과 기는 하나이고, 움직일 때도 신과 기는 하나이다. 옛말에 "때가 이르면 신이 스스로 안다"고 한 것은, 바로 신과 기가 함께 움직이는 이치를 말한 것이다.

수행자가 알지 못하는 바는 이러하다. '신이 맑다'는 것은 망념에 집착하지 않고, 물의 근원을 따라 모두 맑아지는 것이니, 이것이 바로 성인의 씨앗이다. 반대로 '신이 탁하다'는 것은 물의 근원이 망념에 물들어 탁해진 것이고, 그로 인해 모두 탁해져 범부 윤회의 씨앗이 된다. 그러므로 신선과 성인은 사람들에게 이것을 분별하는 것을 가장 시급한 일로 가르쳤다. 『영보대승묘법연화진경』에서 "성性은 고요함이고, 기炁는 움직임이다. 고요함과 움직임이 하나이니, 지극한 사람이 아니고서야 어찌 마음을 이 자리에 머물겠는가?"라고 하였고, 광성자는 "고요하면 신의 뜻 속에서 고요하고, 움직이면 신의 기밀 속에서 움직인다"고 하였다.

答曰 : 靜定之中정정지중, 神炁如一신기여일, 皆靜也개정야. 如是여시, 靜亦神炁一정역신기일, 動亦神炁一동역신기일. 古云고운 "時至神知시지신지", 即神炁同動是也즉신기동동시야.

學者不知학자부지 : 神清是不著妄念신청시불착망념, 隨水源皆清수수원개청, 是聖種시성종 ; 神濁是水源著妄而濁신탁시수원착망이탁, 即皆濁즉개탁, 是凡夫輪迴種시범부윤회종 ; 故仙聖教人辨此爲至急고선성교인변차위지급. 『靈寶大乘妙法蓮華眞經영보대승묘법연화진경』云운 : "性者성자, 靜也정야, 炁者기자, 動也동야. 動靜一如동정일여, 非至人安能措心於此비지인안능조심어차?" 廣成子云광성자운 : "靜則靜於神意정즉정어신의, 動則動於神機동즉동어신기."

움직이되 밖으로 달려가 망념을 좇으면 곧 둘이 된다. 그러나 움직이되 망념을 좇아 달려가지 않으면 오히려 하나로 합하니, 이것이 참된 맑음과 하나 됨이 아니고 무엇이겠는가? 원신이 한 번 달려가면 기 또한 함께 달려가고, 원신이 한 번 물들면 정과 기 또한 함께 소모되니, 이것이 탁함과 하나 됨이 아니고 무엇이겠는가?

'움직여 둘이 된다'는 것은 신이 본래 기를 거두어 근원으로 되돌리는 법을 알지 못하기 때문에 둘이 되는 것이다. 혹은 때를 만나지 못해 본래의 육근六根이 경계에서 흩어지고 육진六塵의 분별된 대상으로 달려가면, 이 또한 둘이 되는 것이다. 유옥오는 "금과 화는 반드시 한 아궁이에서 합해야 하니, 사람에게 있어서는 한 생각을 돌이킴에 달려 있을 뿐이다"라고 하였다. 이처럼 맑음이 하나로 합하는 것은 모두 선도의 당연한 이치이다. 반대로 근根과

190

진塵이 서로 맞부딪혀 되돌아가지 못하면, 이 탁함이 하나로 합해지는 것 또한 이와 같다.

動而外馳逐妄동이외치축망, 則爲二즉위이 ; 動而不妄馳동이불망치, 猶然合一유연합일, 非眞淸之同而何비진청지동이하? 元神一馳원신일치, 炁亦馳기역치 ; 元神一染원신일염, 精炁亦耗정기역모, 非濁之同而何비탁지동이하?

動而爲二者동이위이자, 神固有不知攝炁歸根者신고유부지섭기귀근자, 爲二也위이야. 或有不遇혹유불우, 本根之對境散漫본근지대경산만, 馳於六塵之別境치어육진지별경, 亦爲二也역위이야. 俞玉吾云유옥오운 "金火要同爐금화요동로, 在人一念返還耳재인일념반환이." 此淸同合一者차청동합일자, 皆如是仙道之當然개여시선도지당연. 反是반시, 則根塵相觸즉근진상촉, 而不能返還이불능반환, 此濁同合一者차탁동합일자, 亦如是역여시.

곧 『원시천존득도료신경』에서 "뜻이 안정되면 신이 온전하여 물의 근원이 맑고, 뜻이 움직이면 신이 달려가 물의 근원이 탁하다"고 하였고, 진허백은 "마음이 움직이면 신이 기 속에 머물지 않고, 몸이 움직이면 기가 신 속에 머물지 않는다"고 하였다. 그러므로 우리 구장춘 진인도 "마음자리에서 공을 닦고, 세상의 일을 완전히 내버린다"는 뜻을 두셨다. 『능엄경』에서 "육진六塵이 이미 인연을 따르지 않으면 육근六根은 짝할 대상이 없고, 흐름을 되돌려 완전히 하나가 되며, 여섯 가지 작용이 더는 일어나지 않는다"고 하였으니, 바로 이것이다.

이 네 가지 조목은 모두 앞에서 말한 신과 기의 고요함과 움직임이 합일하거나 합일하지 못하는 뜻을 증명한 것이다. 선가와 불가의 이치는 본래 같으며, 선종 또한 "한 생각만 일어나도 곧 어긋난다"고 하였으니, 이 또한 같은 뜻이다. 구장춘 진인이 사람들에게 마음자리에서 공부하라 한 것은 곧 '비추면서도 고요하고, 고요하면서도 비춘다'는 뜻이니, 이는 마음을 밝히고 본성을 보는 것이다. 참선의 마음에는 생각이 없고, 참선의 본성에는 생겨남이 없으니, 이는 세상의 일과 크게 어긋난다. 법조차 버려야 하거늘, 하물며 세상의 일은 반드시 내버려야 한다. 세속을 버려 무생無生의 경지에 이르면, 그것이 곧 본성의 자리이다. 『능엄경』에서 "진塵이란 외부에서 오는 육진六塵의 일과 사물이며, 연緣은 서로 의지하고 집착함이며, 근根은 눈·귀·코·혀·몸·뜻의 여섯 뿌리이며, 우偶란 육근六根과 육진六塵이 서로 상대하는 것이다"라고 하였다. 마음이 외부의 진에 집착하지 않으면, 눈은 보려 하지 않아 외부의 색진과 짝하지 않고, 귀로 들으려 하지 않아 외부의 성진聲塵과 짝하지 않게 된다. 반류返流란 물이 거슬러 흐르는 것이니, 동산화상의 "골짜기의 물이 거슬러 흐른다"는 말은 곧 선가仙家에서 말하는 '참된 하나의 물을 거슬러 되돌린다'는 뜻이다. 참된 하나의 흐름이 거슬러 되돌아가면 생명의 뿌리가 끊어지고, 성性만 홀로 밝고 신령하여 육근의 작용이 모두 멈춘다. 이로써 마음자리의 공부가 완성되고, 마침내 이 경지를 증득하게 된다.

即즉『元始天尊得道了身經원시천존득도료신경』云운 : "意定神全水源淸의정신전수원청, 意動神行水源濁의동신행수원탁"之說也지설야. 陳虛白云진허백운 : "心動심동, 則神不入炁즉신불입기, 身動신동, 則炁不入神즉기불입신." 故我邱祖眞人고아구

192

조진인, 亦有역유 "心地下工심지하공, 全抛世事전포세사"之旨在也지지재야. 『楞嚴經
능엄경』亦云역운 "塵既不緣진기불연, 根無所偶근무소우, 返流全一반류전일, 六用不
行육용불행."[111]是也시야.

此四條차사조, 皆結證上文神炁靜動合一不合一之旨개결증상문신기정동합일
불합일지지. 仙佛同然者선불동연자, 而禪宗人又言이선종인우언, 動念即乖者
동념즉괴자, 亦是此意역시차의. 按邱祖教人心地上用工안구조교인심지상용공,
即照而寂즉조이적, 寂而照之意적이조지의, 明心見性也명심견성야. 禪心無想선
심무상, 禪性無生선성무생, 正與世事大相反者정여세사대상반자. 法尚應捨而
世事必抛也법상응사이세사필포야. 抛至無生포지무생, 便是性地편시성지. 按
안『楞嚴능엄』所言소언：塵者진자, 是外來六塵之事與物也시외래육진지사여
물야；緣者연자, 相依著之意상의착지의；根者근자, 眼耳鼻舌身意六根也안이
비설신의육근야；偶者우자, 根與塵相對也근여진상대야. 言心不著於外塵언심
불착어외진, 則不使眼根用見즉불사안근용견, 與外色塵對偶여외색진대우；不
使耳根用聞불사이근용문, 與外聲塵對偶之類여외성진대우지류. 返流者반류자,
逆流之水역류지수, 故洞山和尚言고동산화상언："洞水逆流동수역류", 即仙家
返還眞一之水意즉선가반환진일지수의. 眞一之流得返진일지류득반, 則命根斷
즉명근단, 性獨明靈성독명령, 六根之用皆不用육근지용개불용. 則心地之工成
즉심지지공성, 而得證此이득증차.

또 묻기를, 맑음淸을 분별한다는 것은 무엇을 뜻합니까?

---
111 (T19, p.141c) (T：大正新脩大藏經, T19：楞嚴經)

又問曰：辨清何爲변청하위?

답하기를, 맑은 기란 곧 하늘의 본체이다. 천선이 되고자 한다면 반드시 이 맑은 기로써 하늘의 본체와 하나가 되어야 하며, 그 뒤에야 하늘과 덕을 합할 수 있다. 그러므로 여순양 선옹은 "약을 단련해야만 비로소 신선의 경지에 오른다"고 하였고, 담장진 선옹은 『수운집』에서 "금생에 만일 구름길에 오르고자 한다면, 허무와 합하지 않고서는 신선이 될 수 없다"고 하였다.

이는 하늘의 맑은 기와 하나가 되면 반드시 천선의 경지를 증득할 수 있다는 뜻이다.

答曰：淸炁者청기자, 天之本體천지본체. 欲爲天仙욕위천선, 必以淸炁필이청기, 同於天之本體而後能與天合德동어천지본체이후능여천합덕. 所以純陽仙翁云소이순양선옹운 : "煉藥方可昇仙연약방가승선." 譚長眞仙翁담장진선옹 『水雲集수운집』 云운 : "今生若要登雲路금생약요등운로, 不合虛無不能仙불합허무불능선."

此言得同天之淸炁차언득동천지청기, 卽可必證天仙즉가필증천선.

만일 털끝만큼이라도 형체가 미묘하지 못하다면, 무겁고 탁한 땅의 본질과 같아지고 다만 땅의 덕과 합하게 된다. 결국 지선의 경지에 이르는 것에 그칠 것이다!

지선地仙은 땅을 떠날 수 없으므로 지선이라 이름한다.

若有一毫形不能妙약유일호형불능묘, 則同於重濁之地體즉동어중탁지지체, 而止合

194

於地德이지합어지덕. 止證得地仙而已矣지증득지선이이의!

地仙不能離於地지선불능리어지, 故名地仙고명지선.

그러므로 여순양 선옹은 "형체를 단련하는 것은 다만 세상에 머무는 데 그친다"고 하였으니,

비록 백천만억 세의 수명을 얻어도 하늘로 오를 수 없다.

所以純陽仙翁云소이순양선옹운 : "煉形止於住世연형지어주세."

可得百千萬億歲壽가득백천만억세수, 不能升於天者불능승어천자.

천선을 닦고자 뜻을 둔 자는 반드시 이것을 분별해야 하며, 마땅히 위로 향해 나아가야 한다.

有志於修天仙者유지어수천선자, 不得不辨之부득불변지, 尋向上去심향상거.

삼 문(三 問)

세 번째 묻기를, 옛말에 "정을 단련한다는 것은 원정을 단련하는 것이지, 교감으로 생긴 정이 아니다"라고 하였습니다. 원정이 아직 단련되지 않았을 때, 또한 형체를 이루어 교감의 정처럼 되는 것입니까, 아니면 다만 원정에 머물 뿐 교감의 정처럼 되지는 않는 것입니까? 바라건대 이를 자세히 밝혀 주시길 바랍니다.

三問曰 : 古云고운 : 煉精者연정자, 煉元精연원정, 非交感之精비교감지정. 未審元精未及煉者미심원정미급연자, 亦成形似交感之精否역성형사교감지정부? 抑止於元精억지어원정, 而不至似交感之精否이부지사교감지정부? 請詳之청상지.

답하기를, 정은 본래 하나일 뿐이다. 원정과 음정淫精이라는 서로 다른 이름이 있는 것은, 그것을 주재하는 이가 달라 차이가 생긴 것이지, 스스로 다름이 있는 것이 아니다! 그러나 원정은 몸 안에 있으면서 마음이 지극히 고요할 때 드러나는 형체 없는 정이니, 곧 원기이며, 곧 선천이다.
광성자가 황제에게 "지극한 도의 정은 아득하고 그윽하다"라고 답한 것이 바로 이것이다.

答曰 : 精一也정일야. 有元精淫精之異名者유원정음정지이명자, 是由主宰之者而致有異也시유주재지자이치유이야, 豈自異哉기자이재! 然元精在身中연원정재신중, 靜篤

時정독시, 無形之精也무형지정야, 即元炁즉원기, 即先天즉선천.

廣成子答黃帝云광성자답황제운 : "至道之精지도지정, 杳杳冥冥묘묘명명." 是
也시야.

비록 여러 후천의 유형을 낳을 수 있다 하더라도, 신의 주재를 얻지 못하면
또한 선천의 무형에만 머물러 스스로 후천의 형체를 낳지 못한다. 비록 오랜 세
월 동안 채취하지 않고 단련하지 않으면 다만 선천의 흩어진 기가 될 뿐이다.

세상 사람들은 '형체 있는 정'은 채취가 늦었거나 혹은 채취하지 않은 자가
늙어 형체로 변한 것이라 하나, 이 말은 크게 잘못된 것이다! 그것은 방중의
음탕한 교합에서 생긴 정을 두고 한 망령된 말이니, 반드시 그러할 뿐이다.
그러나 선도의 원정에 대해 그런 식으로 말할 수 없으며, 필경 선도의 가르
침은 세속의 말과 같지 않다.

雖能生諸後天有形수능생제후천유형, 不得神宰부득신재, 亦止於先天無形역지어선
천무형, 而不自爲後天生有形이부자위후천생유형. 雖久而不採不煉수구이불채불연,
亦只成先天之散炁而已역지성선천지산기이이.

世人皆言세인개언 : 成有形之精성유형지정, 謂採之遲者及不採者위채지지자급
불채자, 皆老而成形개로이성형, 此言大非也차언대비야! 彼是妄談房術淫媾之
精피시망담방술음구지정, 必至如是필지여시. 而不可以語仙道元精也이불가이
어선도원정야, 畢竟仙道不同於世說필경선도부동어세설.

신의 주재로 교감의 작용이 일어난 뒤에야 비로소 변화하여 후천이 되지,

스스로 후천이 되는 것은 아니다. 그 정은 고요함 속에 숨어 있다가 고요함이 극에 이르면 스스로 움직이므로 이를 '정이 생긴다'고 한다. 이는 천지와 인간이 함께 따르는 자연의 순환 이치이므로 마땅히 그러한 것이다. 그러므로 단을 닦는 자는 고요함이 극에 이르러 생겨난 그 정을 정이라 하지만, 실제로는 세속의 정이 아니므로 이를 '원정'이라 한다. 아직 망령된 움직임이 없을 때는 기가 본래 충만하므로 기가 충족되면 단을 이룰 수 있다. 그 운행이 전환되면 태신이 생기고 신이 드러나게 된다.

이른바 '정으로 정을 보충한다'는 것은, 도리어 음욕으로 정을 소모하여 결국 기마저 부족해지는 일을 말한다. 신선과 성인은 사람들에게 몸 안에서 발출한 원정이 다시는 새어나가지 않게 하고, 되돌려 아직 발동하지 않은 기를 보충하여 충만하게 하도록 가르쳤다. 그러므로 '보충한다'는 것은 기를 보충하여 충분하게 만드는 것이다. 정기가 충족되면 열여섯 살 동자와 같아지니, 이것이 장생불사의 근본이다. 만일 기를 충분히 보충하지 못하면 결국 기가 충족되지 못하므로 이는 장생불사의 선도가 될 수 없다. 『옥청상묘공덕경』에서 "수행을 잘 닦지 못해 법의 근본을 잃으면 장생할 수 없다"고 하였고, 『대환심감』에서 "지극한 양이 생겨나더라도 수행으로 더욱 기르지 않으면 어찌 장생을 얻을 수 있겠는가?"라고 하였다.

有神宰爲交感之用유신재위교감지용, 而後變化成後天이후변화성후천, 非自成後天也비자성후천야. 當其隱於寂靜之中당기은어적정지중, 靜極而自動정극이자동, 曰生精왈생정 ; 是天地人自然循環之生理시천지인자연순환지생리, 當如是也당여시야. 故修丹者고수단자, 由靜極而生之精유정극이생지정, 名曰精명왈정, 而實非精이실비정,

198

故曰元精고왈원정. 未妄動而炁本自足미망동이기본자족, 炁足則能成丹기족즉능성단. 轉運而胎神出神也전운이태신출신야.

所謂以精補精소위이정보정, 因精以淫耗인정이음모, 而炁爲之不足이기위지부족. 仙聖教人선성교인, 以身中發出之元精이신중발출지원정, 不令再耗불령재모, 返還而補未發動之炁반환이보미발동지기, 令足영족. 所以補者소이보자, 補之令足也보지영족야. 精炁足정기족, 如十六歲童子여십육세동자, 即是長生不死根本즉시장생불사근본. 若不能補足炁약불능보족기, 而炁不得補足이기부득보족, 終非長生不死之仙道종비장생불사지선도. 『玉清上妙功德經옥청상묘공덕경』云운 : "不善修持불선수지, 而失法本이실법본, 不能長生불능장생." 『大還心鑒대환심감』云운 : "至陽生지양생, 不修行益生불수행익생, 何得長生乎하득장생호?"

그러나 연단에서는 반드시 교감으로 생긴 정을 쓰지 않는다. 그 까닭은 우연히 눈에 닿거나 귀에 닿아 정이 생기기도 하고, 혹은 마음속에서 망념이 일어나 정이 생기기도 하기 때문이니,

'눈에 닿는다'는 것은 눈이 우연히 음란한 색을 보는 것이고, '귀에 닿는다'는 것은 귀가 우연히 음탕한 소리를 듣는 것이며, '망념'이란 마음속에서 우연히 음욕의 생각이 일어나는 것이다. 이는 모두 음정을 생기게 하는 원인이다.

然煉丹必不用交感之精者연연단필불용교감지정자. 是何故시하고? 以其或偶觸目觸耳而生이기혹우촉목촉이이생, 或念妄而生혹염망이생,

觸目者촉목자, 是眼根偶見淫色시안근우견음색, 觸耳者촉이자, 是耳根偶聞淫

聲시이근우문음성, 念妄者염망자, 是心中偶起淫念시심중우기음념. 皆所以生
淫精者개소이생음정자.

생겨남이 고요함에서 비롯된 것이 아니므로 기가 반드시 부족해진다. 기가
부족하면 본래 단의 근본이 될 수 없고, 결코 단을 이루어 장생불사를 이룰
수 없다. 그런데 사람들은 정이 드러나는 것을 다행으로 여기지만, 그 정이 드
러나는 형세가 곧 후천의 손상된 정일 뿐임을 알지 못한다.

옛날 광성자가 황제에게 "그대의 정을 흔들지 말라. 그래야 장생할 수 있다"
고 하였고, 진니환도 "나무뿌리가 이미 썩었는데 잎만 헛되이 푸르르며, 기
해氣海의 물결이 뒤집히면 죽음이 화살처럼 빠르다"고 하였다.

生不由靜생불유정, 而炁不足이기부족. 炁不足者기부족자, 原非丹本원비단본, 即不
能成丹以長生不死즉불능성단이장생불사. 彼又以將見精爲幸피우이장현정위행, 不知
及將見精부지급장현정, 其勢即爲後天之敗精而已기세즉위후천지패정이이.

昔廣成子答黃帝曰석광성자답황제왈 : "毋搖爾精무요이정, 乃可長生내가장생."
陳泥丸云진니환운 : "樹根已朽葉徒靑수근이후엽도청, 氣海波翻死如箭기해파
번사여전."

이미 손상된 형체와 메마른 기가 다한 자가 어찌 다시 선천으로 돌아가 무
형의 기로 들어갈 수 있겠는가? 그러므로 선도가 삿된 문파와 다른 까닭은
반드시 음정淫精을 쓰지 않는 데 있다!

왕중양 진인은 "되돌아보는 자리에서 곧 희이希夷를 알아야 하고, 단련할

때는 반드시 정情을 모두 끊어야 하며, 수행은 세속의 흐름과는 전혀 다른 길을 가야 한다"고 하였다.

焉得有已敗之形枯朶盡者언득유이패지형고기진자, 而能復返爲先天이능복반위선천, 入於無形之朶乎입어무형지기호? 故仙道與邪門之所以異고선도여사문지소이이, 必不用淫精也필불용음정야!

王重陽眞人云왕중양진인운 : "回首處便要識希夷[112]회수처편요식희이, 鍛煉須將情滅盡단련수장정멸진, 修行緊與世相違수행긴여세상위."

그러므로 장자양 진인은 "환단幻丹이란 마음 밭이 아직 고요하지 못한 상태에서 성급히 일양一陽을 채취한 것이다. 그 양은 참된 양이 아니며, 그 신은 원신이 아니다. 욕념으로 교합하여 양이 생기니, 이렇게 해서 환단이 생겨난다. 그것을 억지로 채취하여 배꼽까지 올리더라도 편안히 머물 곳이 없고, 후천의 정이 한 번 무너지면 흔적도 없이 흩어지며, 선천 또한 주재할 수 없게 된다. 이는 장생의 단이 아니고, 오히려 스스로 목숨을 재촉하는 법이다"라고 하였다. 이는 사람들에게 깊이 경계하도록 밝힌 말로서, 후천의 형체를 지닌 것은 반드시 무너짐이 있기 때문이다.

『황정경주』에서 "신선을 배우는 사람은 한 번 교접하면 일 년 동안 모은 약의 기운이 쏟아지고, 두 번 교접하면 이 년 동안 모은 약의 기운이 쏟아진다"고 하였다. 그동안 쌓은 약이 모두 몸에서 흩어지니 참된 신선들이 항상 이를 신중히 여긴다. 오수양은 앞의 주석을 다시 밝히기를, "이미 선도를 배운

---

112 희이希夷는 도가에서 무無, 고요함, 근원적 본체를 뜻한다. 형상이 없고 말로 표현할 수 없지만, 만물의 근원으로 작용하는 도의 체를 가리킨다.

자는 정기가 항상 모여 많아지니, 만일 한 번이라도 교합하면, 그동안 모아온 정기 또한 크게 쏟아진다. '일 년의 약세가 쏟아진다'는 말은 대략적인 비유일 뿐이나, 내가 보건대 그보다 더 크게 손실되는 것도 있다"고 하였다. 정기란 약으로 이루어지기 매우 어려운 법이니, 천만다행으로 약을 이루었다 하더라도, 어찌 차마 교합하여 그것을 쏟아낼 수 있겠는가? 가장 마땅한 것은 정을 신중히 보존하는 일이다. 장옹이 말한 '선천의 주재자'란 곧 선천이 생겨나는 근본의 뜻이다. 후천의 정이 소모되지 않으면 선천의 정 또한 소모되지 않으며, 후천이 왕성하면 그로부터 생겨나는 선천 또한 왕성하다. 음란한 교합으로 정을 다 써버리면 선천의 정기가 생겨날 길이 없고 양이 끊어지는 병이 생긴다. 그러므로 "선천은 주재하는 바가 없다"고 한 것이다. 장자양 진인이 또 스스로 말하기를, "대약은 정·기·신을 떠나지 않는다."고 하였으니, 먼저 약재의 근본을 알아야 하고, 정·기·신은 모두 그 약재에서 비롯되는 것이지 정·기·신 자체를 곧바로 쓰는 것이 아니다.

故紫陽眞人云고자양진인운: "幻丹者由未靜心田환단자유미정심전, 遽採一陽거채일양, 陽非眞陽양비진양, 神非元神신비원신. 以欲念而交會陽生이욕념이교회양생, 此幻丹所以有差환단소이유차 ; 直採之升至臍직채지승지제, 又無安頓處우무안돈처 ; 後天的一敗精후천적일패정, 蕩然而去탕연이거 ; 先天又無主선천우무주 ; 此非長生之丹차비장생지단, 乃促命之法내촉명지법." 此深示人차심시인 : 以後天有形者이후천유형자, 必有壞也필유괴야.

『黃庭經註황정경주』云운 : "學仙之人학선지인, 一交接일교접, 則傾一年之藥勢즉경일년지약세, 二交接이교접, 則傾二年之藥勢즉경이년지약세." 已往之藥

이왕지약, 都亡於身도망어신, 所以眞仙常愼於此소이진선상신어차. 伍子又申明前註오자우신명전주 : 既學仙기학선, 則精炁常聚而多즉정기상취이다. 倘一交媾당일교구, 把所聚精炁亦傾多파소취정기역경다 ; 說傾一年之藥勢설경일년지약세, 大約言也대약언야, 我謂更多傾者也有아위갱다경자야유. 精炁甚難成藥정기심난성약. 萬幸得成藥만행득성약, 豈忍媾傾기인구경? 最宜愼保精也최의신보정야! 張翁所言先天主者장옹소언선천주자, 是先天所由生之根本意也시선천소유생지근본의야. 後天精不耗散후천정불모산, 則先天精亦不耗散즉선천정역불모산, 後天盛후천성, 則所生先天亦盛즉소생선천역성. 淫媾用精竭者음구용정갈자, 則先天之精炁無由所生즉선천지정기무유소생, 而有陽絶之病이유양절지병. 故云고운 : 先天無所主선천무소주. 張紫陽自家又云장자양자가우운 : "大藥不離精炁神대약불리정기신." 要識藥材요식약재, 又精炁神之所產也우정기신지소산야, 非便用精炁神也비편용정기신야.

요컨대, 원정을 단련하려면 반드시 먼저 정이 생겨나는 때가 있음을 알아야 한다. 그 참되게 생기는 때와 마땅히 채취해야 할 참된 시기를 알아야만 원정을 얻어 단련할 수 있다. 만일 참되게 생기는 때와 채취할 때를 알지 못한다면, 결국 원정을 얻지 못하게 되니, 어찌 헛되이 단련할 수 있겠는가?

總之총지, 知煉元精지연원정, 必先要知個精生有時필선요지개정생유시. 知其眞生時지기진생시, 及當採之眞時者급당채지진시자, 則得元精而煉즉득원정이연. 若不知眞生時採時者약부지진생시채시자, 而元精猶不能得이원정유불능득, 何以虛浮用煉하이허부용련?

내가 한 수의 시를 지었으니, 그대는 이를 깨닫도록 하라.

시에 이르기를 :

予有一詩여유일시, 子其悟之자기오지. 詩曰시왈 :

원정은 어찌하여 선천이라 부르는가?

형상도 아니고 모양도 아니며, 아직 하늘이 나뉘지 않았기 때문이다.

건乾은 곧 하늘이다. 하늘과 땅이 아직 나뉘지 않았을 때는 형상도 없고 모양도 없으며, 오직 허무한 기만 있었다. 하늘로 나뉘게 되면 형상과 모양이 생긴다. 원정이란 하늘이 생기기 이전의 이름이니, 그래서 "아직 형상이 없고, 아직 모양이 없다"고 한 것이다.

元精何故號先天 원정하고호선천?

非象非形未判乾　비상비형미판건,

乾者건자, 天也천야. 言未分判天地之時언미분판천지지시, 無形無象무형무상, 惟虛無之炁耳유허무지기이. 判爲天時판위천시, 則有形有象즉유형유상. 元精 是未有天以先之名號원정시미유천이선지명호, 故云고운 : 未有象미유상, 未有 形미유형.

태극은 고요함이 지극히 순수하면 움직임이 있는 듯하고,

신선의 기밀인 영묘한 구멍은 무無가 드러나기 이전에 존재한다.

'태극'이란 허무가 지극하고 고요함이 깊어진 극치로, 그 안에 음양과 정동

204

靜動이 모두 포함된다. 고요함이 깊어질 때마다 스스로 움직임이 일어나므로 '고요함이 순수하면 움직임이 있다'고 한 것이다. '여如'란 움직임이 일정한 규정에 얽매이지 않음을 뜻하며, 때로는 빠르고 때로는 느리면서 생기가 스스로 일어남을 말한다. '움직임이 있는 듯하다'고 한 것은, 바로 최초의 움직임, 곧 초동初動의 기미이다. 하늘이 아직 나뉘지 않았을 때, 하늘이 선천의 정을 낳으려 할 때, '있는 듯하면서도 없는 듯한' 상태에 비유한 것이다. 수행자는 바로 이 '있으면서도 없는 듯한' 오묘한 작용을 써야 한다. 만약 움직여 실제 움직임이 되어 버리면 곧 하늘이 나뉘게 되고, 움직임이 극에 이르면 그로부터 생겨나는 것은 모두 후천이며, 이는 신선이나 부처가 쓰는 법이 아니다. 반드시 선기仙機의 움직임 속에서 신령한 구멍이 열려야 하며, 비록 움직이는 듯하더라도 여전히 하늘이 형체를 이루기 이전의 무형 단계에 머물러야 한다. 결코 하늘이 형상을 이룬 뒤의 단계로 나아가서는 안 된다. 이것이 바로 원기를 취하는 법이다.

太極靜純如有動태극정순여유동,

仙機靈竅在無前선기영규재무전.

太極者태극자, 虛極靜篤之極至허극정독지극지, 總包含陰陽靜動총포함음양정동. 每靜篤時而自動매정독시이자동, 故曰고왈 : 靜純有動정순유동. 如者여자, 動無拘定之時동무구정지시, 如或速或緩여혹속혹완, 活動而生之意활동이생지의. 然曰如有動者연왈여유동자, 初動之機초동지기. 未判天之時미판천지시, 喻天之生先天精似有不有유천지생선천정사유불유. 即當用我似有不有之妙用즉당용아사유불유지묘용. 若動而成動則判天약동이성동즉판천, 動極則所生동극則소생

205

즉소생, 皆後天矣개후천의 ; 非仙佛之所用비선불지소용. 必其仙機有動之靈竅
필기선기유동지영규 ; 雖然如動수연여동, 猶是在天無形之前유시재천무형지전
; 必不可至天有形象之後필불가지천유형상지후. 取元炁也취원기야.

꿈에서 깨어난 묘각妙覺은 다시 깨달아야 하며,
참된 현眞玄을 알게 되면 그것이 곧 현이다.

'묘각妙覺'이란 움직임이 있는 듯한 오묘함을 아는 것이다. 깨달음이 외부
의 경계에 있으면 세속 사람들은 늘 망령되이 헤아려 말한다. 깨달음이 내
부의 경계에 있으면 오직 천선만이 이를 알고 행하며 천선의 전수로만 전해
진다. 세속 사람들이 알지 못하는 것은, 그것을 전해 줄 이가 없기 때문이다.
이 점이 바로 선도가 세속의 범부와 다른 까닭이다. 도를 닦는 자는 반드시
내적인 묘각을 알아야 비로소 얻을 수 있다. 그러므로 내가 분명히 말하노
니, "다시 깨달아야 한다"고 하는 것이다. '진현眞玄'이란 앞에서 말한 '묘각
은 움직임과 같다'는 뜻을 다시 밝힌 것이다.

夢回妙覺還須覺 몽회묘각환수각,

識到眞玄便是玄 식도진현편시현.

妙覺者묘각자, 知如動之妙也지여동지묘야. 覺在外境각재외경, 世人每妄猜而
言之세인매망시이언지. 覺在內境각재내경, 惟天仙知之行之유천선지지행지, 唯
由天仙傳之故也유유천선전지고야. 世人不知세인부지, 而由無傳이유무전. 此
仙道所以與世之凡夫異也차선도소이여세지범부이야. 修仙者수선자, 必要知內
之妙覺始得필요지내지묘각시득 ; 故我顯言之曰고아현언지왈 : 還須覺환수각.

眞玄者진현자, 再申前言妙覺如動也재신전언묘각여동야.

뒤에 도를 닦는 자들에게 말하노니,

이 말을 깨닫지 못한다면 헛되이 신선을 말하는 것이다.

이 시는 신선의 기밀을 모두 드러내어, 뒤에 배우는 성인, 진인, 신선, 부처, 천인들에게 가리켜 보인 것이다. 반드시 이에 깊이 참구하고 깨달아 참되게 닦아야 한다. 그렇지 않으면 손을 댈 곳이 없고, 공연히 말하고 싶어도 입을 댈 데가 없을 것이다.

說與後來修道者 설여후래수도자,

斯言不悟枉談仙 사언불오왕담선.

此詩將仙機泄盡차시장선기설진, 指示後學聖眞仙佛天人지시후학성진선불천인. 必當於此參悟而眞修필당어차참오이진수. 不然불연, 無下手處무하수처, 雖欲空談수욕공담, 無下口處무하구처.

사 문(四 問)

네 번째 묻기를, 약은 어떻게 생겨나고 어떻게 채취하는 것입니까? 또 화후를 어떻게 운용하여 단을 단련하며, 단을 얻은 뒤에는 어떻게 복용하며, 마침내 어떻게 신선이 되어 도를 완성합니까?

四問曰 : 如何是藥生採取여하시약생채취? 如何是運火煉丹여하시운화연단, 如何是得丹服食여하시득단복식, 如何是成仙了道여하시성선료도?

답하기를, 양기陽炁가 생겨나오면 세속의 꿈이 깨어난다.

'양기가 생긴다'란 참된 양의 정기가 일어나 약물이 됨을 뜻한다. 여순양 선옹이 말한 "일양一陽이 처음으로 움직인다"가 바로 이것이다. '진몽塵夢'이란 백일관 중 욕계의 범부가 처음 수행할 때를 뜻한다. 아직 티끌도 끊지 못하고 잠의 혼몽도 벗어나지 못해 티끌과 꿈이 있다. '진塵'이란 육진六塵 가운데 색진色塵과 성진聲塵을 뜻한다. 큰 수행자는 티끌이 있으면 부처의 말한 바와 같이 곧 '티끌을 등져야' 하며, 꿈이 있으면 곧 깨어야 한다. 꿈과 깨어남은 본래 끝없이 순환한다. 꿈 또한 고요 속에서 움직임이 생기는 한 기미이다. 하운봉 또한 "자연스러운 시절이면 꿈속에서도 알게 된다"고 하였다. '꿈이 깬다'는 것은 묘각妙覺이 있음을 비유한 것이다. 이 한 구절이 곧 "약이 어떻게 생겨나는가?"에 대한 대답이다.

答曰：陽炁生來塵夢醒양기생래진몽성.

陽炁生양기생, 是眞陽之精炁生而爲藥物也시진양지정기생이위약물야. 呂仙翁所謂여선옹소위 "一陽初動일양초동"便是편시. 塵夢者진몽자, 是百日關中欲界凡夫初修時시백일관중욕계범부초수시. 未絕塵미절진, 未絕睡魔미절수마, 而有塵有夢者也이유진유몽자야. 塵진, 即六塵中之色塵聲塵是也즉육진중지색진성진시야. 大修行대수행, 凡有塵범유진, 即當如佛言즉당여불언 "背塵배진", 有夢即當醒覺유몽즉당성각. 夢與醒몽여성, 原來循環無端者也원래순환무단자야, 夢亦靜裏將動之一機몽역정리장동지일기. 所以夏雲峰亦云소이하운봉역운 : "自然時節자연시절, 夢裏也教知몽리야교지." 夢醒者몽성자, 喻有妙覺在유유묘각재, 此句차구, 答藥生之說者답약생지설자.

정을 거두어 성과 하나로 합하여 금정金鼎으로 돌아가게 한다.

신으로 기를 다스리고 신을 응결시켜 기혈 속으로 들어가게 한다. 백옥섬은 "단정히 앉아 고요함을 익히는 것이 곧 채취다"라고 하였다. 이 한 구절이 곧 "약을 어떻게 채취하는가?"라는 물음에 대한 대답이다.

攝精合性歸金鼎 섭정합성귀금정.

以神馭炁이신어기, 凝神歸入於炁穴也응신귀입어기혈야. 白玉蟾云백옥섬운 : "以端坐習定爲採取이단좌습정위채취." 此句차구, 答採取之問者답채취지문자.

부符를 삼백 번 운용하면 주천의 운행이 완전하게 이루어진다.

'부符'란 주천을 운용하는 불의 부호火符이다. 주천은 본래 365도와 1/4분도로 이루어진다. '삼백이면 충분하다'고 한 것은 그 안에 묘·유 두 시진의 목욕 작용이 이미 포함되어 있어, 무수無數의 화후가 충족되었음을 말한다. 진니환 또한 "불의 효火爻를 삼백 각刻 동안 지켜내면, 한 알의 야명주가 생긴다"고 하였으니, 바로 이것이다.

運符三百足週天 운부삼백족주천.

符者부자, 週天之火符也주천지화부야. 週天주천, 本三百六十五度四分度之一본삼백육십오도사분도지일 ; 此言三百則足者차언삼백즉족자, 內有卯酉二時沐浴내유묘유이시목욕, 用無數之候也용무수지후야. 陳泥丸亦云진니환역운 : "但守火爻三百刻단수화효삼백각, 產成一顆夜明珠산성일과야명주." 是也시야.

복기伏氣란 사시四時의 순환에 따라 고요하고 안정된 상태로 되돌아가는 것이다.

'복기伏氣'란 옛사람이 말한 "장생하려면 반드시 복기해야 한다"는 뜻이다. '사시四時'는 봄·여름·가을·겨울의 네 절기이며, 또 자연의 운행을 따른다는 의미이다. 그러므로 『참동계』에서 "때를 따르되 반드시 절도를 삼가라"라고 한 것도 이 뜻이다. '정정靜定'이란 화후가 지극히 미묘한 상태에 이른 것이다. 이 한 구절이 곧 "화후를 어떻게 운용하여 단을 단련하는가?"라는 물음에 대한 대답이다.

伏氣四時歸靜定 복기사시귀정정.

伏氣者복기자, 如古人所言여고인소언 "長生須伏氣장생수복기"也야. 四時者사시자, 四正之時사정지시, 又順四季之時우순사계지시. 故고『參同契참동계』云운 "順時須謹節순시수근절" 是也시야. 靜定者정정자, 是火候至微妙處시화후지미묘처. 此一句차일구, 答運火煉丹之問답운화연단지문.

칠 일째 되는 날, 천심의 양기가 다시 돌아온다.

백일관에서 처음 수련을 시작할 때는 다만 미세한 양기만 돌아온다. 백일의 공력이 충족되면 기초가 굳어 금단이 이루어진다. 이때 칠 일간 약을 채취하면 양기가 가득한 대약이 즉시 도달한다. 이것이 바로 양기가 다시 돌아오는 때이다. 이때 양기가 돌아오지 않으면 약이 참되지 않은 것이며, 채취의 때도 맞지 않은 것이다. 화후가 참되지 않으면 주천의 운행도 마땅히 행하고 머물러야 할 도수에 맞지 않는다. 이 한 구절이 곧 "화후를 어떻게 운용하는가?"라는 물음에 대한 대답이다.

七日天心陽復來칠일천심양복래.

百日關백일관, 初下工時초하공시, 只有微小陽炁來復지유미소양기래복. 及百日之工用足급백일지공용족, 則築基已成金丹즉축기이성금단. 乃採之於七日之間내채지어칠일지간, 則陽炁滿足之大藥즉양기만족지대약, 隨採而至수채이지. 此正陽炁來復也차정양기래복야. 若於此陽不來復약어차양불래복, 即是藥不眞즉시약부진, 不合當採之時불합당채지시. 火不眞화부진, 不合週天之當行當住불합주천지당행당주. 此句차구, 答運火之問답운화지문.

오룡이 곤륜산의 정수리로 받들어 올린다.

211

이미 단을 연성하여 대약을 얻으면, 오룡의 선기仙機를 운용하여 삼관을 지나 정수리까지 올리고, 그 뒤 굴려 내려 복식한다. 이 구절은 "단을 얻은 뒤 어떻게 복용하는가?"에 대한 대답이다.

五龍捧上崑崙頂 오룡봉상곤륜정.

既煉成丹得大藥기연성단득대약, 則用五龍之仙機즉용오룡지선기, 捧過三關上頂봉과삼관상정. 轉降而服食之也전강이복식지야. 此答得丹服食也차답득단복식야.

황정에서 열 달 동안 길러 신령한 아이를 낳는다.

단약을 복용한 뒤 황정에서 음양의 두 기를 받고, 열 달 동안 태를 길러 신을 이루게 된다.

黃庭十月產靈童 황정십월산령동.

服丹後복단후, 而服二炁於黃庭이복이기어황정, 養胎十月而成神양태십월이성신.

학을 타고 용소龍霄에 올라 자유롭게 노닌다.

신이 완전히 이루어져 양신의 신령한 아이가 태어나면, 범속의 껍질을 벗고 초월하여 학을 타고 하늘로 올라가며, 옥경과 금궐 등 가보지 못할 곳이 없고, 천지에 통달하여 과거·현재·미래를 아는 능력이 온전히 성취된 경지이다.

駕鶴龍霄任遊騁 가학용소임유빙.

神全而產陽神之靈童신전이산양신지영동, 出殼超凡출각초범, 駕鶴上升가학상

승, 玉京金闕옥경금궐, 無不可遊之處무불가유지처, 正是通天徹地정시통천철

지, 知古今지고금, 知來者之能事成矣지래자지능사성의.

오 문(五 問)

다섯 번째 묻기를, 세상 사람들이 도를 배울 때 각기 한 문파와 한 법문만을 세우고, 어떤 이는 반드시 '호흡을 조절해야 한다'고 하여 들숨과 날숨을 붙잡고 멈추지 않으니, 도를 막아 아무 성취도 이루지 못합니다.

이는 '유에서 무로 들어가는 참된 길'을 알지 못한 까닭이다.

五問曰 ： 世人學道세인학도, 各立一門戶각입일문호. 有言必調息者유언필조식자, 執呼吸而不已집호흡이불이, 障於道而無所成장어도이무소성 ；

此是不知從有入無者차시부지종유입무자.

또 어떤 이는 '호흡을 억지로 조절할 필요가 없다'고 하여 숨을 제멋대로 내쉬고 들이쉬며 돌보지 않으니, 도를 등져 수행의 작용이 전혀 일어나지 않습니다.

이는 '무에서 유로 들어가는 도의 이치'를 알지 못한 까닭이며, 아무것도 닦지 않으니 범부와 다를 바가 없다. 위에서 말한 '호흡을 붙잡는 자'는 부처가 말한 '일에 얽매이는 장애事障와 법에 매이는 속박法縛'과 같고, 아래에서 말한 '호흡을 방임하는 자'는 불조佛祖가 말한 '무기공無記空'과 같다.

有言不必調息者유언불필조식자, 縱呼吸而不顧종호흡이불고, 背於道而無所事배어도이무소사.

此是不知從無入有者차시부지종무입유자, 一無所修일무소수, 則與凡夫原來
不別즉여범부원래불별. 上文執者상문집자, 與佛說여불설 "事障與法縛사장여
법박" 者同자동, 下文縱者하문종자, 與佛祖所說여불조소설 "無記空[113]무기공"
同동.

저 또한 여러 번 호흡 수행을 익혀 보았으나, 아무 성과가 없을 뿐 아니라
오히려 큰 해를 입었습니다. 그제야 세속의 범부와 외도들이 단견과 상견의
양극단에 집착하여 제멋대로 견해를 세우고 있음을 깨달았습니다. 감히 묻습
니다. 천선의 대도에서 마땅히 호흡을 어떻게 조절하는 것입니까?

我屢習爲아루습위, 不唯無功불유무공, 而且有大害이차유대해. 始知彼凡夫外道시
지피범부외도, 偏執斷見常見편집단견상견, 擬議作知見者耳의의작지견자이. 未審必當
如何是天仙大道之調息미심필당여하시천선대도지조식?

답하기를, 조식調息의 도리는 한마디로 말하기 어렵다.
'말하기 어렵다'는 것은 한마디로 처음과 끝을 모두 드러낼 수 없다는 뜻이
다. 처음 배우는 자에게 말할 때는 반드시 거친 데서 얕은 뜻을 먼저 깨닫게
하고, 차츰 깊은 뜻으로 이끌어야 한다. 이미 거칠고 얕은 뜻을 깨달아 분명
해진 뒤에야 비로소 정밀하고 깊은 뜻을 말할 수 있다. 참되게 닦고 진실로
깨달은 이라면 얕은 데서 깊은 데로, 거친 데서 미묘한 데로 들어가지 않는
이가 없다.

---

113 무기공無記空은 좌선 중에 화두를 잊어버리거나, 고요하지만 또렷하지 못하고, 또렷하지만 고요하지 못
한 상태를 말한다. 결국 고요함과 또렷함의 균형을 잃은 혼몽한 경지를 가리킨다.

答曰：調息之義難言也조식지의난언야.

難言者난언자, 難以一言而盡徹始徹終也난이일언이진철시철종야. 凡對初機之
言범대초기지언, 必由於粗而淺필유어조이천, 以漸進悟이점진오. 既悟粗淺기
오조천, 明瞭而後可言精深명료이후가언정심. 眞修實悟學者진수실오학자, 未
有不悟淺入深미유불오천입심, 悟粗入妙者오조입묘자.

그대가 스스로 깨달은 뒤에야 말할 수 있다.

汝自悟來여자오래, 而後可言이후가언.

묻기를, 참구하여 깨닫는 과정에서 뜻을 알지 못하는 지점에 이르렀기에,
이에 자세히 여쭙고자 합니다.

問曰：參悟到不知旨處참오도부지지처, 故詳問之고상문지.

답하기를, '조식調息'이란 수행 초기에 행하는 소주천의 화후 운용을 뜻하
며, 그 속에는 불을 넣고進火 부를 거두며退符, 목욕沐浴하고 따뜻하게 기르는
溫養 이치가 함께 담겨 있다. 한 번 내쉬고 한 번 들이쉬는 이 단순한 호흡을
'식식'이라 하며,
　선가에서는 이를 태극의 원○이라 부르고, 불가와 여러 조사들은 이를 원상
　圓相의 원○이라 한다.

答曰：調息者조식자, 初機小週天火候之用초기소주천화후지용, 本具有進火退符沐浴溫養之義也본구유진화퇴부목욕온양지의야. 一呼一吸故爲息일호일흡고위식, 仙家선가, 謂之太極之○也위지태극지○야. 佛並諸祖불병제조, 謂之圓相之○也위지원상지○야.

내쉬지도 들이쉬지도 않는 고요한 상태 또한 '식息'이라 한다.

선진仙眞들은 이것을 '태극 속에 깃든 무극의 점(•)'이라 하고, 불가와 여러 조사선에서는 이것을 '원상圓相 속에 드러난 본체의 점(•)'이라 이른다. 그러므로 물에 비친 황소水牯牛의 비유가 전해진다.

不呼不吸亦爲息불호불흡역위식.

仙眞謂之太極中無極之선진위지태극중무극지 • 也야, 佛並諸祖禪불병제조선, 謂之圓相中之위지원상중지 • 也야. 所以有水牯牛之喻[114]소이유수고우지유.

호흡할 때 마음과 숨이 서로 의지하지 않으면 조화가 이루어지지 않는다.

이는 신이 기를 거느리지 못하여 신과 기가 배합되지 못하고 서로 분리된 것이다. 마음과 숨 사이의 간격이 맞지 않으면 조화롭지 못하고, 둘이 하나로 합쳐질 때 비로소 조화가 이루어진다. 『황정경주』에서 "내쉴 때를 호기呼氣라 하고, 들이쉴 때를 흡기吸氣라 하며, 호흡 사이에 마음을 머물게 해야 한다"라고 하였다. 또 부처는 "수순隨順"이라 하여, 호흡을 따라가되 그 자연의 묘함에 순응해야 한다고 했다. 이 모든 말은 마음과 숨이 서로 의지해야 한

---

114 수고우水牯牛는 움직임이 없으나 생기가 있는 무식지식無息之息의 경지를 비유한 것으로, 정중동靜中動과 유무일체有無一體의 뜻을 상징한다.

다는 뜻이다. 비록 서로 의지하더라도 억지로 호흡을 붙잡아 조절하면 자연을 따르지 못하므로, 역시 조화롭지 못하다.

當呼吸之息당호흡지식, 心與息不相依심여식불상의, 則不調즉부조 ;
是神不能馭炁也시신불능어기야, 神炁不曾配合而相離矣신기부증배합이상리
의. 間隔不調간격부조, 唯交併則調유교병즉조.『黃庭經註황정경주』云운 : "出
爲呼氣출위호기, 入爲吸氣입위흡기, 呼吸之間호흡지간, 心當存之심당존지."
又佛言우불언 "隨順수순", 是隨息而順其自然之妙也시수식이순기자연지묘야.
皆言心息要相依개언심식요상의. 若相依而强制執著呼吸약상의이강제집착호
흡, 而不隨順自然이불수순자연, 則亦不調즉역부조.

마음과 숨이 서로 의지하더라도 제멋대로 흩어져 움직이면 참된 호흡의 길을 따르지 못하므로 조화롭지 못하다.

마음과 숨이 서로 의지할 때는 움직일 때 함께 움직이고, 머물 때 함께 머문다. 가야 할 길에서는 함께 가고, 머물러야 할 자리에서는 함께 머문다. 언제나 둘이 서로 의지해야 비로소 참된 호흡의 조화를 이룬다고 할 수 있다. 이 길이란 곧 황도와 적도의 운행이며, 신과 기가 함께 흐르는 참된 길을 말한다. 만약 이 길을 따르게 되면 채취하여 기를 얻고 팽련하여 단을 이루며, 태식으로 충화와 대정에 이를 수 있다. 이 길을 따르지 못하면 기도 얻지 못하고 단도 이루지 못하며, 신 또한 안정되지 않는다.

心息依矣심식의의, 蕩然漫行탕연만행, 而不由眞息之道이불유진식지도, 則不調즉

부조.

心息相依時심식상의시, 行則同行행즉동행, 住則同住주즉동주. 行所當行之路
행소당행지로, 住所當住之處주소당주지처. 無不是相依무불시상의, 方可曰調
眞息방가왈조진식. 道者도자, 即黃赤二道也즉황적이도야, 神炁同行必由之道
신기동행필유지도. 若能由此道약능유차도, 採取而能得炁채취이능득기, 烹煉
而能成丹팽련이능성단, 胎息而能沖和大定태식이능충화대정. 不能由此불능유
차, 則不能得炁成丹而定神也즉불능득기성단이정신야.

옛 선인이 말한 "행함이 정밀하지 못하다"는 말이 바로 이것이다.

제자가 마단양 진인에게 "도를 닦은 지 여러 해인데도 도안道眼이 밝아지지
않는 까닭은 무엇입니까?"라고 묻자, 진인은 "그대의 행함이 정밀하지 못하
기 때문이다"라고 답하였다.

古仙所謂고선소위 "行之不精행지부정" 是也시야.

門人問丹陽眞人문인문단양진인: "弟子行道數年제자행도수년, 道眼不明是何
故도안불명시하고?" 眞人曰진인왈: "行之不精행지부정."

비록 참된 호흡의 길을 따른다 하더라도, 그 행함이 지나치게 빠르면 오히
려 산란해져 조화를 잃는다.

행함은 빠름을 귀히 여기되 지나친 빠름을 경계해야 하니, 너무 빠르면 뜬
기운이 되어 호흡의 길에 붙지 못할까 두렵다. 만약 뜬 기운이 되어 길에 붙
지 못하면 신과 기가 모두 흩어져 응집되지 않는다. 비록 마음과 숨이 서로

의지하는 듯하나 참된 합일의 공을 이루지 못하게 된다.

能由眞息之道矣능유진식지도의, 行之太速행지태속, 則近蕩而不調즉근탕이부조 ;

行貴速而忌太速행귀속이기태속, 恐太速之似浮而不就息道공태속지사부이불

취식도. 若浮而不就路者약부이불취로자, 則神炁皆似散漫而不凝聚즉신기개사

산만이불응취. 心息雖依而不成相依之功심식수의이불성상의지공.

호흡을 느리게 하면 형상이 있는 호흡의 기에 매여 정체되고, 결국 큰 병이 된다.

느리면 신기의 흐름이 막혀 움직이지 못하고, 움직이려 해도 그 작용이 드러나지 않으며, 혹은 움직이려 할 때 반드시 형상이 있는 호흡의 기에 의지하게 된다. 그러나 호흡에 집착해서는 결코 안 된다. 호흡의 기에 마음이 한 번 머무르면 곧 사화邪火가 일어나 병이 된다.

行之緩행지완, 則滯有相之呼吸氣즉체유상지호흡기, 而必成大病이필성대병,

緩則神炁滯而不行완즉신기체이불행, 或欲行而不見有神炁之行혹욕행이불현

유신기지행, 或欲行必資於呼吸有相之氣혹욕행필자어호흡유상지기. 然呼吸全

不宜執著者연호흡전불의집착자. 呼吸之氣一著호흡지기일착, 便起邪火而爲疾

病편기사화이위질병.

옛사람이 "호흡의 기를 단련하는 것이 아니다"라는 뜻이 바로 이것이며, 이 또한 조화를 잃게 한다. 『화엄경』에서 "여래가 걸어간 길을 따르되 늦지도 빠

르지도 않게 하며, 세밀히 살펴 행하라"고 하였으니, 이 또한 그 뜻이다.

古所謂고소위 "非煉呼吸之氣비연호흡지기" 是也시야, 亦不調역부조.『華嚴經화엄
경』云운 : "爲踐如來所行之道위천여래소행지도, 不遲不速부지불속, 審諦經行심체경
행."[115]是也시야.

또 묻기를, 어떠한 상태에 이르러야 비로소 조화롭다고 말할 수 있습니까?

又問曰 : 必如何而後可言調필여하이후가언조?

답하기를, 빠르되 산란하지 않고, 느리되 막히지 않아야 하며,
  여순양 진인은 "번개와 구름을 휘감고 해와 달을 날려 움직이며, 용과 호랑
  이를 몰아 천지의 틀을 벗어난다"고 하였다.

答曰 : 速而不蕩속이불탕, 緩而不滯완이불체,
  純陽眞人云순양진인운 : "繞電奔雲飛日月요전분운비일월, 驅龍走虎出乾坤구
  룡주호출건곤."

자연스럽게 참된 호흡의 도를 따를 수 있는 자가 바른 것이다.
  유옥오는 "화후의 나아감과 물러남이 털끝만큼이라도 어긋나면 도가 흐트
  러진다. 그래야 아홉 번의 전환에서 허물이 없다"고 하였다.

---

115 (T10, p.349c) (T : 大正新脩大藏經, T10 : 華嚴經)

自然能由眞息之道者是 자연능유진식지도자시.

　俞玉吾云유옥오운 : "火候之進退화후지진퇴, 不可毫髮差殊불가호발차수. 然

　後九轉之間연후구전지간, 可保無咎가보무구."

그 있음이 보이지 않는 것을 물조勿助라 하며,

　참된 호흡은 있는 듯하나 실제로는 있는 것이 아니며 만약 '호흡이 있다'고

　여기면 삿된 견해를 자라게 한다.

不見其有불견기유, 謂之勿助[116]위지물조,

　眞息似有而不有진식사유이불유, 若見爲有息약견위유식, 則助長邪見즉조장사

　견.

그 없음이 보이지 않는 것을 물망勿忘이라 한다.

　참된 호흡은 본래 무이지만, 전혀 없는 것도 아니며, 만일 '호흡이 없다'는 견

　해를 일으키면 참된 호흡이 이루어지지 않는다.

不見其無불견기무, 謂之勿忘[117]위지물망.

　眞息本無而似不無진식본무이사불무, 若起見無息약기견무식, 則不成眞息즉불

　성진식.

---

116 돕지 말라勿助란 인위적으로 호흡을 조절하지 말고, 자연의 운행 속에서 무위無爲의 조화에 맡기라는
　　뜻이다.

117 잊지 말라勿忘란 무호흡無息의 고요 속에서도 그 본체를 잊지 말고, 공적(空寂) 속에 깃든 신기의 미세
　　한 작용을 알아차려 보존하라는 뜻이다.

있는 것도 아니고 없는 것도 아니며, 보는 것도 아니고 보지 않는 것도 아니니, '있다'고 보거나 '없다'고 보는 것은 모두 편견이며, 단견斷見과 상견常見이 되어 참된 호흡을 해치므로 모두 옳지 않다.

非有非無 비유비무, 非見非不見 비견비불견,
　見有見無견유견무, 皆是偏見개시편견 ; 即是斷見常見즉시단견상견. 皆有害於
　眞息개유해어진식, 故皆非고개비.

자연에 합하고 대도와 하나가 되어야 한다.

'있다, 없다'에 집착하는 것도 삿된 견해이고 편집이며, '있다, 없다를 보지 않겠다'는 마음 또한 의도적인 집착으로 편집의 해를 면할 수 없다. 그렇다면 어떻게 단을 이루고 대약을 얻겠는가? 반드시 자연에 합해야만 비로소 대도와 하나가 될 수 있다.

合乎自然합호자연, 同乎大道동호대도.
　見有見無견유견무, 固是邪見執著偏著고시사견집착편착 ; 不見有無불견유무,
　亦是用意執著역시용의집착, 而不免有偏執之爲害이불면유편집지위해 ; 何以成
　丹而得大藥하이성단이득대약? 必合乎自然者필합호자연자, 而後可同大道이후
　가동대도.

이는 한 번 내쉬고 한 번 들이쉬는 작용이 있으므로, 이렇게 하지 않을 수 없다.

만약 이와 같지 않으면 화후가 어긋나 천기天機에 합하지 않고, 단도 이루지 못하고 도를 증득하지 못한다.

此有一呼一吸者차유일호일흡자, 不得不如是也부득불여시야.
若不如是약불여시, 則火候差失즉화후차실, 不合天機불합천기, 必不成丹而證 道필불성단이증도.

또 묻기를, 내쉬지도 들이쉬지도 않는 호흡은 어떤 것입니까?

又問曰：不呼不吸之息如何불호불흡지식여하?

답하기를, 그 안에는 더욱 자연스러운 묘함이 깃들어 있으니,
마단양 진인은 "조식은 입과 코에 집착해서는 안 된다. '조調'는 작용이며, '식息'은 자연스러운 고요한 호흡이다"라고 하였다.

答曰：更有自然之妙在焉갱유자연지묘재언,
馬丹陽眞人曰마단양진인왈："調息者조식자, 不得著於口鼻부득착어구비. 調 是作用조시작용, 息是自然定息식시자연정식."

이는 억지로 기를 막는 것이 아니다.
유해섬은 "기를 막는 것을 참된 기로 여기지 말라. 숨을 세거나 도식대로 따르는 것은 모두 옳지 않다"라고 한 것이 바로 그 뜻이다.

非強閉氣也 비강폐기야.

　劉海蟾云유해섬운 : "莫將閉氣爲眞朶막장폐기위진기, 數息按圖俱未是수식안

　도구미시." 是也시야.

기를 극도로 막으면, 급해져 조화를 잃는다.

　호흡을 막는 것은 외도의 강제적 술법이며, 막으면 반드시 극한에 이르고,

　이는 자연스러운 참된 호흡의 무극 작용이 아니므로 조화롭지 못하다.

閉極폐극, 則失於急而不調즉실어급이부조.

　閉氣폐기, 是外道邪術之强制시외도사술지강제, 閉必至於極也폐필지어극야,

　而非自然眞息之能無極이비자연진식지능무극 ; 故不調고부조.

선가에서는 "몸을 돌리고, 기를 토해내니,

　이 또한 이 뜻과 같다.

禪家云선가운 : "轉得身전득신, 吐得氣토득기,

　亦似此意역사차의.

그런 뒤에야 선나의 주장자라 부른다"라고 하였다.

　'선禪'은 고요함이고, '나那'는 호흡이니, 곧 고요히 머무는 호흡이다. 주장자

　拄杖子 또한 호흡을 비유한 것이다. 사람이 지팡이에 의지해 길을 걷듯, 수행

　자는 마음이 반드시 호흡에 의지해야 한다. 그런 뒤에야 번뇌와 경계를 떠나

해탈하고 본성을 본다. 큰 수행을 하려 하면서 마음이 호흡에 의지하지 않고 선정에 든다면, 이는 외도와 범부의 헛된 참선에 지나지 않는다.

而後可稱爲禪那拄杖子이후가칭위선나주장자."

禪者선자, 靜也정야 ; 那者나자, 息也식야 ; 言靜定之息也언정정지식야. 拄杖子亦言息也주장자역언식야. 人手執拄杖인수집주장, 相依而行路상의이행로, 喩人修佛유인수불, 心必依息심필의식. 而後能離塵離境이후능리진리경, 解脫而見性해탈이견성. 欲大修行욕대수행, 心不依息而禪定심불의식이선정, 則止於外道凡夫口頭禪而已즉지어외도범부구두선이이.

기를 방임하는 것이 아니다.

유해섬은 "기를 전일하게 하여 부드럽게 하면 신이 오래 머물고, 오고 감이 있는 참된 호흡은 스스로 유유히 이어진다"고 하였다. 이는 범부처럼 기를 방임해서는 안 됨을 말한다. 윗 구절의 '강폐強閉'는 앞서 말한 '호흡을 붙잡는 자', 이 구절의 '종기縱氣'는 앞서 말한 '호흡을 방임하는 자'를 뜻한다.

非縱氣也비종기야 ;

劉云유운 : "專氣致柔神久留전기치유신구류, 往來眞息自悠悠왕래진식자유유." 言不可縱放如凡夫언불가종방여범부. 上句強閉상구강폐, 即前所問執呼吸者즉전소문집호흡자, 此句縱氣차구종기, 即前所問縱呼吸者즉전소문종호흡자.

기를 방임하면 무지無知에 떨어져 조화를 잃는다.

226

기를 방임하여 돌보지 않으면 마음이 호흡에 머물지 않게 되고, 마치 호흡이 있는 줄도 모르게 된다. 이런데 어찌 호흡이 조화로울 수 있겠는가?

縱則失於無知而不調 종즉실어무지이부조.
既縱放기종방, 不照管부조관, 則念不在息즉념부재식, 便似不知有息편사부지유식. 而息何得調이식하득조?

선가禪家에서는 "물이 다하고 산이 끝나는 경계에 이르지 못했을 때는, 다만 벗을 삼아 세월을 보낼 뿐이니,
이 또한 같은 뜻이다.

禪家故云선가고운 ："未到水窮山盡處미도수궁산진처, 且將作伴過時光차장작반과시광,
亦似此意역사차의.

그런 뒤에야 비로소 마음을 거두어 적멸에 들 수 있다"고 하였다.

而後可能攝心寂滅이후가능섭심적멸."

또 묻기를, 이 큰 쓰임大用이란 무엇입니까?

又問曰：如何是此大用여하시차대용?

답하기를, 옛말에 "스스로 천연의 참된 화후가 있으니, 장작이나 숯, 혹은 숨도 불어넣을 필요가 없다"고 하였다.

『생천득도경』에서 "마음과 눈으로 안의 참된 기를 관하면, 청정하고 밝으며, 아득하고 깊고, 고요하고 적막하여 무위에 도달한다. 육근을 안정시키고, 팔식八識을 맑게 비추며, 오온을 비워 삼원三元의 묘한 경지를 증득한다. 도를 얻어 참됨을 이루어 자연스레 스스로 닦아 제도한다"고 하였으니, 불경의 불리佛理 또한 이와 같다.

答曰：古云고운 : "自有天然眞火候자유천연진화후, 不須柴炭及吹噓불수시탄급취허."

『生天得道經생천득도경』云운 : "心目內觀眞炁심목내관진기, 所以淸淨光明소이청정광명, 杳杳冥冥묘묘명명, 昏昏默默혼혼묵묵 ; 正達無爲정달무위. 安靜六根안정육근 ; 淨照八識정조팔식, 空其五蘊공기오온, 證妙三元증묘삼원. 得道成眞득도성진, 自然修度자연수도." 佛經所言佛理불경소언불리, 皆與此同개여차동.

이와 같으면 곧 자연의 고요한 선정이다. 이 선정이 끊임없이 이어지면 백척 장대 끝에서도 한 걸음 더 나아가 마침내 오래도록 편안함에 이른다.

부처께서 말씀하신 "경안輕安"이 바로 이것이다.

如此여차, 便是自然定靜편시자연정정. 定靜不已정정불이, 百尺竿頭백척간두, 猶進一步유진일보, 至於久而安지어구이안.

228

佛言불언 "輕安경안" 是也시야.

편안함이란 곧 조화로움이다.

부처께서 이를 "법의 기쁨", "선정의 즐거움"이라 하셨다.

安者안자, 和也화야,

佛曰불왈 "法喜법희", 曰왈 "禪悅선열"

조화로움에 머물면 능히 충만해지고, 충만하면 무극에 이른다. 충화의 이치를 깨달은 것이다.

'충화沖和의 이치'란 『입약경』에서 "선천의 기와 후천의 기를 얻은 자는 항상 술 취한 듯하다"고 하였고, 『영광집』에서 "거꾸로 순환하니 술 취한 사람과 같다"고 하였고, 『취허편』에서 "뼈와 살이 융화되어도 스스로 알지 못한다"고 하였으며, 왕중양 진인은 "자재를 찾고 소요를 구하다가 점점 선정으로 돌아간다"고 하였다. 이는 모두 동일한 뜻이다.

和而能沖[118]화이능충, 沖而無極충이무극. 沖和之理충화지리, 得矣득의.

沖和理者충화리자, 即즉 『入藥鏡입약경』 所云소운 "先天炁선천기, 後天氣후천기, 得之者득지자, 常似醉상사취" 也야. 『靈光集영광집』 云운 : "顚倒循環似醉人전도순환사취인." 『翠虛篇취허편』 云운 : "骨肉融和都不知골육융화도부지."

---

118 충沖은 단순한 비움이 아니라, 무위의 고요 속에서 스스로 일어나는 생명력의 원천이다. 화和는 억지나 치우침이 없는 자연의 균형, 곧 고요 속에서 드러나는 생명의 조화를 뜻한다. 도가에서는 이 충沖을 곧 대용大用 이라 하여, 만물을 낳고 변화시키는 근본 작용으로 본다. 그러므로 화가 없으면 충이 일어나지 않으며, 이 둘의 합일이 바로 무극의 경지이자 대도의 실현이다.

王重陽眞人云왕중양진인운 : "尋自在심자재, 覓道遙멱소요, 漸漸歸禪定점점
귀선정." 皆同此義者개동차의자.

또 『화엄경』에서 "선정定으로 마음을 제어하여 마침내 남김 없음에 이른다"
고 하였고, 『범망계경』에서 "진여如如는 하나의 진리이며, 무생공無生空 속을
다니고, 모든 부처와 성현이 모두 무생공에 머문다"고 하였다.

'무생지공無生至空'은 적멸이 지극히 이른 자리이며, 바로 이른바 '공을 궁구
하고 또 공의 이치를 궁극에 이른다'는 뜻이며, 곧 무여열반無餘涅槃을 의미
한다. 이 또한 신선이 말한 "조화로워 충만하고, 충만하여 무극에 이른다"와
같은 뜻이다.

即즉 『華嚴經화엄경』 所云소운 "以定伏心이정복심, 究竟無餘구경무여"[119]者자, 『梵
網戒經범망계경』 亦云역운 : "如如一諦여여일체, 而行於無生空이행어무생공, 一切佛
聖賢일체불성현, 皆同無生空개동무생공."[120]

無生至空무생지공, 是寂滅至極處시적멸지극처 ; 正所謂窮空又能窮盡空理정
소위궁공우능궁진공리, 即無餘涅槃즉무여열반. 亦同於仙之和而沖역동어선지
화이충, 沖而無極者충이무극자.

그러나 참된 호흡은 내면에 자리하며 본래 호흡의 실상이 존재한다. 겉으로
는 텅 비어 호흡이 없는 듯 보일지라도, 참으로 없는 것이 아니며 실제로 존재
한다.

119 (T10, p.69c) (T : 大正新脩大藏經, T10 : 華嚴經)
120 (T24, p.1000a) (T : 大正新脩大藏經, T24 : 梵網戒經)

이미 이를 '참된 호흡'이라 말하였으니 범부의 호흡과는 같다 할 수 없다. '참된 호흡이 내면에 있다'고 말함은 곧 참된 호흡의 실상이 있음을 뜻한다. '실상實相'이란 겉으로 텅 비고 무호흡처럼 보여야 비로소 선정에 들어 참된 무호흡과 참된 공의 지위에 이른다. 만약 비우지 못하고 답답하게 막히면 무호흡의 고요함이 아니라 들끓게 된다. 이는 범부의 호흡일 뿐이며 참된 호흡이 아니다. 그러므로 『중화집』에서 "지키면 있는 듯하나, 도리어 없는 것과 같다"고 하였으니, 이는 참된 호흡이 내면에서 작용하는 오묘함을 깊이 말한 것이다. 대개 참된 호흡은 열반과 적멸에 이르는 필연의 길이며, 범부의 호흡은 범부의 경지에 떨어져 생사윤회를 벗어나지 못하게 된다. 수행자는 마땅히 이를 알아야 한다. 이 절의 문장은 모두 초학자가 입정入定을 배울 때의 요지를 밝힌 것이다.

然眞息在內연진식재내, 本有息之實相본유식지실상. 而若空空無息이약공공무식, 非果無息비과무식, 而實有也이실유야.

既曰眞息기왈진식, 則與凡息不同즉여범식부동. 言眞息在內언진식재내, 則有眞息之實相즉유진식지실상. 實相者실상자, 似空空而無息사공공이무식, 始可入定到眞無息眞空地位시가입정도진무식진공지위. 若不能空空而逼塞약불능공공이핍색, 不似無息而浩浩然불사무식이호호연. 乃是凡息내시범식, 而非眞息也이비진식야. 故고 『中和集중화집』 云운 : "守似有수사유, 卻如無각여무." 深言眞息在內之妙用也심언진식재내지묘용야. 蓋眞息者개진식자, 是入涅槃寂滅必由之路也시입열반적멸필유지로야 ; 凡息者범식자, 是墮凡夫不脫生死輪廻之事也시타범부불탈생사윤회지사야 ; 學者當知之학자당지지. 此節文義차절문의, 皆言初習入定時之旨개언초습입정시지지.

호흡을 멈추면 곧 형상이 사라지고, 형상이 사라지면 참으로 '있음'을 보지 못하며, 또한 '없음'조차 보이지 않는다.

위의 글은 처음으로 선정을 배우는 경우를 말한 것이니, 비록 무호흡을 이루고자 하지만 습관적으로 '없다'고 여길 뿐, 참된 무의 경지에는 이르지 못한다. 그러므로 '참으로 있다'고 한 것이다. 그러나 오래 수행하여 호흡을 멈추고 무의 선정에 들게 되면, 범속한 호흡의 형상이 완전히 사라지고, 이미 호흡의 형상이 없으므로 곧 무호흡의 대정大定에 들어 성인의 경지와 본성을 증득한다. 만일 '있다' 혹은 '없다'라는 견해가 일어나면 이는 옳지 않다. 견해가 일어나면 이미 선정의 뜻이 아니기 때문이다. 그러므로 있음과 없음을 모두 보지 않아야 하며, 이와 같을 때 비로소 참된 정을 얻을 수 있고, 그 뒤에야 허虛로 돌아갈 수 있다.

不息則無相불식즉무상, 無相則實不見有也무상즉실불견유야, 而亦若不見無也이역약불견무야.

上文言初習定상문언초습정, 雖欲無息수욕무식, 乃習爲無而未得無내습위무이미득무. 故曰實有고왈실유. 及今不息之久而得定於無급금불식지구이득정어무, 全無凡息之相전무범식지상, 既無息相기무식상, 則直入無息爲大定즉직입무식위대정, 而證聖證性地이증성증성지. 若起一見有見無之見약기일견유견무지견, 則不可즉불가 ; 起見則非定旨기견즉비정지 ; 故總不見有無고총불견유무, 如此여차, 方爲得眞定방위득진정, 而後可以還虛이후가이환허.

232

그러므로 공空하되 공이 아니며, 공이 아니되 곧 공이다. 또한 공을 보지 않고, 공이 아님도 보지 않는다. 이것이 바로 공이면서도 참된 공이다. 이는 왕중양 진인이 말한 "허공이 허공의 그림자를 거꾸로 비추어, 참된 공을 드러내되 공이면서도 공이 아니다"라고 하였으며, 또한 세존께서 말씀하신 "공이면서도 공이 아님이 곧 여래장이다"라는 뜻도 모두 이와 같다.

공空하지 않을 때 '공하지 않다'만을 아는 자는 이미 상견常見에 떨어진 것이다. 그러므로 공하지 않으면서도 공한 듯함은, 비추면서 늘 고요한 것이다. 공할 때 완전히 공만 붙잡는 자는 단견斷見에 떨어진 것이다. 그러므로 공하되 도리어 공이 아닌 듯함은, 고요하면서도 늘 비추는 것이다. 불가에서는 "분명히 연등불의 수기授記를 받지 않아도 스스로 신령한 빛이 있어 예로부터 지금까지 스스로 빛난다"고 말하며, 따라서 "공이면서도 공이 아님이 곧 참된 여래장이다"라고 하였다. 내가 말하건대, 궁극은 고요함과 비춤을 함께 닦되, 끝내는 고요함과 비춤이 모두 사라질 뿐이다. 무릇 신선과 불가에서 말하는 공空·적寂·유有·무無는 모두 마음과 호흡이 서로 의지해 이루는 선정이다. 마음을 말하면 그 안에 호흡이 있고, 호흡을 말하면 그 안에 마음이 있다. 만약 마음도 아니고 성도 아니라면 호흡을 안정시키지 못하고, 호흡이 아니면 성정性定과 심정心定을 얻지 못한다. 배우는 자는 글귀에 집착해서는 안 된다. 한쪽만 깨달으면 곧 공의 허무에 떨어져 증과를 얻지 못한다. 이 뜻을 바르게 깨닫는 자라야 비로소 선仙과 불佛이 합해지는 도리를 볼 수 있다.

所以空而不空소이공이불공, 不空而空불공이공. 而猶不見空이유불견공, 不見不空

불견불공. 方是空而眞空방시공이진공. 即王重陽眞人所云즉왕중양진인소운 "虛空返照虛空景허공반조허공경, 照出眞空空不空조출진공공불공." 即世尊之즉세존지 "空不空공불공, 如來藏여래장"者자, 皆是개시.

當不空之時당불공지시, 而只知乎不空者이지지호불공자, 此墮常見矣차타상견의 ; 故不空而又若空고불공이우야공, 正是照而常寂也정시조이상적야. 當空之時당공지시, 而頑然乎空者이완연호공자, 此墮斷見[121]矣차타단견의 ; 故空而又若不空고공이우야불공, 正是寂而常照也정시적이상조야. 佛宗乃有불종내유 "分明不受燃燈記분명불수연등기, 自有靈光耀古今자유령광요고금" 之說지설 ; 故云고운 : "空不空공불공, 是眞如來藏시진여래장." 予云여운 : 畢竟在寂照雙修필경재적조쌍수, 寂照雙亡而已矣적조쌍망이이의. 凡仙佛二宗범선불이종, 言空言寂言有言無언공언적언유언무, 皆言心息相依之定者개언심식상의지정자. 言心性언심성, 則有息在其中즉유식재기중 ; 言息언식, 則心在其中즉심재기중 ; 若非心非性약비심비성, 則不能定息즉불능정식 ; 非息비식, 則不得性定心定즉부득성정심정 ; 學者不可執文학자불가집문. 偏悟便墮空亡편오편타공망, 而無證果이무증과. 能悟之者능오지자, 仙佛合宗之旨見矣선불합종지지견의.

참된 공과 진실한 성품을 깨달은 자라야 비로소 이 참된 호흡을 조절할 수 있다. 호흡을 조절하지 못하면 끝내 대정大定에 이르기 어렵다.

본래 마음이 주재하여 호흡을 안정시키는 것이니, 호흡이 조화롭지 못하고 안정되지 않으면 곧 마음과 성도 안정되지 못한다. 그렇다면 어찌 도와 하나가 될 수 있겠는가? 부대사는 "여섯 해 동안 설령雪嶺에서 수행한 까닭이 무

---

121 상견常見은 사물이나 자아가 영원불멸한 실체로 존재한다고 집착하는 견해이다. 단견斷見은 생명이나 존재가 죽으면 완전히 끊어지고 단절되어 허무해진다는 견해이다.

엇인가? 대정을 통해 기와 신을 조화시키기 위함이었다. 백 각刻 동안 단 한 번 숨을 쉬니, 그제야 대도가 드러나 삼승三乘의 진리를 깨닫게 된다"고 하였다.

悟得眞空實性者오득진공실성자, 方能調此眞息방능조차진식. 息不能調식불능조, 終難大定종난대정.

本是以心主宰而定息본시이심주재이정식, 息不調不定식부조부정, 即是心性不定즉시심성부정. 何以至於合道하이지어합도? 傅大士云부대사운 : "六年雪嶺 爲何因육년설령위하인? 大定調和爰與神대정조화기여신. 一百刻中都一息일백 각중도일식, 方知大道顯三乘방지대도현삼승."

사람이 이 호흡을 곧바로 받아들이면서도 그 호흡을 떠날 수 있다면, 멸진 정에 들어갈 수 있다.

'호흡을 받아들이면서도 떠난다'는 것은 만법이 하나로 돌아가고 그 하나가 다시 무로 귀의함과 같은 뜻이다. '멸진滅盡'이란 마음에는 생멸이 없고, 호흡에는 출입이 없으며, 마침내 참된 대정에 이르는 것이다.

人能即此息而離此息인능즉차식이리차식, 斯可入滅盡定矣사가입멸진정의.

即息而離息즉식이리식, 是萬法歸一시만법귀일, 一歸無之說同旨일귀무지설동지. 滅盡者멸진자, 心無生滅심무생멸, 息無出入식무출입, 得眞大定也득진대정야.

아!

후학들을 경계하고 깨우치기 위한 선불仙佛과 성진聖眞의 말씀이다.

咦이!

警醒後學仙佛聖眞之辭也경성후학선불성진지사야.

멸진정에 들어간 뒤에야 비로소 진정으로 출정出定할 수 있고,

아직 멸진정에 이르지 못한 채 함부로 출정하면, 선가에서는 이를 '주단走丹'이라 하고, 불가에서는 '입마入魔'라 한다. 이것은 모두 참된 출정이 아니며, 신통을 드러낼 수도 없다. 오히려 퇴전하고 타락할 위험이 따르니 마땅히 삼가고 경계해야 한다.

滅盡定멸진정, 而後能出定이후능출정,

未入到滅盡定而妄出미입도멸진정이망출, 仙宗謂之走丹선종위지주단, 佛宗謂之入魔불종위지입마. 皆非所謂出定개비소위출정, 而亦無神通可顯이역무신통가현. 正有退墮之危險정유퇴타지위험, 宜防慮者의방려자.

신통의 경계란 더 높은 차원으로 나아가 허로 돌아가 도와 하나가 되는 뜻을 품고 있다.

생멸과 출입이 모두 멸진된 선정의 자리에서는 마땅히 그 경계를 벗어나야 하며, 그 경계를 벗어나면 신은 막힘 없이 통달하고, 육진六塵에 가로막히지 않아 자유롭게 드나든다. 이것이 바로 참된 신통으로, 그제야 하늘에 오르고 땅에 드나들며, 육통·십통·백천만억의 신통이 걸림 없이 이루어진다. 이러한 경지가 곧 허로 돌아가 도와 합하는 최고의 자리이다.

神通境界신통경계, 向上正有還虛合道之旨在향상정유환허합도지지재.

滅盡生滅出入之定멸진생멸출입지정, 是所當出시소당출, 出而神能通達無障礙

출이신능통달무장애, 不爲六塵所障礙而不通불위육진소장애이불통. **此眞神通**

차진신통, 方能上天入地방능상천입지, 六通十通육통십통, 百千萬億백천만억,

無所不通무소불통 ; **此證還虛合道之至極處**차증환허합도지지극처.

육 문(六 問)

　여섯 번째 묻기를, 약藥과 불火에 대한 설이 분분하여 무엇을 믿고 받아들여야 할지 모르겠습니다. 혹자는 "신은 불이고, 기는 약이라 하여, 신으로 기를 다스리는 것이 곧 불로써 약을 단련하는 것이다"라고 하였으니, 이는 신과 기를 둘로 나누어 말한 것입니다. 또 어떤 이는 "불이 곧 약이고, 약이 곧 불이라 하여, 불과 약이 나뉘지 않고 신과 기가 하나다"라고 하였습니다. 또 다른 이는 "채취할 때는 약이라 하고, 단련할 때는 불이라 하니, 뜻은 신과 기 모두 약이라 할 수도 있고, 불이라 할 수도 있다"고 하였습니다. 세 가지 설이 어찌 서로 같지 않은 것입니까?

　六問曰 : 藥火之說紛紛약화지설분분, 不知所以信受부지소이신수. 一云일운 : 神是火신시화, 炁是藥기시약, 以神馭炁이신어기, 即以火煉藥즉이화연약, 此言神言炁二也차언신언기이야. 一云일운 : 火即是藥화즉시약, 藥即是火약즉시화, 此言火藥不分차언화약불분, 神炁一也신기일야. 一云일운 : 採時謂之藥채시위지약, 煉時謂之火연시위지화, 意若神炁皆可言藥의약신기개가언약, 皆可言火개가언화. 三說삼설, 何不同耶하부동야?

　답하기를, 모두 같은 말이다.

　答曰 : 同동.

238

또 묻기를, 말의 구절은 서로 다른 듯하나, 그 이치와 뜻은 어찌하여 같은 것입니까?

又問：言句似異언구사이, 而理旨何同이리지하동?

답하기를, 모두 신으로 기를 다스리는 것이다. 채취할 때 기가 신으로 돌아오고, 신과 기가 하나 되어 함께 오르고 함께 내리면, 약을 얻게 된다. 그러므로 이를 약이라 할 수 있으니, 곧 수은의 작용을 얻은 것이며, 이것을 '참된 납眞鉛'이라 부른다.

무릇 참된 납, 참된 수은, 참된 호흡이라 하는 것은 모두 선도에서 둘이 완전히 하나로 합한 상태를 '참'이라 말한다. 만약 이 둘이 하나로 합하지 못하면 참이라 할 수 없고, 다만 범부의 호흡, 범부의 납, 범부의 수은에 지나지 않는다.

答曰：皆以神馭炁也개이신어기야. 採時炁回神中채시기회신중, 神炁合一而同升同降신기합일이동승동강, 得藥矣득약의；則謂之藥也可즉위지약야가, 即得汞之物즉득홍지물, 而名眞鉛者是也이명진연자시야.

凡言眞鉛言眞汞言眞息범언진연언진홍언진식, 皆仙道中合二者之全而言眞개선도중합이자지전이언진. 是二者不合一시이자불합일, 不可言眞불가언진, 只是凡息凡鉛凡汞而已지시범식범연범홍이이.

연단할 때는 신이 기혈로 돌아가, 신과 기가 서로 섞여 융합되고 함께 움직

이고 함께 머무르면 불이 생긴다. 그러므로 이를 불이라 할 수 있으니, 곧 납의 작용을 얻은 것이며, 이것을 '참된 수은眞汞'이라 부른다.

'참된 납'이란 몸 안에서 채취되어 근원으로 돌아가는 정기를 말하며, '참된 수은'이란 마음속에서 정기와 배합되어 채취와 팽련을 주재하는 신을 뜻한다. 수은 속에 납이 있으면 이를 참된 수은이라 하고, 납 안에 수은이 있으면 이를 참된 납이라 한다. 이와 같은 오묘한 뜻은 세상 사람들이 알지 못한다. 그러므로 구장춘 진인은 "대낮에는 함께 다니고, 저물면 함께 자고 눕는다"고 하였으니, 이는 곧 신과 기가 서로 떨어지지 않음을 말한 것이다.

煉時神歸炁穴연시신귀기혈, 神炁混融신기혼융, 而同行同住이동행동주, 有火矣유화의 ; 則謂之火也可즉위지화야가, 即得鉛之物즉득연지물, 而名眞汞者是也이명진홍자시야.

眞鉛者진연자, 即身中所採取歸根之精炁也즉신중소채취귀근지정기야, 眞汞者진홍자, 即心中配合精炁즉심중배합정기, 而爲採取烹煉主之神也이위채취팽련주지신야. 蓋言汞中有鉛개언홍중유연, 則曰眞汞즉왈진홍, 鉛中有汞연중유홍, 則曰眞鉛즉왈진연. 如是妙義여시묘의, 世所不知세소부지. 故邱眞人云고구진인운 : "白日同行백일동행, 晚來同眠同臥만래동면동와." 正言神炁不相離之說정언신기불상리지설.

결국은 두 가지가 서로 교합하여 하나로 돌아가는 것이다.

이옥계는 "신으로 기를 다스려 약을 채취하고, 기로 부호를 합하여 불을 운용한다"고 하였다. 이는 모두 신과 기가 하나로 합하여 함께 움직이고 함께 머무는 이치를 말한 것이다.

總是二物交併歸一矣 총시이물교병귀일의.

李玉谿云이옥계운 : "以神馭炁爲採藥이신어기위채약, 以炁合符爲行火이기합
부위행화." 皆言神炁合一개언신기합일, 同行同住之說동행동주지설.

**약이라 하든, 불이라 하든, 하나라 하든, 둘이라 하든, 어찌 불가하다 하겠는
가?**

『영보도인경』에서 원시천존께서 "이 신과 기를 태허와 오묘하게 하나 되게
하라. 허공의 본체는 본래 그러하여 음양에 속하지 않고, 생사도 존재하지
않는다. 무형의 경지에 오르면 능히 도의 자리를 증득하니, 그제야 비로소
도를 얻었다고 할 수 있다"고 하였다.

謂藥謂火 위약위화, 謂一謂二 위일위이, 何所不可 하소불가?

『靈寶度人經영보도인경』 元始天尊云원시천존운 : "令此神炁영차신기, 妙合太
空묘합태공. 空體自然공체자연, 不屬陰陽불속음양, 自無生死자무생사. 升入
無形승입무형, 克證道位극증도위, 方名得道방명득도."

내게 한 수의 시가 있으니, 그대는 이를 깨닫도록 하라.
시에 이르기를,

我有一詩 아유일시, 子其悟之자기오지. 詩曰시왈:

수은이니 불이니 약이니 하는 말은 모두 실제가 아니고,

본래 불도 약도 아니나 억지로 비유해 불과 약이라 이름한 것은, 성진聖眞께
서 신기의 오묘한 작용을 사람들에게 드러내어 밝히고자 한 것이다. 이 두
가지는 본래 하나로 합해야 하므로, 성진들은 언제나 이를 합하여 하나로
말하였다.

汞言火藥總皆非 홍언화약총개비,

非火藥비화약, 而強喻名火藥者이강유명화약자, 乃聖眞示人神炁之妙用而發明
之者也내성진시인신기지묘용이발명지자야. 二者이자, 本宜合一본의합일, 故聖
眞每倂一而言之고성진매병일이언지.

해와 달이 나란히 운행하듯, 기를 거느려 날아오른다.

대개 해는 신을, 달은 기를 비유한 것이며, 해와 달이 같은 궤도에서 함께 움
직이는 때가 있듯, 신과 기 또한 서로 좇아 함께 움직이며, 서로 의지하여 머
무는 이치가 있다. 그러나 신은 본래 무無이므로 지각이 있을 때 있는 듯하
고, 기는 본래 유有이므로 형상이 사라질 때 없는 듯하다. 이처럼 있음과 없
음이 서로 달라 합하지 못하므로, 반드시 호흡의 기를 통해 서로 합해야 한
다. 그러므로 신선과 성인은 모두 이를 '불로써 약을 단련한다'고 비유하였
다. 이 방법이 아니면 신과 기를 하나로 합할 수 없고, 또한 움직이고 머무는
법도를 이룰 수도 없다. 구장춘 진인은 "운행하여 돌고 도는 데는 저마다 길
이 있으니, 중기中炁의 회전 작용이 없으면 돌지 못한다"고 하였다. 그러므로
내가 "기를 거느려 날아오른다"고 한 것이다.

日月齊輪御炁飛 일월제륜어기비.

凡日喻神범일유신, 月喻炁월유기, 日月有同度而行之時일월유동도이행지시, 神炁有相隨而行신기유상수이행, 相依而住之理상의이주지리. 然神本無연신본무, 在有知時而似有재유지시이사유. 炁本有기본유, 在無相時即似無재무상시즉사무. 有無不同者不相合유무부동자불상합, 必因呼吸之氣而合之필인호흡지기이합지. 故仙聖皆喻以火煉藥고선성개유이화연약. 非此必不能使神炁合비차필불능사신기합, 亦不能行能住如法也역불능행능주여법야. 邱眞人云구진인운 :"運行週迴운행주회, 自有巡路자유경로. 不得中炁斡旋부득중기알선, 則不轉즉부전." 故我曰"御炁飛"고아왈어기비.

자시子時에 신과 기가 합하여 뒤로 올라 하늘에 이르고,
오시午時에 함께 앞으로 내려 땅속으로 돌아온다.

여순양 진군은 "자시가 지난 뒤와 오시가 되기 전에 호흡을 고르게 하여 앉으면, 척추의 두 관문을 따라 곤륜을 넘는다"고 하였으니, 곧 이 뜻이다. 자시에 신과 기가 서로 합하여 뒤에서부터 위로 오르고, 오시에는 신과 기가 앞에서 함께하여 내려와 순환함을 말한다.

子併後升天上去 자병후승천상거,
午同前降地中回 오동전강지중회.

純陽眞君曰순양진군왈 :"子後午前定息坐자후오전정식좌, 夾脊雙關崑崙過협척쌍관곤륜과." 即此즉차. 所言子時神炁相併從後升上소언자시신기상병종후승상, 午時神炁同於前오시신기동어전, 降下而循環강하이순환.

243

열두 신의 운행을 따라 모두 머물고 잠복하며,

'열둘十二'이란 몸 안의 시간을 이르고, '모두'란 신과 기가 화후에 따라 오르내리며 움직일 때는 함께 움직이고, 화후가 머무르거나 잠복할 때는 함께 머무름을 뜻한다.

세 쌍의 관문을 지나 고요히 전환하며 정수리에 주입된다.

'관정灌頂'이란 원정元精의 참된 하나의 물을 거슬러 위로 올려 정수리에 주입하는 것이니, 이것이 곧 채약採藥의 이치이다. 불가의 여러 보살이 수행하거나 설법하고 경을 강설할 때 반드시 먼저 물로 관정을 행하니, 이는 모두 같은 비유이다. 그러나 중들이 이를 알지도 연구하지도 않아 불교를 헛된 가르침으로 만드는가? 이는 음욕을 제거하지 못하고 욕계를 벗어나지 못하며, 욕념을 떠난 범행을 하지 않기 때문이다. 비록 그 이치를 눈앞에서 보더라도 결국 쓸모없는 것으로 내버려 두기 때문이다. '삼쌍三雙'이란 미려·옥침·협척의 세 관문과 척추 양쪽의 각 구멍을 이르는 바, 이를 황도·적도라 한다. 삼관에는 모두 쌍규雙竅가 있으므로 삼쌍이라 한다. '묵전이默轉移'란 신기가 삼관의 쌍규를 따라 고요히 전환하며 순환하는 작용을 말한다.

歷神十二皆留伏 역신십이개유복,

十二者십이자, 身中之時也신중지시야. 皆者개자, 言神炁當火候升降而行之時언신기당화후승강이행지시, 行則皆行행즉개행, 當火候留伏而住之時당화후유복이주지시, 住則皆住주즉개주.

灌頂三雙默轉移 관정삼쌍묵전이.

灌頂者관정자, 取元精眞一之水逆回升上취원정진일지수역회승상, 而灌注於頂

也이관주어정야. 此即採藥之說차즉채약지설. 佛宗諸菩薩修行불종제보살수행, 每一處說法談經매일처설법담경, 必先以水灌頂필선이수관정, 皆同此妙喩개동차묘유. 奈何僧總不知不究내하승총부지불구, 使佛敎爲虛設矣사불교위허설의? 蓋由不除淫개유부제음, 掃去欲界소거욕계, 離欲梵行리욕범행. 雖見其說수견기설, 竟置之無用之地故也경치지무용지지고야. 三雙者삼쌍자, 尾閭玉枕夾脊三關及脊骨兩傍皆一竅미려옥침협척삼관급척골양방개일규, 謂之黃赤二道위지황적이도. 三關皆有雙竅삼관개유쌍규, 故曰三雙고왈삼쌍. 默轉移者묵전이자, 神炁從三關雙竅中신기종삼관쌍규중, 默轉循環也묵전순환야.

옛 성인들이 억지로 불과 약이라 이름하였으니,
신과 기가 서로 떨어지지 않고 스스로 함께 따르기 때문이다.

곧 "신을 응결시켜 기혈에 들게 한다"는 한마디로, 선불仙佛의 큰 수행이 모두 완결된 일이다.

古聖强名爲火藥 고성강명위화약,
不離神炁自相隨 불리신기자상수.

即是즉시 "凝神入炁穴응신입기혈" 一句일구, 了卻仙佛大修行事료각선불대수행사.

칠 문(七 問)

일곱 번째 묻기를, 옛 비유에 "고양이가 쥐를 잡는 것과 같다"고 하였는데, 그 뜻이 무엇입니까?

七問曰 : 請問古喩청문고유, 如貓捕鼠之義여묘포서지의?

답하기를, 성性으로 정情을 거두고, 신으로써 기를 불러들이는 비유가 바로 그것이다. 저 고양이가 쥐를 잡을 때, 네 발로 땅을 딛고 고요히 머물며 움직이지 않는 기세를 유지하는 것과 같고,

이는 마음을 오로지 하여 정성으로 모으는 것이, 곧 여순양 선옹이 말한 "재계하며 일양一陽이 생겨나기를 기다린다"는 뜻이다.

答曰 : 以性攝情 이성섭정, 以神召炁之喩 이신소기지유, 爲然也위연야. 彼貓捕鼠時 피묘포서시, 四足踞地 사족거지, 寂然存不動之勢 적연존부동지세,

此心專意誠차심전의성, 即呂仙翁所謂즉여선옹소위 "齋戒等候一陽生재계등후일양생" 之旨지지.

두 눈을 익숙히 주시하며, 고요히 쥐를 잡을 순간만을 기다린다.
이는 눈앞에서 기회를 끝내 놓치지 않도록 삼가고 경계함을 뜻한다.

兩眼熟視 양안숙시, **凝然俟擒鼠之專** 응연사금서지전.

謹防當面錯過之義근방당면착과지의.

그러므로『음부경』에서 "기밀은 눈에 있다"고 하였으며,

곧『능엄경』에서 부처께서 아난에게 "만일 마음과 눈이 머무는 바를 알지

못하면, 번뇌를 항복시키지 못한다"고 하신 뜻이다.

故고『**陰符經**음부경』**云**운 "**機在目**기재목",

即즉『**楞嚴經**능엄경』**云**운 : **佛示阿難所云**불시아난소운 "**若不知心目所在**약부

지심목소재, **則不能降伏塵勞**즉불능항복진노."[122]

또 "**장생구시長生久視**"라 하였고, 부처께서 "**정법안장正法眼藏**"이라 말씀하셨

으니, 이는 모두 같은 뜻이다.

모두 "기밀은 눈에 있다"는 뜻을 말한 것으로, 이 문장은 선불仙佛이 함께

하는 바에 온전히 부합한다.

又云우운 "**長生久視**장생구시", **佛所云**불소운 "**正法眼藏**정법안장", **皆此義也**개차의

야.

皆言개언 "**機在目**기재목" **之義**지의, **此文**차문, **正合仙佛之所同者**정합선불지소

동자.

---

122 (T19, p.107a) (T：大正新脩大藏經, T19：楞嚴經)

247

이른바 '고요히 움직이지 않음으로써 통함을 기다린다'는 말을 살펴보면, 어찌 백일관 중에 말한 "흰 것을 알고 검은 것을 지키며, 수컷을 알고 암컷을 지킨다"는 뜻과 같지 않겠는가?

이는 선가仙家의 말로, 금의 흰빛을 아는 것은 물의 검은 속에서 비롯됨을 뜻한다. 검은 속에서 흰빛이 생겨날 때를 기다려 그 흰 것을 채취하는 것이다. 수컷은 양으로 신수腎水 속의 원정기元精炁이며, 암컷은 음으로 신수腎水를 비유한 것이다. 아래 문장은 앞 구절의 뜻을 다시 밝힌 것이다.

究此所云寂然不動者以待通구차소운적연부동자이대통, 可不似知白守黑가불사지백수흑, 知雄守雌於百日關中者乎지웅수자어백일관중자호?

此仙家之語차선가지어, 謂知金之白者위지금지백자, 出於水之黑者之中출어수지흑자지중. 則待黑中發生白時즉대흑중발생백시, 而採白也이채백야. 雄是陽웅시양, 即腎水中之元精炁즉신수중지원정기. 雌是陰자시음, 喻腎水也유신수야. 下句하구, 重言上句之義중언상구지의.

어찌 밤낮으로 고요히 생각하여 여섯 도적을 제거하는 것과 같지 않겠는가?

이는 부처 세존께서 친히 수행하신 사례로, 설산에서 여섯 해 동안 밤낮으로 고요히 생각하며 여섯 도적을 제거하신 것이다. '육적六賊'은 눈·귀·코·혀·몸·뜻의 육근六根에서 망령되이 일어나는 색·성·향·미·촉·법의 여섯 도적이다. '고요히 생각한다'는 것은 적정寂靜 속에서 바른 선정과 바른 정념을 지키는 것이다. 낮과 밤의 열두 시진 동안 끊어짐이 없고, 만일 욕념이 한 번 일어나도 마음에 큰 해가 되어 욕계로 떨어진다. 그러므로 반드시 바른 정념을 붙잡아 즉시 제거해야 한다.

可不似晝夜靜思가불사주야정사, 以除六賊者乎이제육적자호?

此佛世尊自修之案차불세존자수지안, 在雪山六年재설산육년, 晝夜靜思주야
정사, 以除六賊이제육적. 六賊者육적자, 是眼耳鼻舌身意六根中所妄起시안이
비설신의육근중소망기, 色聲香味觸法之六賊也색성향미촉법지육적야. 靜思者
정사자, 寂靜而守正定正念적정이수정정정념. 於二六時不間斷어이육시불간단,
若生一欲念약생일욕념, 則大爲心害즉대위심해, 墮欲界下矣타욕계하의. 急持
正念除之급지정념제지.

이를 익숙하게 응시하여 둘이 아님을 깊이 깨닫는다면, 뜻을 쓰되 나누지
않고 신을 십월관 가운데 응결시키는 것이 아니겠는가?

이는 선가의 말로 기를 단련하여 신으로 화하는 중관의 경지를 이른 것이
다.

究此之熟視無二則知구차지숙시무이즉지, 用志不分용지불분, 凝神於十月關中者乎
응신어십월관중자호?

此仙家之語차선가지어, 謂煉炁化神之中關者위연기화신지중관자.

또한 부처께서 "방 안에 비스듬히 앉아 항상 이를 생각하라" 하신 말씀도
이와 다르지 않음을 알 수 있지 않겠는가?

이는 불가의 『원각경』에 나오는 말씀으로, 선불仙佛의 두 가르침이 모두 고

양이가 쥐를 잡는 비유와 같은 뜻임을 알 수 있다.

亦可知佛說역가지불설 '偃坐室언좌실, 恒作是念항작시염' 者乎자호?
　此佛家차불가 『圓覺經원각경』 語也어야. 可知仙佛二家之說가지선불이가지설,
　皆與貓捕鼠同喻개여묘포서동유.

그러므로 고양이는 주인에, 쥐는 참된 양의 약물에 비유한 것이다. '쥐를 잡는다'는 것은 채약을 비유한 것이니, 이는 초관의 유위적 단계에 속할 뿐이다. 이 단계를 지나면 반드시 고양이도 잊고 쥐도 잊어야 하며, 채취도 사로잡음도 없어진 뒤라야 도를 마쳤다고 할 수 있다. 이제 내가 다시 그대에게 그 처음의 뜻을 밝혀 주노니, 마땅히 쥐가 오는 데는 징후가 있음을 알아야 한다. 곧 약이 생겨나는 데는 반드시 기미가 있는 것이다. 만일 참된 양이 생겨나는 기미를 분별하지 못한다면, 어찌 그 참된 때를 맞을 수 있겠는가? 이것을 '고양이가 빈 굴을 지키는 것과 같다'고 한다. 만일 양이 생겨나는 참된 기미를 알았으나, 채취해야 할 그때의 참된 기미를 알지 못한다면, 근원으로 돌아가고 생명을 회복할 수 없다. 그저 헛되이 메마른 자리에 앉아 공허함만 붙잡게 되니, 이 또한 '고양이가 빈 굴을 지키는 것과 같다'고 한다.
　비록 몸과 마음에 자연스러운 생기生機가 있다 하더라도, 결국 눈앞의 기회
　를 놓쳐버리는 잘못이 되고 만다.

故以貓喻主人고이묘유주인, 以鼠喻眞陽藥物이서유진양약물. 但捕鼠喻採藥단포서유채약, 乃初關有爲之事耳내초관유위지사이. 過此과차, 則必忘貓忘鼠즉필망묘망서,

非採非捕비채비포, 而後可稱了道이후가칭료도. 我今又爲子原其始아금우위자원기시, 當知鼠來有候당지서래유후. 即藥生有機즉약생유기. 若不能辨眞陽生機약불능변진양생기, 將何能當其眞機장하능당기진기? 則謂之如貓守空窟즉위지여묘수공굴. 若有知陽生眞機약유지양생진기, 而不知當採時眞機이부지당채시진기, 不能得歸根復命불능득귀근복명. 徒然枯坐頑空도연고좌완공, 則亦謂之如貓守空窟즉역위지여묘수공굴.

雖有身心自然生機수유신심자연생기, 總成一個當面錯過총성일개당면착과.

이 때문에 다시 어리석은 고양이가 되지 않도록 경계해야 한다.

此所以又當防爲癡貓也차소이우당방위치묘야.

팔 문(八 問)

여덟 번째 묻기를, 무엇을 충화沖和라 합니까?

八問曰 : 何謂沖和하위충화?

답하기를, 충화란 숨 쉬지 않는 숨 속에 깃든 오묘한 뜻을 말하는 것이고,
『영거집』에서 "'충화'란 두 기가 혼용하여 하나가 되는 지극히 오묘한 이치
이다"라고 하였다.

答曰 : 沖和者충화자, 言不息之息中妙義也언불식지식중묘의야,
『詠去集영거집』云운 : "沖和者충화자, 乃其二炁混同最玄之理也내기이기혼동
최현지리야."

천지를 가득 채워 온몸을 따뜻하게 훈증한다.
하늘과 땅, 그리고 몸 사이에 은은한 기운이 가득 차 조금의 빈틈도 없다.
만약 미세한 공극이라도 있어 충만하지 못하면 충화라 할 수 없다. 종리권
진인은 "주천을 운행하면 불이 일어나 몸을 태운다"고 하였는데, '몸을 태운
다'란 곧 천지를 가득 채워 온몸을 훈증한다는 뜻이다.

充塞天地충색천지, 薰蒸一身훈증일신.

天地並一身之間천지병일신지간, 全是氤氳充滿전시인온충만, 無空隙處무공극처. 若有空隙不足약유공극부족, 不名沖和불명충화. 鍾離眞人云종리진인운 : "運週天운주천, 則火起焚身즉화기분신." 焚身之義분신지의, 即充塞薰蒸義즉충색훈증의.

호흡에 막힘이 없어야 하며, 또한 오르내림에 갇혀서도 안 된다.

호흡이 계속 이어지면 충화가 이루어질 수 없고, 만일 들숨이 오르고 날숨이 내려가는 승강의 움직임이 멈추지 않으면 충화가 번갈아 순환하지 못하며, 오히려 승강의 틀에 갇혀 충화를 막게 된다. 반드시 이러한 갇힘과 막힘을 벗어나야 비로소 충화의 오묘한 경지를 행할 수 있다.

不爲呼吸之所障불위호흡지소장, 亦不爲升降之所圍역불위승강지소유.

有呼吸則無沖和유호흡즉무충화 ; 若吸升呼降之不已약흡승호강지불이, 不能與沖和迭爲循環불능여충화질위순환, 亦圍於升降역유어승강, 障沖和장충화 ; 必離圍離障필리유리장, 方行得宜沖和之妙處방행득의충화지묘처.

목욕沐浴은 본래 마땅하다고 하며, 수중守中 또한 비밀한 법이라 일컬어진다.

백일관에서는 소주천의 운용을 '목욕'이라 하고, 십월관에서는 대주천의 운용을 '수중'이라 한다. 수중이란 유有에 치우쳐 상법常法에 떨어지지 않고, 헛된 공에 집착하여 단법斷法에 빠지지도 않으며, 유에서 무로 들어가 중도의 필연을 따라 자연스러워지는 것이므로 수중이라 한다. 이는 곧 충화의 오묘한 작용을 말한 것이다. 뒤에 오는 성진聖眞과 선불仙佛도 스승에게 법을 전수받아야 이 뜻을 인가받고 깨닫는다. 유장생 진인은 "충화의 기가 신을 기른다"고 하였다.

沐浴固曰當然 목욕고왈당연, 守中亦稱密法 수중역칭밀법.

當百日關中당백일관중, 小週天之用者소주천지용자, 曰沐浴왈목욕, 當十月關中당십월관중, 大週天之用者대주천지용자, 曰守中왈수중. 守中者수중자, 不偏著有불편착유, 墮常法[123]타상법 ; 不徒然著空부도연착공, 墮斷法[124]타단법 ; 以有入無이유입무, 合乎中道之必然者而自然합호중도지필연자이자연, 故曰守中고왈수중. 正言所以沖和之妙用정언소이충화지묘용. 後來之聖眞仙佛후래지성진선불, 得師降授之後득사강수지후, 方能印證解悟於此방능인증해오어차. 劉長生眞人云유장생진인운 : "沖和炁養神충화기양신."

세상 사람들은 조식調息의 뜻이 무엇인지 알지 못하지만, 나는 말하노니, "호흡의 조화를 고르게 해야만 충화할 수 있다"고 하였다.

왕중양 진인은 "호흡을 온전히 하고 거친 숨을 안정시키는 일은 진실로 어렵지 않다. 기와 신을 잘 길러 충화를 조절할 줄 알면 오히려 매우 쉽다"고 하였으며, 또 "신과 기가 충화하여 대약을 이룬다"고 하였다.

世人不知調息之謂何세인부지조식지위하, 我則曰아즉왈 : 調其息之和而可沖也조

---

123 상법(常法, Changfa, 常見, 常執)은 영원불변한 실체가 존재한다고 보는 견해, 즉 사물이나 존재가 항상 불변하며, 결코 변하지 않고 영원히 지속된다고 여기는 집착된 관념이다.

124 단법(斷法, Duanfa, 斷見, 斷執)은 존재가 단절되어 소멸한다고 보는 견해, 즉 사물이나 생명이 일단 사라지면 완전히 끊어지고 다시 존재하지 않는다고 여기는 허무적 관념이다.

기식지화이가충야.

王重陽眞人云왕중양진인운 : "能全呼吸定喘息능전호흡정천식, 實非難실비난. 會養炁神調沖和회양기신조충화, 應甚易응심이." 又云우운 : "神炁沖和成大藥 신기충화성대약."

세상 사람들은 여기서 '마땅히 위험을 막고 험함을 근심해야 한다'는 뜻이 무엇인지 알지 못하지만, 나는 말하노니, "조화가 이루어지지 않아 충화를 이루지 못하게 되는 위험을 막아야 한다"는 것이다.

조화가 이루어지지 않으면 억지로 강제하는 방문旁門의 삿된 법으로 빠지고 만다. 이것은 본래 공이 아닌 것을 억지로 공이라 꾸며 수행하려는 그릇된 집착 때문이니, 그러한 상태로서 어찌 충화를 얻을 수 있겠는가?

世人不知於此當防危慮險之謂何세인부지어차당방위려험지위하, 我則曰아즉왈 : 防其不和而不可沖之危險也방기불화이불가충지위험야.

不和불화, 則墮於強制之旁門邪法즉타어강제지방문사법. 非不空而空之旨비불공이공지지. 焉能得沖언능득충?

오직 조화로울 때만 충화할 수 있고, 조화롭지 않으면 충화를 이룰 수 없다.

이 두 구절은 앞의 네 구절의 뜻을 다시 한번 분명히 밝힌 것이다.

唯和故可沖 유화고가충, 不和故不能沖 불화고불능충.

此二句重申明차이구중신명, 總上文四句之義총상문사구지의.

약을 채취할 때도 이 법을 따르고, 약을 단련할 때도 이 법을 따르며, 야전할 때도 이 법을 따르며,

이는 곧 선도의 기밀이자 불법의 수행에서 마땅히 행해야 할 바이다.

採藥以是 채약이시, 煉藥以是 연약이시, 野戰以是 야전이시,

此即仙機佛法之行所當行者차즉선기불법지행소당행자.

성城을 지킬 때도 이 법을 따르며,

이는 곧 선도의 기밀이자 불법의 거처에서 마땅히 머물러야 할 바이다.

守城以是 수성이시,

此即仙機佛法之住所當住者차즉선기불법지주소당주자.

태를 맺을 때도 이 법을 따르고, 태를 기를 때도 또한 이 법을 따른다.

이는 백일과 십월, 곧 소주천과 대주천의 화후 속에서도 충화의 이치를 벗어나지 않음을 말한다. 옛날 유장생 진인은 "충화로 감坎과 리離를 결합한다"고 했으니 이것이 백일관을 말한 것이고, 또 "충화의 기가 신을 기른다"고 했으니 이것은 십월관을 말한 것이다.

結胎以是 결태이시, 養胎亦以是也 양태역이시야.

此言百日而十月차언백일이십월, 小大週天火候之中소대주천화후지중, 當不外於沖和也당불외어충화야. 昔劉長生眞人云석유장생진인운 "沖和結坎離충화결

감리", 言百日關也언백일관야. 又云우운 "沖和氕養神충화기양신", 言十月關也

언십월관야.

또 묻기를, 어떠한 경상景象이 충화라 합니까?

又問曰：是何景象爲沖和시하경상위충화?

답하기를, 편향되지도 않고 의지하지도 않아야 하며,

편향되거나 의지하는 것은 형상이 있는 것에 집착하여 스스로를 구속하는

것이니, 곧 중中의 도가 아니다.

答曰：不偏不倚불편불의,

偏倚是拘執著有相而非中편의시구집착유상이비중.

지나침도 없고 미치지 않아야 하며

뜻을 너무 급히 쓰면 지나치고, 너무 느리게 쓰면 미치지 못한다.

無過不及무과불급,

勿用意太急而過물용의태급이과, 勿用意太緩而不及물용의태완이불급.

빠르지도 않고 느리지도 않아야 하며,

너무 빠르면 흔들리고 가벼워지며, 너무 느리면 정체되어 버린다.

不疾不徐부질불서,

不疾速而忽爲浮蕩부질속이홀위부탕, 不徐緩而失爲停滯불서완이실위정체.

없다고도 할 수 없고 있다고도 할 수 없다.

놓아버려 '없다'고 해도 실제로 있는 듯하고, 억지로 '있다'고 붙들면 실제로는 없는 듯하다. 곧 공하되 공하지 않고, 공하지 않되 공한 이치이다. 이 여덟 가지 병을 제거해야 비로소 조화를 이루어 충화할 수 있으며, 이 병이 있으면 충화를 이룰 수 없다.

非無非有비무비유.

不縱放爲無而實似有부종방위무이실사유, 不強執住有而實似無불강집주유이실사무. 即是空而不空즉시공이불공, 不空而空불공이공. 除此八病제차팔병, 方和而可沖방화이가충, 有此유차, 則不能沖즉불능충.

또 묻기를, 어떠한 작용으로써 충화를 이루는 것입니까?

又問曰 : 是何作用以沖和시하작용이충화?

답하기를, 부부가 나란히 선 것과 같이,

이는 마음과 호흡이 서로 의지하는 것이다.

答曰 : 夫妻並肩부처병견,

心息相依也심식상의야.

음양이 하나로 합하는 것이니,

이와 오의 정이 묘하게 합하여 응결하는 것이다.

陰陽合一음양합일,

二五之精이오지정, 妙合而凝也묘합이응야.

대낮에는 함께 다니되, 앞서지도 뒤처지지도 않아야 한다.

이는 마음이 호흡을 따라 움직이는 것이다. 앞서면 방문旁門의 도인법에 떨어지고, 뒤처지면 기를 주재하기에 부족하다. 이 모두 화합의 실제 뜻이 아니며, 이 자리는 매우 위험하니 반드시 삼가야 한다. 그러므로 부처도 "수순隨順"이라 말씀하셨다.

晝則同行주즉동행, 不前不後부전불후.

心隨息動也심수식동야. 前則墮於旁門之導引전즉타어방문지도인, 後則不足爲宰運후즉부족위재운. 皆非和合之實義개비화합지실의, 此處最有危險之必當防慮者차처최유위험지필당방려자. 故佛亦言고불역언 "隨順수순".

밤에는 함께 머물되, 억지로 다가가지도 말고 멀어지지도 않아야 한다.

호흡은 마음을 따라 멈춘다. 억지로 다가가면 충화에 지나쳐 조화를 잃고, 멀어지면 충화에 이르지 못해 조화를 잃는다. 조화를 잃는 것이 바로 이 위험이다.

夜則同住야즉동주, 不逼不離불핍불리.

息隨心止也식수심지야. 逼則太過於沖핍즉태과어충, 而不和이불화. 離則不及
於沖리즉불급어충, 而不和이불화. 不和불화, 即是此之危險즉시차지위험.

이와 같이 깨달으면 곧 충화의 작용이 참된 삼매이다.

앞서거나 뒤서거나, 다가가거나 멀어짐에 집착하면 모두 충화에서 벗어난다.
'충화'는 선정의 오묘한 뜻이며, '삼매'는 『화엄경』에서 "바른 선정 가운데서
참된 수용을 얻는다"고 한 것이다.

如斯了悟여사료오, 便是沖和作用眞三昧편시충화작용진삼매.

若着前後逼離약착전후핍리, 皆差於沖和개차어충화. 沖和者충화자, 禪定之妙
義선정지묘의, 三昧者삼매자, 『華嚴經화엄경』云운 : '正定中眞受用정정중진수
용.'

구 문(九 問)

아홉 번째 묻기를, 어느 곳에서 위험을 방비하고 험함을 근심해야 합니까?

九問曰 : 何處當防危慮險하처당방위려험?

답하기를, 처음부터 끝까지 모든 일마다 위험이 있으니, 이제 대략만 말하고자 한다.

> 감히 가볍게 누설할 수 없는 것은 제외하고, 하늘의 율법과 중대한 금령에 어긋나는 것은 언급하지 않으며, 다만 거칠게 드러난 자취 가운데 말할 수 있는 것을 들어 대략 밝히고자 한다.

答曰 : 自始至終자시지종, 事事皆有危險사사개유위험, 且略言之차략언지.

> 除不敢輕泄者제불감경설자, 遵天律重禁而不言준천율중금이불언, 但以粗跡之可言者단이조적지가언자, 而略言之이략언지.

약이 생겨나는 때가 있으니, 그 생겨나는 참된 때를 알지 못하고 눈앞에서 놓치면 이는 곧 위험이다. 약을 채취할 때는 징후가 있으니, 마땅히 채취해야 할 그 징후를 잃어 참된 정과 참된 기를 얻지 못한다면 이 또한 위험이다.

> 선도의 약은 반드시 참된 때에 생겨나며, 세속 사람들이 꾸며낸 말로 사람을 미혹시키는 것과는 다르다. 때가 참되지 않으면 비록 채약이라 하더라도

얻을 약이 없다. 스스로 얻었다고 자칭하는 것은 참된 약이 아니며 단을 이룰 수도 없다. 헛수고일 뿐 아무런 이익도 없다. 약이 생겨나는 참된 때와 마땅히 채취해야 할 참된 징후에 이르러 그때 급히 채취해야만 비로소 참된 정과 참된 기를 얻을 수 있다.

如藥生有時여약생유시. 不知其生之眞時而當面錯過부지기생지진시이당면착과, 此危險也차위험야. 採藥有候채약유후, 失其當採之候而不得其眞精眞炁실기당채지후이부득기진정진기, 此危險也차위험야.

仙道之藥生有眞時선도지약생유진시, 與世俗人造言誆人者不同여세속인조언광인자부동. 時若不眞시약부진, 雖曰採藥수왈채약, 而無藥可得이무약가득. 所自虛稱爲得者非眞藥소자허칭위득자비진약, 不能成丹불능성단. 空勞而無益공로이무익. 生之眞時생지진시, 及至當採之眞候급지당채지진후, 於此急採어차급채, 而後可得眞精眞炁이후가득진정진기.

화후가 주천을 운행할 때 황도와 적도의 두 길 밖으로 막연히 흘러가고, 그 순행의 도리를 보지 못한다면 이것이 바로 위험이다.

화후가 자시 이후, 오시 이전에 운행할 때는 반드시 지나야 할 황도와 적도의 두 길이 있으니, 이는 주천의 화후가 자시 이후에 역운할 때 반드시 거쳐야 하는 자리이다. 만약 그 길 밖으로 막연히 흘러가며 아득하고 막연하여 순행의 도를 따르는 길을 보지 못한다면, 이 화후는 끝내 노정爐鼎에 이르지 못해 단을 단련할 수 없다. 이것이야말로 매우 위험한 곳이니 반드시 깊이 경계해야 한다.

火候之行週天화후지행주천, 泛然於黃赤二道之外범연어황적이도지외, 茫然不見其循由망연불견기순유, 此危險也차위험야.

火之行於子後午前화지행어자후오전, 有黃赤二道유황적이도, 乃週天火子後逆運之所必由者내주천화자후역운지소필유자. 若泛然於道外而行약범연어도외이행, 渺渺茫茫묘묘망망, 不見循道而由行불견순도이유행, 此火必不就爐鼎而煉丹者차화필불취노정이연단자. 甚是危險之當防處심시위험지당방처.

진화進火란 나아가야 할 때 멈출 자리에도 이르지 못하고 또 더해야 할 분수에도 미치지 못하는 것이다 퇴화退火란 물러날 때 덜어내야 할 정도와 한계를 알지 못하는 것이며 많고 적음의 신선 기밀에 합하지 못하는 것이다. 이것이 곧 위험이다.

'멈출 자리'란 『황정경주』에서 "들이쉬고 내쉬는 모든 호흡이 단전으로 들어가야 한다"고 한 것이다. '정도와 한계程限'란 미치지 못하면 불이 약해 장생과 왕성의 공을 이루지 못하고 변화가 일어나지 않는다는 뜻이며, 지나치면 불이 너무 성하여 화륜火輪이 돌지 못하고 맹렬한 불길이 제어되지 않는다. 진니환은 "채취에는 법이 있고, 운용에는 절도가 있으며, 근량에는 규칙이 있고, 수화에는 등급이 있다"고 하였다. 덜어냄·더함·진퇴의 미묘한 이치와 목욕·교결의 깊은 뜻까지도 어느 하나 위험을 깊이 경계하지 않음이 없다. 백진인은 "온양溫養할 때 마음을 삼가지 않으면 그 위험을 막지 못하여, 자기도 모르게 수은이 달아나고 납이 흩어진다"고 말했다.

進火진화, 不至於進之所當止之地부지어진지소당지지지, 亦不至進之所當添者之分

數역부지진지소당첨자지분수 ; 退火퇴화, 不知退所當抽減者之程限부지퇴소당추감자지정한, 不合於多寡之仙機불합어다과지선기, 此危險也차위험야.

當止者당지자,『黃庭經註황정경주』云운 : "出入呼吸출입호흡, 俱入丹田구입단전." 程限者정한자 : 非不及而火小비불급이화소, 不能成長旺之功而變化불능성장왕지공이변화 ; 非太過而火大비태과이화대, 火輪不能轉運而烈焰無所制화륜불능전운이열염무소제. 陳泥丸云진니환운 : "採取有法채취유법, 運用有度운용유도, 斤兩有則근양유칙, 水火有等수화유등." 與夫抽添進退之妙여부추첨진퇴지묘, 沐浴交結之奧목욕교결지오, 無不防危慮險무불방위려험. 白眞人云백진인운 : "溫養之時온양지시, 用心不謹용심불근, 不防其危불방기위, 不覺汞走鉛飛불각홍주연비."

불이 이미 충분한데도 화후를 멈출 줄 모르는 자는 단을 손상시키는 위험이 있다.

최희범 진인은 『입약경』에서 "화후가 이미 충분하면 단을 손상시키지 말라"고 하였고, 종리권 진인은 "단이 이미 익었으면 더 이상 화후를 운용할 필요가 없으며, 계속 화후를 행하면 반드시 단을 해친다"고 하였으며, 장자양 진인은 "연단을 이미 마쳤으면 멈출 줄 알아야 한다. 가득 찼는데도 마음을 거두지 못하면, 하루아침에 위태로움과 치욕을 당하게 된다"고 하였다.

火足而不知止火者화족이부지지화자, 有傷丹之危險유상단지위험.

崔眞人최진인『入藥鏡입약경』云운 : "火候足화후족, 莫傷丹막상단." 鍾離云종리운 : "丹熟不須行火候단숙불수행화후. 更行火候必傷丹갱행화후필상단." 張

紫陽云장자양운 : "煉了還須知止足연료환수지지족. 若也持盈未已心약야지영
미이심, 不免一朝遭殆辱불면일조조태욕."

약을 얻어 관을 돌파하였으나, 구멍이 온전히 통하지 않으면 약이 손상될
위험이 있다.

이는 앞서 약이 생겨난 것은 알았으나, 마땅히 채취해야 할 참된 징후와 합
하지 않았기 때문이다. 비록 단처럼 보일지라도 약력이 미약하고 장생할 수
없으며, 관을 돌파할 힘 또한 부족하다. 그러므로 그 약은 반드시 다시 손상
되고 범부와 다를 바 없는 상태로 돌아가게 된다.

得藥沖關득약충관, 而竅不能眞通이규불능진통, 有藥敗之危險유약패지위험.

此正由前知藥生차정유전지약생, 而不合當採之眞候이불합당채지진후. 雖似丹
而藥力微弱수사단이약력미약, 不能長生者불능장생자, 亦不能沖關역불능충
관. 故藥必復敗고약필부패, 而同凡夫이동범부.

관규가 처음 통하였으나 삼관三關을 오르지 못하고, 모였다가 혹은 홀연히
물러나 흩어지면 이것이 바로 위험이다.

'취聚'는 신이 주관하는 것이며, 정성과 용맹이 부족하여 한 번의 화살로 삼
관을 꿰뚫지 못하면, 한순간의 태만으로도 불이 곧 물러나 흩어진다. 이는
마땅히 나아가야 할 때 함께 운행하지 못하는 경우이다.

關竅初通관규초통, 而不能升三關이불능승삼관, 聚者而或倏退散취자이혹숙퇴

산, 是危險시위험.

　聚취, 由神以主之유신이주지, 或不精誠勇猛혹부정성용맹, 以一箭透三關이일
전투삼관, 一怠緩일태완, 則火即退散즉화즉퇴산. 正當行而不能同行者정당행
이불능동행자.

삼관을 이미 지났으나 위험은 작교鵲橋에 있다.

　'작교鵲橋'란 본래 통할 길이 없어, 다리를 빌려 건너는 것을 말한다. '작鵲'
은 남쪽 이궁離宮의 마음과 신, 곧 주작을 비유한 것이다. 오직 마음과 신이
기를 이끌어 이곳을 건너므로 이를 작교라 한다. 이 다리를 건너는 작용이
신선의 기밀과 조금이라도 맞지 않으면 위험이 따른다.

　三關過矣삼관과의, 而危險在鵲橋이위험재작교.

　鵲橋작교, 本無路可通본무로가통, 借橋以通行차교이통행. 鵲者작자, 似喻南
離心神之朱雀義也사유남리심신지주작의야. 全憑心神領炁전빙심신영기, 渡過
此處도과차처, 故喻鵲橋고유작교. 渡之少有不合仙機도지소유불합선기, 則有
危險矣즉유위험의.

　작교를 이미 건넜으나, 위험은 '복식服食'에 있다. 황정黃庭으로 되돌아갈 때
마다 걸음걸음이 장대 끝을 향한다. 한 걸음 더 나아가면 발 디딜 곳이 없고,
허공에 한 발을 디디면 큰 위험이 따른다.

　왕중양 진인은 "뾰족한 장대 끝에서 세밀히 살펴야 한다"고 하였다.

鵲橋渡矣작교도의, 而危險在服食[125]이위험재복식. 歸黃庭귀황정, 步步向竿頭보보향간두. 進一步無著腳處진일보무착각처, 虛空著一腳大有危險者허공착일각대유위험자.

重陽眞人云중양진인운 : "尖竿尖上細搜尋첨간첨상세수심."

양신을 연단하였으나 미세한 음기가 아직 끊어지지 않으면, 신태神胎가 이루어질 때 마장이 백 가지로 드러나 큰 위험이 따른다. 신이 출현할 징후가 없는데도 망령되이 나오면 본래부터 위험하며, 출현의 징후가 이미 이르렀으나 마땅히 나가야 할 때 나가지 못하면 또한 위험을 피할 수 없다. 출정出定하였다가 다시 입정入定에 들 때 이르면 그 위험이 가장 심하다. 그 위험을 어찌 다 말할 수 있겠는가? 이와 같은 여러 위험을 끝까지 통찰하고 남김없이 살펴내면 모두 지나가게 되고, 겨우 생사윤회를 벗어나 참으로 장생불사를 증득하게 된다. 그제야 도와 상응할 자격이 있게 되며, 나아가 허공의 경지에 이르면 비로소 위험이 없어진다. 이른바 "만 가지는 다 무너져도, 허공은 무너지지 않는다"는 말이 바로 이것이다.

煉陽神而微陰未絕연양신이미음미절, 神胎就而魔障百出신태취이마장백출, 大有危險者대유위험자. 神無出景而妄出신무출경이망출, 固爲危險고위위험 ; 有出景至유출경지, 而不能出其當出이불능출기당출, 亦不能無危險역불능무위험 ; 及乎出定而入定급호출정이입정, 危險之最甚者위험지최심자 ; 豈能盡言耶기능진언야? 如是諸多危險

---

125 복식服食이란 내단이 완성된 뒤 그것을 신·기·정에 융합·흡수하여, 불사의 생명 체계로 정착시키는 고차원 운용법을 말한다. 이는 단순히 '삼킨다服'는 행위를 뜻하는 것이 아니라, 정·기·신과 단이 하나로 통합되어 환원하는 심오한 경지를 가리킨다.

여시제다위험, 俱能究竟구능구경, 勘盡無餘감진무여, 過得去了과득거료, 僅僅超脫득일개생사윤회, 實證長生不死실증장생불사 ; 方爲有分방위유분, 與道相應여도상응, 向後證到虛空향후증도허공, 始無危險시무위험. 所謂소위 "萬般有壞만반유괴, 虛空不壞허공불괴." 是也시야.

십 문(十 問)

열 번째 묻기를, 무엇을 목욕沐浴이라 하며, 왜 목욕이라 이름합니까?

十問曰 : 何爲沐浴[126]하위목욕, 何名沐浴하명목욕?

답하기를, 목욕이란 정을 단련하고 기를 단련하는 중요한 법이며, 화후의 비밀한 기밀이다. 그 기밀이 심오하고 법이 요긴하여 곧바로 드러내어 가볍게 누설할 수 없어, 비유하여 '목욕'이라 한 것이다.

'목욕'이란 본래 묘卯와 유酉 두 자리에 생사의 이치를 비유한 것이다. 때가 묘·유에 해당하므로 이를 빌려 비유한 것이며, 자세한 뜻은 아래에서 설명한다. 세존께서 신을 행하고 설법하실 때도 목욕을 비유로 삼으셨으니, 이로써 선도와 불법이 서로 통해 합하는 요체임을 알 수 있다. 소주천을 행할 때는 이것을 '음부陰符'라 한다. 곧 정해진 수有數의 화후를 운용하지 않고, 무수無數의 화후로써 정해진 수와 합하는 것이다. 그래서 『옥황옥결』에서 "음陰은 어둠이고, 부符는 합함이다. 천지의 기틀을 궁구하여 합하고, 장생의 근본을 다스리므로 이를 음부라 한다"고 하였다. 대주천을 행할 때는 이것을 '삼매의 불로 몸을 태운다焚身三昧火'고 부른다.

---

126 묘시卯時와 유시酉時는 하루 중에서 음양이 서로 교차하고 정기(精氣)가 세정(洗淨)되는 시간대로, 이를 '목욕(沐浴)'이라 한다. 묘시에는 양기가 돌고 유시에는 음기가 응하므로, 정기와 신기의 운행이 바뀌는 전환점이 된다.

答曰 : 沐浴者목욕자, 煉精煉炁之要法연정연기지요법, 火候之秘機화후지비기. 機
之秘기지비, 法之要법지요, 故不能直言以輕泄고불능직언이경설, 而托喻爲沐浴也
이탁유위목욕야.

沐浴者목욕자, 本卯酉二位본묘유이위, 所寓生死之說也소우생사지설야. 時當
卯酉시당묘유, 乃藉以喻之내자이유지, 而詳於下文이상어하문. 世尊行神說法
之時세존행신설법지시, 亦以沐浴爲喻역이목욕위유, 可見仙佛宜有相合同之要
法也가견선불의유상합동지요법야. 在小週天時재소주천시, 又名曰陰符우명왈
음부 ; 乃不行有數之火내불행유수지화, 而用無數以合於有數者이용무수이합
어유수자. 所以소이『玉皇玉訣옥황옥결』云운 : "陰者음자, 暗也암야. 符者부
자, 合也합야. 究合天地之機구합천지지기, 操運長生之體조운장생지체, 故曰
陰符고왈음부." 在大週天者재대주천자, 又曰우왈 : 焚身三昧火분신삼매화.

**그 비유의 뜻은 무엇인가? 무릇 오행이 세상의 이치 속에 있을 때는 따로
생사의 이치를 논한 바가 있다. 곧 첫째는 장생長生, 둘째는 목욕沐浴, 셋째는
관대冠帶, 넷째는 임관臨官, 다섯째는 제왕帝旺, 여섯째는 쇠衰, 일곱째는 병
病, 여덟째는 사死, 아홉째는 묘墓, 열 번째는 절絶, 열한째는 태胎, 열두째는
양養이니, 이것이 곧 십이위十二位이다.**

이는 자, 축, 인 등 십이지의 진위辰位에 속한다. 그 설에 이르기를, "화는 인
에서 생하고, 금은 사에서 생하며, 수와 토는 신에서 생하고, 목은 해에서
생한다"라고 하였다. 오행의 천간과 지지 중 양에 속하는 것은 곧 이 네 자리
에서 생한다. 양의 사위死位는 곧 오행의 음간지가 생하는 자리이며. 음의 사
위는 곧 양이 생하는 자리이다. 이는 또한 '저곳에서 죽으면 이곳에서 다시

태어나고, 이곳에서 죽으면 저곳에서 다시 태어난다'는 이치를 비유한 것이다. 성진들은 인간의 생사라는 큰 이치의 기밀이 목욕법에 있음을 알고, 이에 이를 빌려 비유로 삼은 것이다.

喻意云何유의운하? 夫五行在世道中부오행재세도중, 別有所論生死之理별유소론생사지리, 即長生一沐浴二冠帶三臨官四帝旺五衰六즉장생일목욕이관대삼임관사제왕오쇠육, 病七死八墓九絕十胎十一養十二者병칠사팔묘구절십태십일양십이자, 之十二位是也지십이위시야.

此屬子丑寅等十二支辰位者차속자축인등십이지진위자. 其說曰기설왈 : 火生在寅화생재인, 金生在巳금생재사, 水土二者生在申수토이자생재신, 木生在亥목생재해. 五行干支之陽者오행간지지양자, 即生於此四位즉생어차사위. 陽之死位양지사위, 即五行陰干支之生位즉오행음간지지생위, 陰之死位음지사위, 即陽之生位즉양지생위. 亦似喻彼역사유피, 彼處死피처사, 而我此處生이아차처생, 死於此사어차, 而即生於彼處之義이즉생어피처지의. 聖眞以人生死大事之機在沐浴法성진이인생사대사지기재목욕법, 故藉以爲喻也고자이위유야.

삶이 있으면 반드시 죽음이 있고, 죽음이 있는 자리에서 곧 다시 삶이 생겨나니,

이는 천지의 음양이 사람과 같음을 말한 것이다. 살아 있으면서 죽지 않는 것이 없고, 죽으면서 다시 살아나지 않는 것이 없다.

生必有死생필유사, 死處則生사처즉생,

言天地陰陽之與人同언천지음양지여인동. 未有生而不死미유생이불사, 未有死而不生者也미유사이불생자야.

선가는 연단의 법을 이에 비유하여 "화의 장생은 인寅에 있고, 그 두 번째 목욕은 묘卯의 자리에 있다"고 하였다. 그러므로 '묘위의 목욕'이라는 이름을 빌려, 묘시에 마땅히 써야 할 기밀을 일컬으니, 이는 양부陽符의 화후에 부합하는 것이다. 또 "수의 장생은 신申에 있고, 그 두 번째 목욕은 유酉의 자리에 있다'고 하였다. 그러므로 '유위의 목욕'이라는 이름을 빌려, 유시에 마땅히 써야 할 기밀을 비유하니 또한 음부陰符의 화후에 부합하는 것이다.

이것이 바로 음부陰符의 뜻을 밝힌 것이며, 곧 목욕이라 할 수 있다. 황제, 여산 노모, 이전 등이 말한 음부의 설이 모두 여기에 이르러 크게 명확해진 것이다.

仙家以煉丹之法比之선가이연단지법비지, 謂其所云위기소운 : 火之長生在寅화지장생재인, 第二之沐浴在卯位제이지목욕재묘위. 故借卯位沐浴之名고차묘위목욕지명, 而稱卯時所當用之機이칭묘시소당용지기, 以陽符其火候者也이양부기화후자야. 又云우운 : 水之長生在申수지장생재신, 第二之沐浴在酉位제이지목욕재유위, 故借酉位沐浴之名고차유위목욕지명, 而喻酉時所當用之機이유유시소당용지기, 亦陰符其火候者也역음부기화후자야.

此正見陰符차정현음부, 即是沐浴즉시목욕. 而黃帝驪山老姥李筌等陰符之說이 황제여산노모이전등음부지설, 皆大明矣개대명의.

묘·유는 사정四正의 자리에 속하니,

묘는 정동에 있고, 유는 정서에 있으며, 자는 정북에 있고, 오는 정남에 있다. 『입약경』에서도 이를 사정四正이라 하였다.

卯酉묘유, 在四正之位內재사정지위내,

卯在正東묘재정동, 酉在正西유재정서, 子在正北자재정북, 午在正南오재정남. 『入藥鏡입약경』亦云역운 "四正사정".

그렇다면 어찌 금과 목 두 행에서도 자·오에 장생과 목욕의 이치가 없겠는가?

금의 장생은 사에 있고, 그 목욕은 오의 자리에 있으며, 목의 장생은 해에 있고, 그 목욕은 자의 자리에 있다.

而金木二行이금목이행, 甯無長生沐浴之理在子午乎녕무장생목욕지리재자오호?

如金之長生在巳여금지장생재사, 則沐浴在午位즉목욕재오위, 木之長生在亥목지장생재해, 則沐浴在子位也즉목욕재자위야.

그러므로 최희범 진인은 『입약경』에서 "사정四正을 보라"고 한 것이 바로 이 것이다.

최진인은 만고에 누설되지 않던 비밀한 기틀을 세 글자 속에 드러내셨다. 왕중양 진인은 "자·오에서 충화가 이루어져 묘·유와 이어지니, 봄·겨울·가을·여름이 서로 어우러진다"고 하였고, 달마는 "한때는 여섯 화후를 쓰고,

두 번째 화후에는 마니摩尼를 채취하며, 네 번째 화후에는 또 다른 묘용이 있다"고 하였다. 이 말이 곧 그 뜻이다.

故崔眞人고최진인『入藥鏡입약경』云운 "看四正간사정" 是也시야.

崔眞人泄萬古不泄之機於三字최진인설만고불설지기어삼자. 王重陽眞人云왕중양진인운 : "子午沖和連卯酉자오충화련묘유, 春冬秋夏相攜춘동추하상휴." 達摩所云달마소운 : "一時用六候일시용육후, 二候採摩尼이후채마니, 四候別有妙用사후별유묘용." 即此之言즉차지언, 是也시야.

또 묻기를, 사람들은 모두 묘·유의 목욕 때는 '화후를 운용하지 않는다'고 하거늘, 지금은 오히려 이를 중요한 법이라 하고 비밀한 기밀이라 하니, 어찌 화후가 없다는 세속의 말과 서로 어긋나는 것입니까?

세상 사람들은 '화후를 운용하지 않는다不行火'는 말만 고집하여, 마치 전혀 화후가 없는 것으로 여긴다. 참된 신선의 전법을 만나지 못하였으므로, 옛사람이 말한 '화후를 운용하지 않는다'의 본뜻을 알지 못한다. 이 모두 막 입문한 범부의 얕은 식견일 뿐이다. 들은 자도 '불행不行'이라 하고, 본 자도 '불행不行'이라 하며, 자신이 남에게 말할 때도 '불행不行'이라 하여 스스로 망령된 견해의 굴레를 만든다. 법과 기밀이 있음을 믿는 자는 한 사람도 없고, 오직 오자伍子만이 홀로 법을 말하고 기밀을 말했다. 이에 저들은 모두 세속의 법만 배우고 입으로만 도를 말하는 자들이 되었다. 결국 여러 사람의 말이 옳은지 그른지도 모르고, 오자의 말이 옳은지 그른지도 알지 못한 채, 서로 어긋난다 하여 마음속으로 의심하였다. 그러나 참된 신선의 말은 이미 명확히 고증할 근거가 있음을 알지 못하였다.

又問曰 : 人皆言卯酉沐浴인개언묘유목욕, 不行火候불행화후, 今乃謂之要法금내위지요법, 謂之秘機위지비기, 得無有火候而與衆言相違乎득무유화후이여중언상위호?

世人皆執言不行火세인개집언불행화, 是全無火候시전무화후. 由不遇仙傳유불우선전, 故不知古云不行火候所以然之理고부지고운불행화후소이연지리 ; 俱是初學凡夫者之知見구시초학범부자지지견. 所聞者曰不行소문자왈불행, 所見者曰不行소견자왈불행, 及己之對人言亦曰不行급기지대인언역왈불행, 流結妄局유결망국. 絶無一人直信有法有機절무일인직신유법유기 ; 唯伍子유오자, 獨言法言機독언법언기. 於是彼皆學世法口談者어시피개학세법구담자. 竟不知衆言或是或非경부지중언혹시혹비, 伍子抑非抑是오자억비억시, 莫不以相違而相疑막불이상위이상의. 殊不知眞仙之言수부지진선지언, 已有可考證處이유가고증처.

답하기를, 성진聖眞이 말한 이 사시四時의 화후란, 정해진 수의 화후를 운용하지 않는 것을 화후라 한 것이니, 이는 곧 은밀히 이른 말이다.

『참동계』에서 위백양 진인은 "귀·눈·입의 삼보를 닫아 통하지 못하게 하라. 리離의 기운은 안에서 영기榮氣와 위기衛氣를 기르니, 감坎에서는 총명함을 쓰지 말고, 태兌에서는 말을 쓰지 말라. 말을 적게 하고 큰 혼원의 도를 따라야 한다"고 하였다. 진니환 진인은 "목욕은 교결의 깊은 오묘함이다"라고 하였으며, 육자야는 『주오진편』에서 "묘·유의 때에는 화후를 더하지 않고, 다만 참된 기로 훈증하여 목욕을 삼는다"고 하였다. 이 말들은 모두 은밀한 뜻을 밝힌 것이며, 이미 참된 법의를 누설한 말들이다.

答日 : 聖眞言此四時之火성진언차사시지화, 以不行有數之候者爲候也이불행유수지
후자위후야, 此隱言也차은언야.

『參同契참동계』魏伯陽眞人曰위백양진인왈 : "耳目口三寶이목구삼보, 閉塞勿
令通폐색물영통. 離炁內榮衛리기내영위, 坎乃不用聰감내불용총, 兌合不以談
태합불이담. 希言順鴻蒙희언순홍몽." 陳泥丸眞人云진니환진인운 : "沐浴交結
之奧목욕교결지오". 陸子野육자야『註悟眞篇주오진편』云운 "卯酉不進火묘유
부진화, 但以眞炁薰蒸而爲沐浴단이진기훈증이위목욕"者자. 此俱發明隱言차
구발명은언, 而已爲眞泄之說者矣이이위진설지설자의.

전혀 화후가 없는 것을 두고 '운용하지 않는다'고 한 것이 아니니, 나는 성사
聖師께 들은 바 있어 그 참뜻을 알았다.

성사聖師란 호피좌 장진인, 이허암 진인, 조환양 진인을 이른다. 이 세 성인
은 스스로 진리를 증득하여 참된 법을 후학에게 전하신 분들이다.

非全無火候爲不行也비전무화후위불행야, 我得聞於聖師而知眞아득문어성사이지
진.

聖師者성사자, 虎皮座張眞人李虛庵眞人曹還陽眞人호피좌장진인이허암진인조
환양진인. 三聖自證之眞而傳眞삼성자증지진이전진.

신선의 책에 인쇄된 내용 또한 이와 같다.

276

곧 위백양, 진니환, 육자야 등의 여러 책이 모두 같은 뜻을 담고 있다.

印之仙書而同是인지선서이동시.
　即魏陳陸等諸書즉위진육등제서.

실로 선서仙書는 세상 사람들의 말과 어긋남이 없으나, 사람들이 스스로 선서의 뜻과 어긋날 뿐이다. 저들은 신선과 성인의 은밀한 말씀에 기대어, 스스로의 어리석고 미혹된 억측을 함부로 내뱉는다. 그래서 묘·유 두 시진의 목욕은 전혀 화후를 운용하지 않는 것이라 단정하고, 이를 자신의 견해인 양 망령되이 자랑하며, 거짓된 글을 꾸미고 요사스러운 말로 세상을 미혹시킨다. 세상은 모두 후학들의 천박한 식견에 머물러 있으니, 어찌 감히 한마디 말로 스스로를 믿고 세상을 구제하려 한단 말인가!

實不違於衆也실불위어중야, 而衆自違之이중자위지. 彼衆人依傍仙聖之隱言피중인의방선성지은언, 而嘔吐其愚迷之臆見이구토기우미지억견. 遂言卯酉二時之沐浴수언묘유이시지목욕, 爲全然不行火候위전연불행화후 ; 而妄誇爲己之知見이망과위기지지견, 謬造假書류조가서, 妖言惑世요언혹세. 而世皆後學淺見이세개후학천견, 安敢置一辯言以爲自信而救世哉안감치일변언이위자신이구세재!

나는 이에 읊어 이르노라 :

我則詠之曰아즉영지왈:

세상 사람들은 목욕의 때는 '화후를 운용하지 않는다'고 말하나,

그렇다면 들이쉬고 내쉬는 숨결은 어디로 향해야 한단 말인가?

봄·여름·가을·겨울, 곧 사시의 정기를 융합하여 끌어당기고 보태는 조화를 이루어야만,

비로소 금단金丹 한 알이 본래의 자리로 돌아오게 된다.

世稱沐浴不行火 세칭목욕불행화,

且道吹噓寄向誰 차도취허기향수?

要將四正融抽補 요장사정융추보,

才得金丹一粒歸 재득금단일립귀.

또한 이 말은, 미래 겁에 올 성진들이 이 뜻을 분명히 분별하도록 밝힌 것이다. 더욱 세밀히 말하자면, 정해진 수의 화후를 운용하지 않는 것이 곧 목욕의 요법이자 비밀한 기밀이다. 뒤에 오는 성인 가운데 참되게 수행하고 진실로 깨닫는 자는 반드시 이에 근거하여 증험을 삼을 것이다. 혹 어떤 이는 "이월과 팔월, 곧 묘·유의 달에 화후를 운용하지 않는 것이 곧 목욕이다"라 하지만, 이는 명백히 잘못된 견해다. 그렇다면 그릇됨을 분별하는 법은 어디에 있는가? 이에 왕중양 진인은 "자·오子午에도 없거늘, 어찌 묘·유卯酉가 필요하겠는가?"라고 하였고, 백옥섬 진인은 "감도 옴도 없고, 나아감도 물러섬도 없으며, 늘어남도 줄어듦도, 끌어냄도 더함도 없다"고 하였으며, 종리권 진인은 "일 년의 목욕에는 위험을 방지해야 한다"고 하였고, 설자현 진인 또한 "일 년의 목욕에는 더욱 위험을 방지해야 한다"고 하였으니, 이 모든 말이 그 증거

다. 이를 통해 알 수 있듯, 열 달 동안 태를 품는 모든 과정이 곧 목욕에 해당하니, 이것이야말로 참된 전수의 법이다. 단지 이월과 팔월만을 목욕이라 집착하여 망령되이 말하는 것은 옳지 않다!

이미 일 년이 모두 목욕이라 하였으니, 이월과 팔월 또한 그 일 년 안에 포함됨을 알 수 있다. 『진원통선도경』에서 "이를 크게 얻은 자는 충화沖和하여 오래 본다"고 하였다. 이는 묘·유 두 시진만을 목욕이라 한 것이 아니라, 오래 봄久視이 요체임을 밝힌 것이다. 성인들이 모두 사람들에게 위험을 방지하라 한 것은 목욕의 징후가 반드시 존재함을 밝히며, 수행자가 그 목욕을 온전히 행하지 못함을 막기 위함이다. 만일 저들이 '화후를 운용하지 않는다'고 말한다면, 무엇을 두고 위험을 방지하겠는가? 그러므로 나는 후세의 성인들에게 다시 경계하노니, 신선의 말씀을 깊이 체득하고 정밀히 연구해야 할 것이다.

亦以此語역이차어, 爲未來際劫聖眞辯明之也위미래제겁성진변명지야. 更精言不行有數之候갱정언불행유수지후, 爲沐浴要法秘機也위목욕요법비기야. 後聖能眞修實悟者후성능진수실오자, 必當取證於此㪣필당취증어차여. 有謂二八卯酉之月유위이팔묘유지월, 不行火候而爲沐浴者불행화후이위목욕자, 可顯知其非也가현지기비야! 且論知非之法安在차론지비지법안재? 以其有重陽眞人云이기유중양진인운 : "子午俱無자오구무, 何須卯酉하수묘유?" 白玉蟾眞人云백옥섬진인운 : "無去無來無進退무거무래무진퇴, 不增不減不抽添부증불감불추첨." 鍾離眞人之言曰종리진인지언왈 : "一年沐浴防危險일년목욕방위험." 薛紫賢眞人亦云설자현진인역운 : "一年沐浴更防危일년목욕갱방위." 俱可證也구가증야! 以此證이차증, 知十月懷胎皆沐浴爲眞傳지십월회태개

목욕위진전 ; 非止執於二八兩月爲沐浴而妄言之者非也비지집어이팔량월위목욕이망언지자비야!

既說一年皆沐浴기설일년개목욕, 則知二八月在年內者즉지이팔월재년내자, 皆然개연. 有유 『眞元通仙道經진원통선도경』云운 : "得之大者득지대자, 沖和而久視충화이구시." 此亦言非此二時之沐浴要久視也차역언비차이시지목욕요구시야. 既皆誡人防危기개계인방위, 則必有沐浴之候즉필유목욕지후, 而防其不能沐浴이방기불능목욕. 若彼謂不行火者약피위불행화자, 更有何危可防갱유하위가방? 我今又誡後聖아금우계후성, 甚宜體究仙言심의체구선언.

또 묻기를, 옛사람이 어째서 이월과 팔월을 말하였으며, 어찌 그 까닭이 없겠습니까?

又問曰 : 古人何故言二八月고인하고언이팔월 而豈無因者乎이기무인자호?

답하기를:

옛사람이 이월과 팔월을 말한 것은,

그것들이 묘·유卯酉에 속하기 때문이다.

화후의 목욕 공부는,

묘시와 유시가 서로 허虛하여 짝을 이루는 이치를 비유한 것이다.

이를 빌려 대주천이라 이름한 것은,

그 이름과 이치가 서로 통함을 나타내기 위함이다.

그 허망한 이름에 집착하지 말지니,

280

그렇지 않으면 천만 세대의 사람들을 그르치게 될 것이다.

이는 비유를 빌려 목욕의 이치를 밝힌 것이니, 곧 부처가 말한 선교방편善巧
方便과 같다. 어찌 이를 억지로 실상이라 여겨 '전혀 화후를 운용하지 않는
다'고 고집하여 장차 이루려는 대단大丹을 스스로 무너뜨리겠는가! 그리하
면 천만 세대 수행자들의 신심마저 함께 그르치게 될 것이다!

答曰:

古言二八月고언이팔월,

因屬卯酉矣인속묘유의.

火之沐浴工화지목욕공,

卯酉時虛比묘유시허비.

借謂大週天차위대주천,

欲似其名理욕사기명리.

勿執其幻稱물집기환칭,

誤人千萬紀오인천만기.

借言發明沐浴之機차언발명목욕지기, 如佛所謂善巧方便而說여불소위선교방편
이설. 豈可強執爲實不行火기가강집위실불행화, 而敗壞將成之大丹哉이패괴장
성지대단재! 更誤害千萬世信心學者哉갱오해천만세신심학자재!

또 살펴보면, 장자양 진인은 "화후는 때를 운용하지 않는다"고 하였다.

소주천의 화후 운용에는 열두 시진이 있으며, 그 시간이 다하면 잠시 끊어짐
이 생긴다. 대주천의 화후를 운용할 때는 시간을 사용하지 않으니 끊이짐이

없다. 이미 시간조차 쓰지 않아 끊어짐이 없는데, 어찌 이월과 팔월 두 달만을 따로 '단절의 때'라 말할 수 있겠는가?

又觀紫陽眞人云우관자양진인운 : "火候不用時화후불용시."

火候之用화후지용, 小週天有十二時소주천유십이시, 時完則有間斷시완즉유간단. 行大週天之火행대주천지화, 不用時則無間斷불용시즉무간단. 時且不用不間시차불용불간, 又豈可以二八兩月爲間斷우기가이이팔량월위간단?

또 이르기를, "그 목욕의 법은 묘·유 두 시진을 허虛에 견주어 비유한 것이다"라고 하였고, 석행림 또한 "동지冬至는 자시子時에만 있는 것이 아니듯, 목욕 또한 묘·유에만 국한되지 않는다"고 하였다. 이 말들은 모두 소주천조차 일정한 때를 고정적으로 쓰지 않고, 다만 허에 견주어 목욕이라 이름했음을 밝힌 것이다. 그런데 어찌 대주천에서 실제 달을 들어 목욕의 시기로 삼을 수 있겠는가? 내가 이미 "하늘가에서 자·오를 찾지 말라"고 하였는데, 어찌 다시 역수歷數 속에서 묘·유를 찾겠는가? 만약 태태胎를 기르는 공부 중에 이월과 팔월의 공을 폐한다면, 신과 기가 흩어져 도를 배반하게 될 것이다.

십월관 중에는 곧 대주천에서 태를 기르고 호흡하는 수행이니, 이는 신을 전환하여 고요한 정에 드는 과정이다. 만일 화후를 운용하지 않는다면, 이는 곧 신을 전환하지 않고 선정에 들지 못하는 것이다. 그러면 기가 신으로 변화하지 못하니, 어찌 양신을 이루어 몸 밖으로 나아갈 수 있겠는가?

又云 : "及其沐浴法급기목욕법, 卯酉時虛比묘유시허비." 石杏林亦云석행림역운 :

"冬至不在子時동지부재자시, 沐浴亦非卯酉목욕역비묘유." 皆言小週天且不用時개언

소주천차불용시, 而虛比沐浴이허비목욕；而謂大週天이위대주천, 可實用月爲沐浴乎

가실용월위목욕호? 我說既云莫向天邊尋子午아설기운막향천변심자오, 又豈於歷數

中尋卯酉耶우기어역수중심묘유야? 若使養胎약사양태, 而廢二八兩月之工이폐이팔양

월지공, 則神炁散而背道矣즉신기산이배도의.

十月關中십월관중, 乃大週天養胎息之工내대주천양태식지공, 爲轉神入定也위

전신입정야. 若不行火약불행화, 即是不轉神不入定즉시부전신불입정. 則炁不

化神즉기불화신, 何以得成陽神而出身外하이득성양신이출신외?

**어찌 부인이 임신하여 잉태함에 있어, 이월과 팔월에만 잉태하지 않는 일이
있겠는가?**

부인에게도 두 달 동안 태를 기르지 않는 이치는 있을 수 없다. 단언하건대,
도를 닦아 태를 기르는 일 또한 두 달 동안 태를 기르지 않는다는 말은 있을
수 없다. 의심할 여지 없이 분명한 일이다!

抑可使婦人懷孕억가사부인회잉, 而二八兩月不懷乎이이팔양월불회호?

即婦人즉부인, 無兩月不養胎之理무양월불양태지리. 斷言修仙養胎단언수선양

태, 亦無兩月不養胎之說역무양월불양태지설. 斷然無惑단연무혹!

이제 여기서 만고의 의혹을 깨뜨리고, 만고의 비밀을 드러낸다. 이는 내가
『천선정리직론』에서 말한 '시時'라는 글자와 뜻이 같으니, 곧 큰 쓰임의 원리를
밝힌 것이다. 뒤에 오는 성진과 선불이 천인과 신사神師를 만나 도를 전수받

고, 나의 스승 구장춘 진인의 적통을 잇는 자라면 반드시 이 법문에서 인가와 증험을 삼아 통과해야 하며, 그런 뒤에야 비로소 선도의 목욕을 참되게 아는 자라 이를 수 있다.

장자양은 "지옥은 도를 전하는 자를 가둘 수 없으며, 그 가르침이 경전에 남아 세 스승을 제도한다"고 하였다.

今此破萬古之疑금차파만고지의, 泄萬古之秘설만고지비, 同我동아『天仙正理直論천선정리직론』之所書지소서 "時시"者자, 而發明大用이발명대용. 後之聖眞仙佛후지성진선불, 遇天人神師授道우천인신사수도, 嗣我邱祖長春眞人嫡派者사아구조장춘진인적파자, 必當從斯印證過필당종사인증과, 而後可謂之眞知仙道沐浴이후가위지진지선도목욕.

張紫陽云장자양운 : "地獄不囚傳道者지옥불수전도자, 教存經籍度三師교존경적도삼사."

화길왕주태화시이수

和吉王朱太和詩二首

其　一

도道는 오직 한 글자에 의지하여 근본을 삼고,

도는 무극에 있어 형체도 없고 수도 없다. 그러나 형체 있고 수가 있는 하나의 태극을 낳는다. 하나에서 둘을 낳으니 곧 음양이며, 둘에서 셋을 낳으니 곧 정·기·신이고, 셋에서 만물을 낳으니 그 변화가 끝이 없다.

道憑一字作根基 도빙일자작근기,

道在無極도재무극, 且無形無數차무형무수. 乃生有形有數之一太極也내생유형유수지일태극야. 一而生二일이생이, 陰陽也음양야, 二而生三이이생삼, 精炁神也정기신야, 三而生萬삼이생만, 變化無窮변화무궁.

운화運化는 마음에서 나와 오묘하게 전환하고 옮겨진다.

정을 단련하여 기로 변화시킴에는 마음이 그 변화를 주재하며, 기를 단련하여 신으로 변화시킴에도 또한 마음이 그 변화를 증명하고 완성한다. 이는 유심有心의 운화와 전이이니, 그 작용은 본래 마음의 밖에 있지 않다. 신을 단련하여 허로 돌아가 허령虛靈이 홀로 빛나게 되지만, 이는 환상과 망념을 붙잡아 허공이라 여기는 것이 아니다. 이것이 실로 무심無心의 묘한 작용이며, 그 또한 마음의 밖에 있지 않다. 이것이 바로 '삼계가 오직 마음일 뿐이다'라는 가르침을 증명한다.

運化從心妙轉移 운화종심묘전이.

煉精化炁연정화기, 以心主宰乎其化이심주재호기화. 煉炁化神연기화신, 亦心證成其化역심증성기화. 此有心之運化轉移차유심지운화전이, 固不外於心고불외어심. 及煉神還虛급연신환허, 得虛靈獨耀득허령독요, 非執著幻妄爲虛空者비집착환망위허공자. 實無心之妙用也실무심지묘용야, 亦不外於心역불외어심. 正三界唯心之說也정삼계유심지설야.

금은 물의 고향에서 돌아와 흰 액체로 변하며,

흰 금白金은 검은 납黑鉛의 물속에서 생겨난다. 또한 신수腎水 속에서 참된 양의 흰 기가 생겨남을 비유한 것이다. 건금乾金과 태금兌金이란 바로 이것을 가리킨다.

金自水鄕還白液 금자수향환백액.

白金生於黑鉛水中백금생어흑연수중. 亦喻腎水中역유신수중, 生眞陽之白炁생진양지백기. 乾金兌金者건금태금자, 是也시야.

목은 병혈丙穴로부터 돌아와 푸른 옥으로 변한다.

'병혈'은 남방의 불의 자리이다. 수은과 목의 푸른 기운은 병정丙丁의 불에

290

서 생겨나 다시 병의 속으로 돌아감을 말한다. 이는 곧 수은이 주사朱砂 속에서 나온다는 이치와 같으며, 또한 밖으로 흩어진 신이 다시 응결되어 안으로 돌아옴을 비유한 것이다.

木由丙穴返青瓈 목유병혈반청려.

丙穴병혈, 南方火地也남방화지야. 言汞木之青者언홍목지청자, 由丙丁火生出유병정화생출, 乃回返於丙內내회반어병내. 是汞出朱砂內之義시홍출주사내지의, 亦喻外馳之神역유외치지신, 復凝返於內也부응반어내야.

단은 신과 기가 응결되어 현곡玄谷에 깃들며,

'현곡'이란 곧 기혈을 뜻한다. 신이 기를 거느려 현곡에 응결하면, 기가 응결함에 따라 신 또한 응결한다. 이 둘이 함께 응결하여 단이 이루어지므로 이를 '단응丹凝'이라 한다. 곧 신을 응결시켜 기혈로 되돌아가게 한다는 뜻이다.

丹凝神炁棲玄谷 단응신기서현곡,

玄谷者현곡자, 即炁穴즉기혈. 神馭炁凝於玄谷신어기응어현곡, 炁凝神亦凝기응신역응. 二者凝而成丹이자응이성단, 故曰丹凝고왈단응. 即凝神歸炁穴之說즉응신귀기혈지설.

별들이 강성罡星과 태성台星를 에워싸고 벽계碧溪를 비춘다.

'벽계'란 곧 신수神水의 연못, 곧 화지華池를 뜻한다. '강罡'은 북두칠성의 일곱째 별인 파군성의 이름이며, 둔법遁法에서 이른바 지指라 하는 별이다. '길태성吉台星'은 강성罡星 앞의 삼태성三台星을 가리키며, 이 별들은 강성과 함께 열두 자리를 회전하니, 이는 북두칠성의 두병斗柄이 주천을 운행한다는 뜻이다. '강성과 태성을 에워싼다'는 것은 신이 운행함이니, 즉 기가 운행하는 것이다. '벽계를 비춘다'는 것은 신이 머무름이니, 즉 기가 머무는 것이다.

星拱罡台照碧溪 성공강태조벽계.

碧溪者벽계자, 即神水華池也즉신수화지야. 罡者강자, 北斗第七破軍星之稱북두제칠파군성지칭, 遁法中所謂指者둔법중소위지자. 吉台星者길태성자, 罡前之三台星也강전지삼태성야. 同罡旋十二位동강선십이위, 即斗柄運週天之說즉두병운주천지설. 拱罡台공강태, 是神行시신행, 即炁行也즉기행야. 照碧溪조벽계, 是神住시신주, 即炁住也즉기주야.

머나먼 북쪽의 끝이 없는 경계에 이르기를 기다리며,

은垠의 음은 인寅이며, 끝과 경계가 없음을 뜻한다. 앙块의 음은 앙秧이고, 북北의 음은 찰紮이니, 홍몽·혼돈의 세계를 말한다. 이는 마음이 맑고 비어 경계가 사라진 때를 가리키니, 불가에서 말하는 "생멸이 이미 멸한 자리生滅滅已"와 같다.

待到無垠块北境 대도무은앙북경,

垠音寅은음인, 言無涯無際也언무애무제야, 块音秧앙음앙, 北音紮북음찰, 言鴻蒙混沌也언홍몽혼돈야. 即澄虛無境界時즉징허무경계시, 同佛生滅滅已也동불생멸멸이야.

황정에 홀로 앉아 이희夷希와 벗한다.

‘이희’란 보지도 듣지도 않음을 뜻하며, ‘황정’이란 마음의 중심, 즉 중궁을
말한다. ‘홀로 앉는다’란 모든 상대적 분별을 끊는다는 뜻이며, ‘이희를 벗한
다’란 불가의 적멸을 수행의 근본으로 삼는다는 의미다.

黃庭獨坐伴夷希 황정독좌반이희.

夷希者이희자, 不見不聞也불견불문야, 黃庭者황정자, 中宮也중궁야. 獨坐者독
좌자, 絶對待也절대대야. 伴夷希者반이희자, 即佛寂滅爲宗也즉불적멸위종야.

其　二

허정양은 예전에 교룡을 베기 위해 이곳에 온 적이 있었으며,

　진나라 때 허정양 진군은 장사부에 나타난 교룡의 정령精을 베기 위해 이곳
을 찾아왔다.

旌陽曾爲斬蛟來 정양증위참교래,

　晉時許旌陽眞君진시허정양진군, 斬蛟精至長沙府참교정지장사부.

한 자루 검으로 신령한 공을 세운 뒤, 곧장 몸을 돌려 남창으로 돌아갔다.

　교룡을 베는 일을 마친 후, 그는 남창으로 돌아갔다.

一劍功神遽自回 일검공신경자회.

　斬蛟已참교이, 回於南昌회어남창.

천이백 년이 흐른 뒤, 내가 다시 이곳에 이르렀으니,

　허정양이 돌아간 뒤로부터 오늘에 이르기까지 이미 천이백여 년이 지났다. 내

가 다시 이곳에 도달한 것은 비록 예전처럼 강 위의 교룡蛟精을 베기 위함은 아니나, 이번에는 신수腎水 속에 도사린 교룡의 정령을 끊기 위해 온 것이다.

千二百年吾復至 천이백년오부지,

旌陽回後정양회후, 於今又千二百餘年矣어금우천이백여년의. 吾復至此오부지차, 雖非爲江上蛟精수비위강상교정, 卻爲斬腎水中蛟精而來也각위참신수중교정이래야.

지극히 미묘한 한 구멍이 다시 열리니, 선천의 기가 거듭 솟아난다.

'한 구멍一竅'이란 곧 현관일규玄關一竅를 말한다. '기가 다시 열린다'는 것은 선천의 일기一炁가 생겨나고 또 생겨, 그침 없이 열리고 또 열림을 뜻한다. 약을 채취하는 데는 때가 있으니, 그때가 이르면 신이 스스로 알게 된다. 이는 내가 말한 '깨달으면서도 깨닫지 않고, 다시 참된 현묘함을 깨닫는다'는 뜻과 같다.

幾微一竅炁重開 기미일규기중개.

一竅者일규자, 玄關一竅也현관일규야. 炁重開者기중개자, 先天一炁선천일기, 生生不已생생불이, 開而復開也개이부개야. 採藥有時채약유시, 時至神知시지신지. 亦予所謂覺而不覺역여소위각이불각, 復覺眞玄之說也부각진현지설야.

단이 옥정玉鼎에 응결하면 귀 뒤에서 바람이 이는 듯하며,

삼보가 솥 안에서 함께 연마되면 참된 양과 참된 성이 응결하여 단을 이룬

295

다. '옥정玉鼎'이란 옛사람들이 금로옥정金爐玉鼎이라 하여, 기혈을 비유한 것이다. 단이 이미 응결하면 이를 대약, 곧 '현주玄珠'라 한다. 이를 채취하려 할 즈음 먼저 귀 뒤에서 바람이 이는 듯한 느낌이 있으며, 바람의 소리가 들리면 대약도 이른 것이다.

丹凝玉鼎風生耳 단응옥정풍생이,

三寶合煉於鼎中삼보합연어정중, 眞陽與眞性진양여진성, 凝結而成丹응결이성단. 玉鼎者옥정자, 古人金爐玉鼎者喻炁穴고인금로옥정자유기혈. 丹旣凝단기응, 謂之大藥玄珠위지대약현주. 採之將至채지장지, 先有風生於耳後선유풍생어이후 ; 風聲至풍성지, 則大藥亦至즉대약역지.

불을 금로金爐에 잠재우고 호흡은 태胎 속에 머문다.

아래 세 글자 '식주태息注胎'는 위의 네 글자 '화복금로火伏金爐'를 밝힌 것이다. '호흡이 태 속에 머문다'란 신을 편안히 하고 호흡을 안정시키는 것으로, 이를 '회태환신懷胎還神'이라 한다. 때때로 호흡이 안정되면 태가 이루어진다. 태가 이루어지면 호흡이 스스로 머물러 나가지도 들어오지도 않는다. 즉 신과 호흡이 항상 머물러 단번에 멸진정滅盡定에 이르게 된다.

火伏金爐息注胎 화복금로식주태.

下三字하삼자, 申明上四字신명상사자. 息注胎者식주태자, 安神定息안신정식, 謂之懷胎還神위지회태환신. 時時息定시시식정, 則成胎즉성태. 胎成則息自住태성즉식자주, 不出不入불출불입. 神息常住신식상주, 而頓至滅盡定矣이돈지

멸진정의.

이 도는 오래 닦으면 마침내 쓰임이 없는 경지에 이르니,

요컨대 십 개월의 공부를 총괄하여, 신을 돌이켜 성을 안정시키고, 유에서 무로 들어가 무생無生을 실제로 증득함을 말한다. 무위의 적멸을 큰 쓰임으로 삼는 것이다.

此道久將無用處 차도구장무용처,

總言十月총언십월, 遷神定性환신정성, 從有入無종유입무, 而實證無生이실증무생 ; 以無爲寂滅이무위적멸, 爲大用者위대용자.

장생을 구하면서 나를 버리고 또 누구를 찾을 것인가?

이 구절에는 두 가지 뜻이 함께 담겨 있다. 첫째, 그대가 지금 나에게서 장생의 도를 구하여 이미 바른 법과 신선의 도를 들었거늘, 나의 가르침을 버리지 않고 다시 삿된 설을 찾지 않는 것은 그대의 참된 본성이 독실하기 때문이니, 그러므로 능히 이렇게 할 수 있는 것이다. 둘째, 도를 구하고 깨달으며 장생을 구하고 도를 증득함에는, 반드시 자신의 힘으로 해야 하며, 굳은 믿음과 깊은 마음으로 세밀히 공부해야 한다. 남의 힘은 털끝만큼도 더해 줄 수 없는 일이다.

求生捨我更尋誰 구생사아갱심수?

此句차구, 有二說雙關유이설쌍관. 一說일설, 是汝今求長生之道於我시여금구장생지도어아. 旣得聞正法仙道기득문정법선도, 更不捨我所說갱불사아소설, 而別尋邪說이별심사설, 乃由汝之眞性篤내유여지진성독, 故能如是也고능여시야. 一說일설, 是求道悟道시구도오도, 而求生證道이구생증도, 必由我自己所爲필유아자기소위；篤信堅心독신견심, 凡精密工夫범정밀공부, 他人一毫力著不得타인일호력착부득.

V.

오태초 육문
伍太初 六問

法名太初. 號見初. 第四叔父之子也, 眞陽之親弟也.

법명은 태초, 호는 견초이고, 제4숙부의 아들이며, 오진양의 친동생이다.

법륜육후도法輪六侯圖

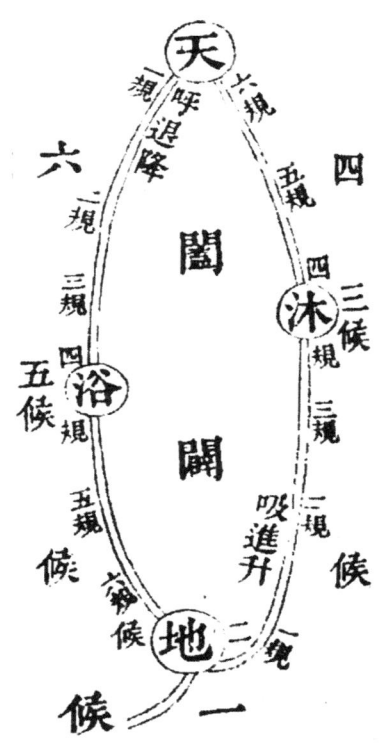

法輪六候圖법륜육후도

分開佛祖源頭路 분개불조원두로

現出西方極樂城 현출서방극락성

法輪吸轉朝天駕 법륜흡전조천가

消息呼來往地歸 소식호래왕지귀

부처와 조사들의 근원 길을 열어,

서방의 극락세계를 눈앞에 드러내는구나.

법륜이 들숨에 따라 하늘로 오르고,

날숨의 기운이 왕래하며 땅으로 돌아가네.

片時成六候 편시성육후

一刻會源頭 일각회원두

大道從中出 대도종중출

元機莫外求 원기막외구

한 찰나에 여섯 화후가 이루어지고,

한 순간에 근원과 서로 합하네.

대도大道는 그 가운데서 흘러나오며,

원기元機는 밖에서 구하지 말라.

일 문(一 問)

첫 번째 묻기를, 참된 수행 공부는 어떻게 시작해야 합니까?

一問曰 : 眞修工夫진수공부, 如何起首여하기수?

답하기를, 선도란 다만 양정을 단련하여 기로 변화시키는 것을 으뜸으로 삼을 뿐이다.

선가에서는 반드시 먼저 원정을 몸속으로 되돌려 다시 원기로 회복시킨다. 불가에서는 널리 음욕을 금하여 욕계를 벗어남을 말한다. 이 두 길 모두 음욕을 제거하는 데 뜻이 있다. 처음에 만약 이와 같이 하지 않으면, 곧 공허와 멸망에 떨어지고 만다. 한 번의 죽음이 생기면 만 번의 삶과 죽음이 이어져 윤회가 끊이지 않고 육도를 벗어나기 어렵게 된다. 만약 사람이 이와 같이 욕망을 여의는 수행을 닦는다면 이를 '청정한 범행梵行'이라 한다. 욕망을 여의어 그 과보를 성취하면 이를 '청정한 범덕梵德'이라 한다. 이것이 곧 신을 전환시켜 선정에 드는 참된 근본이다. 불문의 가르침을 살펴보면, 절강지역의 승려들 가운데 음욕을 제거하고 욕망을 여의는 수행을 말한 이들이 있었으니, 이는 천태 지의 화상의 가르침이 전해진 까닭이다. 지의의 형 진침이 장과 진인의 문하에서 배출된 까닭이다.

答曰 : 仙道不過煉陽精 선도불과연양정, 以化炁爲首者也 이화기위수자야.

305

仙家선가, 必先以元精返還於身中필선이원정반환어신중, 而復歸於元炁이복귀어원기. 佛家불가, 則泛言戒淫欲즉범언계음욕, 以出欲界이출욕계. 俱是除淫之義구시제음지의. 起首若不如是기수약불여시, 則爲落空亡즉위락공망. 若有一死약유일사, 便是萬生萬死편시만생만사, 輪迴不斷윤회부단, 六道難離矣육도난리의. 若人能修如是離欲之行약인능수여시리욕지행, 謂之淸淨梵行위지청정범행 ; 成得離欲之果성득리욕지과, 謂之淸淨梵德위지청정범덕 ; 爲轉神入定之眞基也위전신입정지진기야. 究之佛門구지불문, 惟浙僧間有談及除淫離欲者유절승간유담급제음리욕자, 由天臺智顗和尙之遺教유천대지의화상지유교. 智者之兄名陳鍼지자지형명진침, 出於張果眞人之門출어장과진인지문, 故也고야.

무릇 젊고 건장한 사람은 신과 기가 왕성하여 움직임과 고요함이 순환하는 작용이 빠르므로,
이는 납과 수은, 곧 정과 기가 부족하지 않음을 뜻하니, 그로 인해 약 또한 빠르게 생성된다는 의미이다.

第少壯之人제소장지인, 神炁盛신기성, 動靜循環之機速동정순환지기속,
言鉛汞不少언연홍불소, 故藥生亦速고약생역속.

양기가 생긴 뒤에야 비로소 채취하고 팽련할 수 있다. 이른바 "일양一陽이 생기는 날이 곧 공부를 시작하는 날이다"라고 하였고, 또 "일양이 처음 움직이는 것은 한밤중, 물시계의 물이 다 떨어질 때이다"라고 한 것이 바로 이것이다. 반드시 약이 생긴 뒤에야 화후를 운용해야 한다.

종리권 진인은 "가장 얻기 어려운 것은 소년기이다. 소년이 닦으면 그 근원이 완전하고 굳세어 공이 쉽게 드러나 천일에 이르면 크게 성취할 수 있다. 또 얻기 어려운 것은 중년의 시기이다. 중년에는 먼저 몸을 보충하여 완전하게 한 뒤, 그다음에 본격적으로 수련에 착수해야 한다. 처음에는 늙음을 되돌려 아이로 돌아가며, 그다음에는 범속을 초월하여 성인의 경지에 이른다"고 하였다.

陽炁生양기생, 而後採取烹煉이후채취팽련. 所謂소위 "一陽生是興工日일양생시흥공일", 又謂우위 "一陽初動일양초동, 中宵漏永중소루영" 是也시야, 乃有藥而後行火也내유약이후행화야.

鍾離眞人云종리진인운："難得者난득자, 是少年시소년. 少年修持소년수지, 根元完固근원완고, 易爲見功이위현공, 止於千日지어천일, 而可大成이가대성. 又難得中年우난득중년. 中年者중년자, 先補之完備선보지완비, 次下手進工차하수진공. 始也返老還童시야반로환동, 後乃超凡入聖후내초범입성."

늙고 쇠약한 사람은 신과 기가 쇠하니, 이를 일러 늙어 납과 수은이 적은 자라 한다.

여순양은 예순넷에 종리권을 만났고, 백옥섬은 예순넷에 진니환을 만났으며, 마자연은 예순넷에 유해섬을 만났고, 유랑연자 또한 예순넷에 스승을 만났다. 한나라 영제 때의 유관은 사도와 태위를 버리고 도를 배웠는데, 일흔셋의 나이에 청곡 선생에게서 도를 전해 받아 마침내 도를 이루었다. 『취허편』에서 "노인과 젊은이는 도의 길이 달라 어려움과 쉬움이 있다"라고 하였으며, 마단양은 "도를 구하려는 마음이 있다면 마땅히 일찍 돌아보아야 한다. 하물며 나이가 예순아홉에 이르렀다면 성명性命을 서둘러 구제해야 한다. 어찌 몸이 마르고 썩기를 기다리겠는가!"라고 하였다.]

老邁之人노매지인, 神炁衰신기쇠, 謂之老來鉛汞少者위지노래연홍소자. 純陽六十四歲순양육십사세, 遇鍾離우종리 ; 白玉蟾六十四歲백옥섬육십사세, 遇陳泥丸우진니환 ; 馬自然六十四歲마자연육십사세, 遇劉海蟾우유해섬 ; 劉朗然子유랑연자, 亦六十四歲遇師者역육십사세우사자 ; 劉寬於漢靈帝時유관어한영제시, 棄司徒太尉而學道기사도태위이학도, 年已七十三년이칠십삼, 受青谷先生傳道而道成수청곡선생전도이도성. 『翠虛篇취허편』云운 : "老少殊途有易難노소수도유이난." 馬丹陽云마단양운 : "有心入道當回首유심입도당회수. 況流年六九황류년육구, 性命宜乎早救성명의호조구, 莫直待身枯朽막직대신고후."

동정의 순환이 더디면, 대나무를 두드리거나 거문고를 타듯, 거북을 불러내고 봉황을 부르는 방편을 삼는다. 음이 극에 이르고 양이 돌아오면, 비로소 채취에 응할 귀한 보배가 된다.

이는 곧 『오진편』의 뜻이다.

動靜循環之機遲동정순환지기지, 則敲竹鼓琴즉고죽고금, 爲喚龜招鳳[127]之權法위환귀초봉지권법. 而後陰極陽回이후음극양회, 而爲應採之珍이위응채지진.

此차 『悟眞篇오진편』 之旨也지지야.

---

127 고죽고금敲竹鼓琴은 정기精炁의 감응을 부드럽게 일으키는 조화의 방편이고, 환귀초봉喚龜招鳳은 정귀龜과 기봉鳳가 서로 교감·회통하도록 이끄는 비유이다.

또 이르기를, "마음이 안정되지 않으면 약이 생기지 않는다"고 하였고, 이는 곧 『옥청금사』 비문의 뜻이다.

又云우운 : "不定而藥不生부정이약불생."
此차『玉清金筍옥청금사』秘文之旨也비문지지야.

왕중양 진인은 "순음의 아래에서는 반드시 화후를 써서 단련해야 비로소 양기가 발생하고, 신명이 저절로 드러난다"고 하였으니, 이것이 곧 그 뜻이다.
'신명神明'이란 곧 참된 정과 원양이 교감하여 일어나는 묘한 깨달음을 뜻한다.

重陽眞人曰중양진인왈 : "純陰之下순음지하, 須是用火鍛煉수시용화단련, 方得陽炁發生방득양기발생, 神明自來신명자래." 是也시야.
神明者신명자, 即眞精元陽之妙覺즉진정원양지묘각.

용미자 또한 "바람의 바퀴가 격동하여 참된 납이 생기는 것은, 모두 고요함이 극에 달해 다시 움직임이 생기기 때문이다"라고 하였으니, 이 말은 모두 옳다. 반드시 먼저 하나의 기밀이 발동한 뒤에야 약이 생기며, 그 약으로써 화후를 운용하는 것이다.
『영보필법』에서 종리권 진인은 "늦은 나이에 수련하는 이는 먼저 구호를 논하고, 그다음에 보익補益을 논한다. 작은 성취를 쌓아 공이 중성에 이르고, 중성의 공이 쌓이면 늙음을 되돌려 다시 동자의 기운을 얻으며, 몸을 단련하여 세상에 머물게 된다"고 하였으니, 이것이 바로 그 뜻이다.

龍眉子亦謂용미자역위 "風輪激動産眞鉛풍륜격동산진연, 都因靜極還生動도인정극
환생동"者之說자지설, 皆是也개시야. 乃有機先一著내유기선일저, 而後生藥이후생약,
以行火也이행화야.

> 『靈寶畢法영보필법』鍾離云종리운 ："晩年修持만년수지, 先論救護선론구호,
> 次論補益차론보익. 自小成積功至中成자소성적공지중성, 中積至返老還童중적
> 지반로환동, 煉形住世연형주세" 是也시야.

이것이 수행이 처음 시작될 때 드러나는 현묘한 천기이건만, 세상 사람들은
그 미묘한 차이를 알지 못하니, 그 어리석음이 이와 같다. 지금 온 세상 사람
들이 '늙은 사람은 도를 닦을 수 없다'고 말하니, 이는 단지 이 이치의 참뜻을
들어 본 적이 없기 때문이다.

> 왕중양 진인은 "만일 이 이치를 깨닫는다면 당장 눈앞에서 곧바로 돌아설
> 수 있다. 봉래의 길과 오색구름의 끝자락에 함께 들어갈 인연이 있을 것이
> 다"라고 하였다.

此起首玄妙天機차기수현묘천기, 而世人不得知者이세인부득지자, 有如此유여차.
今擧世但言衰老者不可修금거세단언쇠로자불가수, 蓋不聞此理也개불문차리야.

> 重陽眞人云중양진인운 ："若還悟此약환오차, 目下便回頭목하편회두, 蓬萊路
> 봉래로, 彩雲端채운단, 有分相隨入유분상수입."

나는 이르노니, "이 한 줄기 숨이 남아 있는 한, 누구나 도를 닦을 수 있다"고 한다.

무릇 한 줄기 호흡의 기운이 있다면, 그것은 모두 원기에서 화생한 것이다. '한 줄기 숨이 있다'는 것은 곧 원기가 아직 존재함을 뜻하니, 이는 장생의 근본이 남아 있다는 뜻이므로 신선의 도를 닦는 공부를 할 수 있는 것이다. 마단양 진인은 "기가 끊어지지 않으면 신은 견고해진다. 먼저 마음속의 말과 원숭이, 곧 들뜬 생각과 산란한 정기를 붙잡아 고요히 하면, 자연히 성명이 머무르게 된다"고 하였다.

我則曰아즉왈 : "有此一口氣在유차일구기재, 皆可爲之개가위지."

凡有一口呼吸之氣범유일구호흡지기, 皆由元炁之所化生개유원기지소화생. 一口氣在일구기재, 即元炁之猶有在즉원기지유유재. 是長生之根本在也시장생지근본재야, 故可爲修仙之事고가위수선지사. 馬丹陽云마단양운 : "氣不斷기부단, 神可固신가고. 先把馬猿用工擒住선파마원용공금주, 自然得性命停住자연득성명정주."

또 살펴보면, 『황정경』에서 "백이십 세라도 오히려 돌아갈 수 있다"고 하였다. 우리 조사 왕중양 진인은 "비록 백세라 하여도 늦은 것이 아니니, 다만 마음속에서 때를 바꾸는 데 달려 있다"고 하였다.

진니환 진인은 "만일 장생을 구하고 노쇠함을 구제하려면, 음욕을 끊고 방문旁門을 버려야 한다"고 하였다.

蓋亦觀之합역관지『黃庭經황정경』云운 : "百二十歲猶可還백이십세유가환." 我祖師
重陽眞人云아조사중양진인운 : "便如百歲未爲遲편여백세미위지, 只在心中換過時지
재심중환과시."

陳泥丸云진니환운 : "若欲延年救老殘약욕연년구노잔, 斷除淫欲棄旁門단제음
욕기방문."

또 이르기를, "옛사람은 여든이 되어도 오히려 환단還丹하였다"고 하였으며,

진니환 진인은 "만일 형체를 보존하여 세상에 영원히 머물고자 한다면, 반
드시 화후를 운용하여 신단神丹을 단련해야 한다"고 하였다.

亦云역운 : "古人八十尚還丹고인팔십상환단",

泥丸云니환운 : "果欲留形永住世과욕유형영주세, 除非運火煉神丹제비운화연
신단."

노자老子께서 스스로 "나의 머리는 이미 희어졌다"고 하셨다.

노자라 함은 곧 이노군을 이른다. 그는 태청太淸과 대적천大赤天의 태상노
군太上老君으로, 분신하여 화현하고 세상에 내려오신 분이다. 이는 본래 원
시천존元始天尊으로부터 비롯되어 처음 개벽하여 성겁成劫을 이루었고, 겁
이 무너짐에 이르렀으며, 다시 개벽하여 성겁을 세우실 때마다 분신하여 화
생하신 분이 대도군大道君이다. 겁이 무너질 때마다 이미 네 번의 성겁을 지
나, 이제 다섯 번째 성겁이 열리게 되었다. 처음 분신하여 노군으로 화생하
셨을 때 태청을 주관하셨다. 이미 다섯 겁을 거치셨기에 '노老'라 불린 것이

며, 머리가 희게 나타난 것도 이 때문이다. 또 노군이 분신하여 이씨 집안에 내려오실 때도, 사람들에게 머리 희끗한 모습으로 보이셨다. 스스로 '머리는 이미 희어졌다'고 하신 것은, 스스로 닦음이 늦었음을 말한 것이다. 이는 늙은 사람이라도 여전히 닦아 성취할 수 있음을 가리킨 것이며, 오직 정진하여 이루기를 구해야 한다는 뜻이다. 마단양 진인은 사람을 권하며 "예순아홉에도 비로소 닦고 보충하는 것이다"라고 하였고, 사람들이 "때가 이미 늦었다"고 말하자, 마단양은 웃으며 "아직 저물지 않았다"고 하였다. 또 "사람이 여든넷에 이르렀다고 해서 어찌 도 닦을 마음을 내지 않겠는가? 늙었다고 목숨만 부지하며 쉰다고 말하지 말라. 기가 끊어지지 않는다면 또한 닦고 지닐 수 있다. 다만 빨리 마음을 맑히는 것을 으뜸으로 삼아야 한다"고 하였다.

老子自言頭尚白노자자언두상백."

老子者노자자, 李老君也이노군야. 即太淸大赤天太上老君즉태청대적천태상노군, 分神化現분신화현, 下降於世하강어세. 蓋由元始天尊개유원시천존, 初開闢爲成劫초개벽위성겁, 而至劫壞이지겁괴, 次開爲成劫차개위성겁, 分神化生大道君분신화생대도군. 及劫壞급겁괴, 已歷四劫이력사겁, 次開爲第五成劫차개위제오성겁. 而初又分神化生老君이초우분신화생노군, 以主太淸이주태청. 因其已歷至五劫인기이력지오겁, 而稱老故也이칭노고야, 頭亦示以白故也두역시이백고야. 及老君分神降於李下급노군분신강어이하, 亦示人以頭白역시인이두백. 其曰頭尚白기왈두상백 ; 自言修之遲者자언수지지자. 指人雖老者지인수노자, 猶可修成유가수성, 惟要精進以求成也유요정진이구성야. 馬丹陽贊勉人云마단양찬면인운 "六旬有九육순유구, 才方修補재방수보", 衆人言晚了時光중인

언만료시광, 馬諷道마풍도 : "未暮미모". 又答우답, "人云八旬有四인운팔순유
사, 因甚發心修인심발심수. 勿言老休壽相물언로휴수상. 氣不斷기부단, 亦可修
持역가수지. 速澄心爲尙속징심위상."

　　백옥섬 진인은 "지금 이미 아흔이 되었으나, 여전히 동안이다"라고 하였으
니, 이는 모두 늙었더라도 여전히 닦을 수 있음을 말한 것이다. 갈선옹은 "나
는 지금 예순이 되었는데, 삼악도에 떨어질까 근심한다"고 하였고, 왕중양 진
인은 스스로 서술하기를, "쉰두 해 세월이 급히 흘렀는데, 일흔에 이르러도 살
아갈 날이 며칠이랴? 앞길은 험난하여 모두 윤회하게 되니, 한 번 사람의 몸
을 잃으면 만 겁 동안 허망해진다. 어찌 이 세상에 있을 때 닦지 않겠는가?"라
고 하였다.

　　유랑연 진인은 "늙음이 장차 닥쳐오기를 기다리지 말라, 몸이 죽은 뒤에야
　　어찌 될 줄을 알겠는가?"라고 하였고, 마단양 진인은 "곰곰이 생각하니 가
　　장 급한 일은 닦고 지니는 일이다. 바삐 닦고 지녀도 오히려 늦음을 한탄하
　　게 된다. 이 성명은 몸과 밀접하니, 한숨이 끊기면 몸은 흙과 거름이 된다.
　　바라건대 깨달아 빨리 닦고 지니라. 기를 굳게 하고 정을 단단히 하면 신선
　　의 반열에 오르리라"라고 하였다.

白玉蟾云백옥섬운 : "今已九旬來地금이구순래지, 尙且是童顏상차시동안." 此皆
言차개언 : 雖老猶可修也수노유가수야. 葛仙翁云갈선옹운 : "吾今六十오금육십,
憂赴三途우부삼도." 王重陽眞人自敘云왕중양진인자서운 : "五十二年光陰急오십
이년광음급, 活到七十有幾日활도칠십유기일? 前頭路險是輪迴전두로험시윤회, 一

314

失人身萬劫休일실인신만겁휴. 如何能得此中修여하능득차중수?"

劉朗然曰유랑연왈 : "莫待老之將至막대로지장지, 寧知身後何如영지신후하여."

丹陽云단양운 : "尋思最緊是修持심사최긴시수지. 急急修持尚嫌遲급급수지상
혐지. 這性命於身緊저성명어신긴, 一息不來身爲土糞일식불래신위토분. 願省悟
疾速修持원성오질속수지. 固氣精고기정, 神仙准신선준."

늙은 자는 어찌 늙음을 핑계로 삼아 뜻을 굳게 세우고 속히 닦지 않겠는
가? 젊고 장년인 자는 이를 보고 '늙어서도 닦을 수 있다'고 말하지 말라. 마
음을 방종하게 두어 스스로 게을러지면, 마침내 늙음에 이르게 된다. 종리권
진인은 "한 해가 지나면 다시 그 해가 없고, 하루가 지나면 하루가 줄어든다"
고 하였고, 마단양 진인은 "일흔의 세월이라 해도 살아갈 날이 얼마나 되겠는
가? 대략 이만 오천 일이니, 하루가 지나면 하루가 사라지고, 몸은 점점 서산
의 해처럼 저문다"고 하였다. 또 "수명을 감히 백세라 말하지 말라. 예로부터
지금까지 사람의 일생에 칠십을 사는 이도 얻기 어렵다"고 하였다.

장자양 진인은 "촛불이 바람에 꺼지게 하지 말라. 육도의 윤회는 하늘을 탓
할 수 없는 일이다"라고 하였다.

衰老者쇠노자, 又安可以老自諉우안가이노자위, 而不決志速修之哉이불결지속수
지재? 少壯者見斯소장자견사, 毋謂老既可修무위노기가수. 而縱心自怠이종심자태,
以至於老이지어노. 鍾離云종리운 : "過了一年無一年과료일년무일년, 過了一日少
一日과료일일소일일." 丹陽云단양운 : "七十光陰能幾日칠십광음능기일? 大都二萬
五千日대도이만오천일. 過了一日無一日과료일일무일일, 看看身似西山日간간신사서

315

산일." 又云우운 : "壽數休言百歲수수휴언백세, 從今古종금고, 人生七十難得인생칠십난득."

張紫陽云장자양운 : "莫敎燭被風吹滅막교촉피풍취멸, 六道輪廻難怨天육도윤
회난원천"

이 인연을 만나게 되었으면, 마땅히 이것이 만고의 선진仙眞들이 사람으로
하여 일찍이 닦도록 재촉하는 특별한 가르침임을 알아야 한다!

有緣遇此유연우차, 當知爲萬古仙眞당지위만고선진, 催人早修之特旨也최인조수지
특지야!

이 문(二 問)

두 번째 묻기를, 어느 때가 처음으로 공력을 쓰기 시작해야 할 때입니까?

二問曰 : 甚時候심시후, 是初用工之時시초용공지시?

답하기를, 무릇 사람의 기와 신은 낮에는 움직임을 주로 하고, 밤에는 고요함을 주로 한다. 하늘의 도는 낮에 움직임을 일으켜 고요함 뒤에 양을 생하게 하며, 밤이 되면 다시 순환하여 고요함으로 돌아간다. 사람이 하늘의 생명을 받았으니, 낮에는 움직이고 밤에는 고요히 하는 이치를 따라야 한다.

움직이고 쉬는 것이 곧 사람이 천도의 운행을 따르는 까닭이다.

答曰 : 凡人之氙與神범인지기여신, 皆日主動개일주동, 而夜主靜이야주정. 由天道以日而生動生陽於靜後유천도이일이생동생양어정후, 至夜則環爲靜也지야즉환위정야. 人受天生인수천생, 亦順受其日動夜靜者역순수기일동야정자.

動作休息동작휴식, 是人所以順天者시인소이순천자.

수행의 고요함을 구하는 데 있어, 세상 사람들은 대개 밤만이 그때라 여긴다.

유옥오 진인은 "수련의 공력이 깊어지면 더 이상 꿈과 깨어 있음의 차별이 없어지고, 비록 잠을 자는 동안에도 신은 흐려지지 않는다. 정이 생겨날 때는 불러 깨우지 않아도 스스로 깨닫게 된다"고 하였으며, 하운봉 진인은 "때가 무르익으면 꿈속에서도 스스로 알게 된다"고 하였다.

求修行之靜구수행지정, 莫不以唯夜爲然也막불이유야위연야.
俞玉吾云유옥오운 : "修煉力久수련역구, 更無夢覺之異갱무몽각지이, 雖當寢寐
수당침매, 神亦不昧신역불매. 精生之時정생지시, 不待喚醒부대환성, 亦自覺悟
역자각오." 夏雲峰云하운봉운 : "自然時節자연시절, 夢裏也教知몽리야교지."

고요하다가 다시 움직이면 곧 공부에 힘써야 한다. 이는 여순양 조사가 말한 "움직일 때는 공부를 하고, 고요할 때는 쉰다"는 가르침과 같다. 나는 만력 임인년(1602년) 봄, 집에서 처음으로 백일관을 시험하였으며, 정을 단련하여 기로 변화시켰다. 처음 한 달은 마음과 호흡을 조화롭게 조절하며 익혔고, 다음 한 달은 정진하여 공력을 더욱 깊게 쌓았다. 때가 무르익자 신이 스스로 알게 되었다. 한 번 주천을 운행하니 북두의 자루가 소리를 내며 회전하였다. 그 순간 세존의 "샛별을 보고 도를 깨달았다"는 말씀을 묵묵히 깨달으니, 내가 체득한 묘용이 그 뜻과 서로 부합하였다.
옛 신선이 "북두를 향해 남쪽을 바라본다"고 하였고, 선사가 "북두 속에 몸
을 감춘다"고 한 말도 모두 이 뜻과 통한다.

靜而復動정이부동, 則用工也즉용공야. 此純陽祖所謂차순양조소위 "動則施工동즉
시공, 靜則眠정즉면"之訓也지훈야. 我於萬曆壬寅春아어만력임인춘, 初試百日關於家
초시백일관어가, 而煉精以化炁이연정이화기. 首一月調習수일월조습, 次一月精進차일
월정진. 時至神知시지신지. 運一週天운일주천, 斡音豁旋斗柄알음활선두병. 默悟世尊

所謂묵오세존소위 "見明星而悟道견명성이오도"之說지설, 契我妙用계아묘용.

古仙所謂고선소위 "北斗望南看북두망남간", 禪師所謂선사소위 "北斗裏藏身북
두리장신"之說지설, 皆同개동.

그로부터 이래로, 한밤에 세 번 혹은 다섯 번씩 주천을 운행하였고, 일곱
번, 여덟 번에 이르렀으며, 나중에는 열 번 남짓 주천을 돌게 되었다. 그리하
여 공부는 밤새도록 이어져 잠시도 끊어짐이 없었다. 정이 다하여 기로 변화
하였고 화후가 이에 충족하였다. 마침내 화후를 멈추는 경지에 이르러 그 작
용을 멈추었다.

마단양 진인은 "공부에 착수하여 은밀히 닦아 완성하되, 그 공덕의 행함은
남이 알아서는 안 된다"고 하였다.

自是以來자시이래, 一夕行過三五週天일석행과삼오주천, 至七八週天지칠팔주천,
又至十餘週天우지십여주천. 則工將徹夜즉공장철야, 而無間歇矣이무간헐의. 精盡化
炁矣정진화기의, 火候斯足矣화후사족의. 遂得止火之景而止之수득지화지경이지지.

馬丹陽云所謂마단양운소위 "當下手暗修完당하수암수완, 功行不許人知공행
불허인지."

두 달 남짓한 시간이 지나, 석 달의 끝에 이르러 마침내 대약을 이루었다.
옛말에 "백일 동안 기초를 닦는다"고 하였으니, 참으로 그 말이 옳도다!

왕중양 진인은 "잘 때는 원숭이와 말을 붙잡고, 깨어나면 다시 경지瓊芝를
채취한다. 언제나 때에 맞추어 이 공부를 백 일 동안 행하되, 다만 마음으로

만 그 이치를 알아야 한다"고 하였다.

約兩月之餘약양월지여, 總三月之季총삼월지계, 而成大藥이성대약. 古言百日築基者고언백일축기자, 信哉신재!

重陽眞人云중양진인운: "睡則擒猿捉馬수즉금원착마, 醒來復採瓊芝[128]성래부채경지. 每依時這工夫百日매의시저공부백일, 只許心知지허심지."

예전 조환양 노사께서 공부를 시작하실 때는 나이가 겨우 서른이었다. 그때 신은 맑고 기는 충만하였으며, 밤이 고요할 때마다 부지런히 닦으셨다.

세속의 인연에 조금도 얽매임이 없으셨다.

昔曹還陽老師석조환양노사, 下工時하공시, 年方三十연방삼십. 神淸炁盈신청기영, 夜靜工勤야정공근.

無世緣之累무세연지루.

오십 일이 채 지나지 않아 화후가 이미 충족되었고, 그 대약을 채취하여 닷새 만에 성취하였다.

이는 공부의 행공이 지극히 정밀하였기 때문에 대약을 얻음이 이처럼 쉬웠던 것이다.

不五十日而火足불오십일이화족, 採其大藥채기대약, 五日而得오일이득.

---

128 경지瓊芝는 경장옥지瓊醬玉芝를 뜻하며, 경장은 주천을 운행할 때 도는 선천의 기를, 옥지는 혀 밑에서 생겨나는 옥액玉液을 말한다.

此行工之精차행공지정, 而得大藥之易者이득대약지이자.

눈에서는 금빛이 빛나고, 코에서는 기운이 일어나며, 귀 뒤에서는 바람이 생기고, 머리 뒤에서는 마치 독수리 우는 듯한 소리가 나고,

'취鷲'란 본래 물새로 곧 백로를 뜻한다. 머리 뒤 허공에서 백로가 울어대는 듯한 소리가 어지럽게 그치지 않는다면, 이는 대약이 성숙되기 직전의 징조이다. 세존께서 "취령鷲嶺"이라 말씀하시고, 또 "까치가 둥지를 틀어 정수리에 물을 붓는다"고 한 것도 바로 이 뜻이다.

眼有金光안유금광, 鼻有氣搐비유기휵, 耳後有風生이후유풍생, 腦後有鷲鳴뇌후유취명,

鷲爲水鳥취위수조, 即白鷺也즉백로야. 腦後虛空中뇌후허공중, 若有鷺鳥之聲약유로조지성, 亂噪不住난조부주, 則大藥將至之先兆也즉대약장지지선조야. 故世尊示人曰고세존시인왈 "鷲嶺취령", 又曰우왈 "鵲巢灌頂작소관정" 是也 시야.

몸에는 솟구치는 듯한 움직임이 일어나고, 단전에는 불구슬이 달리는 듯하며, 위로 치솟았다가 아래로 돌진한다. 이와 같이 여섯 가지 징험이 이미 드러난다.

여섯 가지란, 육근이 각각 도의 성과를 증명하여 드러내는 징험이다. 유옥오의 『참동계주』에도 여섯 가지 응험의 설이 있으니, 이와 같다. 『화엄경』에서 세존이 설한 여섯 종류의 진동과도 뜻이 같다.

身有踴動신유용동, 丹田有火珠馳驟단전유화주치취, 上沖下突상충하돌. 如是여시, 六種見驗已육종견험이.

六種者육종자, 六根有所證果之驗也육근유소증과지험야. 俞玉吾作유옥오작 『參同契註참동계주』, 亦有六種應驗之說역유육종응험지설, 同此동차, 『華嚴經화엄경』世尊亦有六種震動之說세존역유육종진동지설[129], 同義동의.

그러므로 불구슬에는 저절로 삼관을 통과하는 신묘한 작용이 있으며,

'불구슬'이란 원정과 원기가 단련되어 이루어진 금단의 대약으로, 그 형상이 불의 구슬과 같다. '투관投關'이란 스스로 힘을 내어 삼관을 돌파하는 것을 뜻한다. 고여도가 "어떻게 해야 스스로 관문을 통과할 수 있습니까?"라고 묻자, 이에 답하기를, 예전 조환양 노사는 "말이 익숙한 길을 달리듯 한다"고 하였고, 진니환은 "그다음에는 방광이 불처럼 뜨거워지고, 내부의 두 신장은 끓는 물처럼 달아오르며, 때로는 그 기운이 뛰어올라 마음의 근원을 향해 돌진한다"고 하였다. 이는 모두 금단의 대약을 얻었을 때 드러나는 신묘한 경계이다.

則火珠有自然投關之妙 즉화주유자연투관지묘,

火珠者화주자, 元精元炁원정원기, 煉成金丹大藥연성금단대약, 如火珠也여화주야. 投關者투관자, 欲自沖過三關욕자충과삼관. 顧與弢問고여도문 : 如何得自欲沖關여하득자욕충관? 答曰답왈 : 昔曹老師云석조노사운 "馬行熟路마행숙로". 陳泥丸云진니환운 : "其次膀胱如火기차방광여화, 然內中兩腎如湯煎연

---

129 T09, p.667a (대방광불화엄경 43권)

내중량신여탕전. 時乎跳動沖心源시호도동충심원." 皆言得金丹大藥之景也개
언득금단대약지경야.

비로소 천선의 금단 대도를 깨닫게 되니, 그 길은 세속과는 달리 초월적이
면서도, 불법과 근원이 서로 통한다. 우리 스승께서는 홀로 일찍이 몸에서 이
를 이루셨으니, 도를 알고 수행하여 선도를 닦을 줄 아는 참된 장부가 아니겠
는가! 이 또한 처음의 참된 때를 얻어, 양정과 양기가 돌아와 양신으로 변화
해 드러난 경지가 아니겠는가! 만약 그 증득한 바가 양정·양기·양신이 아니
라면, 곧 외도의 음신 무리에 떨어진 자라 할 것이다. 이는 처음의 '참된 때'를
알지 못한 까닭이니, 뒤에 오는 우리 문하의 수행자들은 어찌 이 '처음의 때'
를 두고 간절히, 또 일찍이 탐구하지 않겠는가!

마지막 구절은 '이를 힘써 실천하고 스스로를 경계하라'는 뜻이다.

始知天仙金丹大道시지천선금단대도, 獨異於世독이어세, 而同於佛이동어불. 吾師
獨早成之於身오사독조성지어신, 是爲知修能修仙道之偉丈夫者歟시위지수능수선도
지위장부자여! 是亦起首得眞時시역기수득진시, 還陽精陽炁化陽神而出者歟환양정양
기화양신이출자여! 若所證不得陽精陽炁陽神약소증부득양정양기양신, 便墮在外道陰
神之類者편타재외도음신지류자. 是不知起首之시부지기수지 "眞時진시"者자, 後來吾
門學者후래오문학자, 可不以起首가불이기수 "時시" 而切切早究之哉이절절조구지재!

末後句말후구, 勉之戒之也면지계지야.

삼 문(三 問)

세 번째 묻기를, 화후를 멈추는 징후가 어찌하여 지극히 중요한 것입니까?

三問曰 : 止火之候지화지후, 何爲至要하위지요?

답하기를, 약이 익고 단이 이루어졌다면 반드시 화후를 멈추어야 한다.

고여도가 "'화후를 멈춘다'는 것은 멈추어 더 이상 운행하지 않는 것입니까? 혹은 멈추었다가 다시 운행하고, 운행하였다가 다시 멈추는 것입니까?"라고 묻자, 오자가 답하기를, "연단의 법은 화후로써 약을 단련하는 것이니, 곧 소주천의 화후를 쓰는 것이다. 약이 이미 익고 단이 이루어지면, 화후를 더 이상 쓰지 않고 멈추게 된다. 이것이 소주천의 화후를 멈추는 것이다. 유위有爲의 공부를 버리고 대약을 채취하는 공부를 하면, 약이 점차 드러나고 밖으로 흩어지지 않는다. 이미 밖으로 달려 흩어짐이 없는데, 어찌 굳이 억지로 화후를 써야 하겠는가? 그러므로 반드시 화후를 멈추어야 한다. 만일 대약을 얻게 되면, 곧 대주천의 무후無候·무위無爲의 화후로 기를 단련하여 신으로 변화시킨다. 대체로 소주천과 대주천은 있음과 없음, 즉 유위와 무위의 공부가 서로 다르다. 그러므로 반드시 먼저 이 화후를 멈추어야 하며, 그 뒤로는 완전히 쓰지 않게 된다"고 하였다.

答曰 : 藥熟丹成약숙단성, 則必止火즉필지화.

顧與羲問曰고여도문왈 : 止火者지화자, 是止而不行乎시지이불행호? 是止而復行시지이부행, 行而復止乎행이부지호? 伍子答曰오자답왈 : 煉丹之法연단지법, 以火煉藥이화연약, 用小週天火也용소주천화야. 藥已熟약이숙, 丹已成단이성, 則不用火而止즉불용화이지. 是止小週天之火시지소주천지화. 棄卻有爲之工기각유위지공, 行採大藥之工행채대약지공, 則藥漸見즉약점현, 不生向外불생향외. 既不生向外馳기불생향외치, 何必強用火하필강용화? 故必止火고필지화. 若得大藥약득대약, 則將大週天無候無爲之火즉장대주천무후무위지화, 以煉炁化神이연기화신. 蓋小與大개소여대, 有與無유여무, 不同工者부동공자. 故必要先止此火고필요선지차화, 而全然不用이전연불용.

단약丹藥이 아직 성숙하지 못하면 화후는 멈출 징후가 나타나지 않는다.
화후가 충족한 징후가 드러나면, 곧 단이 이루어진 조짐이 드러난 것이니, 이때 마땅히 화후를 멈추어야 한다. 그 멈추는 시점이 적절해야 법도에 맞는다. 단이 아직 이루어지지 않아 멈출 징후가 없다면 화후를 멈추어서는 안 되며, 더욱 정진해야 한다. 화후는 반드시 단이 완전히 이루어질 때까지 단련한 뒤에 멈추어야 한다.

丹藥未成熟단약미성숙, 則火無止景즉화무지경.
有火足之候見유화족지후현, 即丹成之候見也즉단성지후현야, 於是當止어시당지. 而止之得其宜矣이지지득기의의. 丹未成단미성, 無止景무지경, 不當止火부당지화, 又宜精進우의정진. 火必煉至於成丹而後止화필연지어성단이후지.

만약 단이 이미 익었는데 그 징후를 알지 못한 채 화후를 멈춘다면, 비록 오랜 세월 동안 따뜻한 불로 단을 기른다고 하더라도, 양정과 양기를 단전에 머물게 하여 잠시 동안 장생불사의 경지를 얻을 뿐이다.

갈선옹은 "몸을 굳게 하고 신을 보존함에 정보다 큰 것은 없다"고 하였다.

若己丹熟약이단숙, 而不知景이부지경, 止火지화, 縱經多劫而溫火養丹종경다겁이온화양단, 守住陽精陽炁於丹田수주양정양기어단전, 能暫得長生不死능잠득장생불사.

葛仙翁云갈선옹운 : "固形保神고형보신, 莫大於精막대어정."

끝내 범부의 태와 범질을 벗어나지 못하여, 여전히 생사가 남아 있으면 성인의 경지를 증득한 것이 아니다.

약물이 참되고, 화후가 참되며, 단련법이 참되어 대약을 이루는 자는 진실로 세속을 초월한 성진이라 할 것이다. 그런데 어떻게 화후를 멈출 줄 모를 수 있겠는가? 이는 제자가 전생에 닦은 공행이 얕고, 금생의 서원이 장생불사에만 머물기 때문이다. 다만 단명에서 벗어나 오래 살고, 부귀와 안락을 오래 누리고자 할 뿐이다. 그래서 선사도 그의 뜻을 따라 장생만을 허락할 뿐이다. 그러므로 정기가 단전에 머무는 자는 반드시 죽지 않는다. 이는 진희이가 말한 "양정을 머무르게 하면 반드시 장생한다"는 뜻과 같다. 범부의 정이 새어나가는 것은 모두 단전 속의 원기가 밖으로 발하여 흩어지기 때문이다. 이를 신선과 범부의 차이로 살펴보면, 단전은 지킬 수도 있고, 새어나갈 수도 있는 자리이며, 또한 살 수도 있고 죽을 수도 있는 근본이다. 정을 단전에 머물러 지킨다 해도, 세월이 흐르면 다시 흩어지니 이는 범부의 일반적인 상태와 같아 결국 범부의 생사를 벗어나지 못한다. 그러므로 잠시 지킬 뿐이라면 반드시 신으로 변화하는 경지를 구해야 한다.

畢竟未脫凡胎凡質필경미탈범태범질, 猶有死生在유유사생재, 非證聖也비증성야. 藥物眞약물진, 火候眞화후진, 煉法眞연법진, 而得成大藥者이득성대약자, 固是出世之聖眞也고시출세지성진야. 何又不知止火하우부지지화? 蓋由學者前生之積修功行淺개유학자전생지적수공행천, 今生之志願금생지지원, 止於求長生不死지어구장생불사. 欲長於短壽욕장어단수, 長享富貴安樂而已장향부귀안락이이. 故仙師고선사, 亦止以長生與之역지이장생여지, 遂其志耳수기지이. 故精炁住於丹田者고정기주어단전자, 必不死필불사. 即陳希夷所謂즉진희이소위 "留得陽精유득양정, 決定長生결정장생"之說也지설야. 凡夫精之泄者범부정지설자, 皆由丹田中元炁所發而化개유단전중원기소발이화. 即此仙凡而觀즉차선범이관, 則丹田乃可守可泄之地즉단전내가수가설지지, 亦可生可死之基역가생가사지기. 若留精守於此약유정수어차, 久之而復泄之구지이부설지, 同於凡夫之常見동어범부지상견, 猶不脫凡夫之死生유불탈범부지사생. 故暫守之者고잠수지자, 必求化神필구화신.

초탈하고 복식하며 신을 돌려 입정하고 출신하는 모든 일은 모두 화후를 멈춘 뒤에 이루어진다. 이 화후를 멈추는 것은 범속을 초월하여 성인의 경지에 들어가는 제일의 현묘한 관문이니, 어찌 지극히 중요하지 않다고 하겠는가? 무릇 화후가 이미 멈추면, 마땅히 혼돈의 칠일 동안 금단의 대약을 채취해야 한다.

앞의 백일관 중에 '약을 채취한다'고 한 것은 바로 초양初陽의 미세한 기를 뜻한다. 이 약은 채취하기 쉬워 잠깐의 때만 쓰면 되고, 한순간의 수련으로도 약을 얻을 수 있다. 그래서 달마가 "두 번째 화후에서 모니를 채취한다"고 한 것이 바로 이것이다. 팽련하고 훈증하여 원기를 보충하면 충분해지고, 양기가 왕성해져 그 형상이 드러난다. 그러나 기가 어찌 형상이 있겠는가? 물질적 형체가 아니라 다만 불의 열기 같은 모양일 뿐이다. 그래서 옛말에 "단전의 불이 치열하다", "두 콩팥이 끓는다", "불구슬이라 한다"고 한 것이다. 오직 이러한 형상이 나타난 뒤에야 신이 밖으로 나가 형상을 변화시켜 몸 밖에 또 다른 몸을 만든다. 이는 무에서 유가 생겨나는 것으로, 채취한 뒤에야 비로소 생겨나는 것이다. 그러므로 이 채취는 어렵고, 반드시 칠일 동안 채취하는 공부를 해야 얻을 수 있으며, 그렇지 않으면 결코 얻을 수 없다.

所有超脫服食轉神入定出神之事소유초탈복식전신입정출신지사, 皆在止火之後개재지화지후. 是止火시지화, 爲超凡入聖關頭第一玄機也위초범입성관두제일현기야, 安得不爲至要안득불위지요? 夫火旣止부화기지, 當採金丹大藥於混沌七日당채금단대약어혼돈칠일.

前百日關中전백일관중, 固言採藥고언채약, 乃初陽之微炁내초양지미기. 採之易者채지이자, 只用片晌之候지용편상지후, 一瞬息之工而可得藥일순식지공이가득약. 故達摩云고달마운 "二候採牟尼이후채모니", 言此也언차야. 及烹煉薰蒸급팽련훈증, 補得元炁已足보득원기이족, 則陽盛而可見形즉양성이가현형. 然炁何以有形연기하이유형? 非形質也비형질야, 乃有似火熱之形也내유사화열지

형야. 故古云丹田火熾고고운단전화치, 曰兩腎湯煎왈양신탕전, 曰火珠是也왈
화주시야. 唯有此形유유차형, 而後能出神이후능출신, 變化有形변화유형, 爲
身外身위신외신. 此是無中生有차시무중생유, 採之而後生者채지이후생자 ; 故
採之難고채지난, 必用採工於七日필용채공어칠일, 方有得방유득, 不如是불여
시, 則不得즉부득.

첫째·둘째·셋째 날 이전은 날수가 적어 단을 얻지 못하는 경우를 제외하
면, 넷째·다섯째·여섯째·일곱째 날 사이 그 가운데 어느 하루에, 단전에서
불이 치열하게 타오르고, 두 콩팥이 끓는 것을 보게 되고,
'불이 치열하다'는 것은 내적인 징조이고, '탕약처럼 끓는다'는 것은 외적인
징조이다.

除一日二日三日之前제일일이일삼일지전, 日少而不能得丹之外일소이불능득단지외,
於四日五日六日七日之間어사일오일육일칠일지간, 其中或有一日기중혹유일일, 見丹田
火熾현단전화치, 兩腎湯煎양신탕전,
火熾者화치자, 內景也내경야. 湯煎者탕전자, 外景也외경야.

귀 뒤에서 바람 부는 듯한 소리가 나며,
'호呼'란 바람 소리와 같은 것이다.

風呼耳後풍호이후,
呼者호자, 似風之聲也사풍지성야.

옥경산에서 독수리가 우는 듯한 소리가 난다.

옥침관 위의 자리를 옥경산이라 하니 곧 머리 뒤이다. 선가에서는 참새가 쨕쨕대는 듯한 비유를 들며 '있는 듯 들린다'고 하였고, 불가에서는 '취령鷲嶺'이라 하여 독수리 소리에 비유했을 뿐 실제 독수리가 우는 산이란 뜻이 아니다.

鷲噪京山취조경산.

玉枕關上옥침관상, 名玉京山명옥경산, 即腦後之處즉뇌후지처. 仙家有雀聲嘖嘖之喩선가유작성책책지유, 言其似有也언기사유야. 佛家有鷲嶺之喩불가유취령지유, 亦言其似有鷲鳴역언기사우취명, 非實有鷲鳥所鳴之嶺비실유취조소명지령.

이때 눈 아래에 금빛이 나타나니,

눈빛이 원만하여 금빛과 같고, 양기가 다시 돌아온 원만함의 징조이다. 선가에는 『금광주』, 불가에는 『금광명경』이 있으니, 모두 이 뜻이다.

斯時也사시야, 眼底金光안저금광,

眼光圓滿如金光안광원만여금광, 陽炁復還양기복환, 圓滿之徵也원만지징야. 仙家有선가유『金光咒금광주』, 佛家有불가유『金光明經금광명경』, 皆此개차.

단전 속의 대약이 한 알로 이루어진다,

'단전 속에 불구슬이 있다'는 설은 곧 '한 알의 도규刀圭'이며, "한 알 뒤에 또 한 알이 이어져 미세한 것에서 점차 분명해진다"는 뜻이다.

田中大藥전중대약, 一粒至矣일립지의.

丹田中有火珠之說단전중유화주지설, 即所謂즉소위 "一粒刀圭일립도규", 即所
謂즉소위 "一粒復一粒일립부일립, 從微而至著종미이지저" 者자.

바로 세존께서 말씀하신 "화장한 이후에 사리를 거두는 것"이 이것이다.

'화장한 이후'란 선가에서 말하는 소주천의 화후와 같으며, '사리를 거두는
것'은 선가에서 대약을 채취하여 현주玄珠를 얻는 것에 비유한 것이다.

正世尊所爲정세존소위 "火化以後收取舍利화화이후수취사리"者자, 此也차야.

火化後화화후, 同仙家小週天之候也동선가소주천지후야, 收舍利者수사리자,
同仙家採大藥동선가채대약, 得玄珠之喩득현주지유.

이른바 "물속의 현주"라 이름하니,

황제는 망상岡象으로 현주를 얻었으니, '망상'이란 형상이 없음을 뜻한다.
이는 무위의 공부, 즉 형상이 없는 화후로 현주를 구한다는 뜻이다.

有名曰유명왈 "水裏玄珠수리현주",

黃帝以岡象得玄珠황제이망상득현주, 岡象망상, 如言無象여언무상. 即是以無
爲之工즉시이무위지공, 無象之火무상지화, 以求玄珠意이구현주의.

청룡과 차녀의 교합으로 인해 채취되어 오므로, 간략히 이를 "용녀가 구슬을 바친다"고 한다. 이 구슬을 얻는 자는 무루과無漏果를 이루고, 무량한 수명을 증득한다.

처음에는 장생을 얻고, 뒤에는 겁운을 초월하니, 모두 이 보주를 얻어 바른 도과를 이루는 것이다.

有因以靑龍姹女採取而來유인이청룡차녀채취이래, 故略言之曰고약언지왈 "龍女獻珠용녀헌주". 得此者득차자, 獲無漏果획무루과, 證無量壽증무량수.

初證長生초증장생, 後超劫運후초겁운, 皆由得此而成正果개유득차이성정과.

어찌 이를 소홀히 하여, 그 깊은 이치를 궁구하지 않겠는가! 그러므로 『직론』에서 사람들에게 곧바로 가르쳐 이르기를, "화후를 멈추는 경지止火景"라 하였다.

豈可忽之기가홀지, 而不知究之哉이부지구지재! 所以소이 『直論직론』 直示人曰직시인왈 "止火景지화경".

사 문(四 問)

네 번째 묻기를, 세상 사람들이 화후를 멈추는 법을 알지 못하는 경우가 가장 많은데, 그 뒤에 증득하는 바는 어떠합니까?

신선이나 성인들 가운데서도 화후를 멈추는 법을 말하지 않은 이가 많다. 비록 신선의 책에서 남겨진 말씀을 본다고 하더라도, 그것이 요체임을 알지 못한다. 간혹 이에 대해 언급한 이를 본다 해도, 그가 누설한 비밀의 요지를 알지 못한다. 이미 신선의 기밀을 알지 못하니, 신선의 과果를 증득할 수 없다. 내가 그것을 알지 못하는데, 어찌 참된 과를 증득할 수 있겠는가?

四問日 : 世人不知止火法者最多세인부지지화법자최다, 其後所證기후소증, 何如하여?

仙聖不言止火者선성불언지화자, 亦多역다. 雖見仙書遺言수견선서유언, 亦不知此爲要역부지차위요. 間或見有言者간혹견유언자, 亦不知其泄秘之要역부지기설비지요. 既不知仙機기부지선기, 不能證仙果불능증선과. 我不知彼아부지피, 還可證其果환가증심과?

답하기를, 다만 장생불사할 수 있을 뿐이니, 이는 욕계에서 처음 이루는 과과로 인선人仙이라 한다. 하루를 지켜낼 수 있다면, 그 하루 동안 죽지 않는 인선이 된다.

양정이 왕성하고 충만한 것은 장생의 근본 뿌리이다. 그것이 단전으로 돌아온 뒤에야 비로소 가득 채울 수 있다. 충만한 뒤 이를 지켜내면 허물어지지 않고 장생을 얻게 된다. 잠시 지키면 잠시 얻고, 오래 지키면 오래 얻는다. 그러므로 여순양 진인은 "세상의 갑자甲子는 간섭하지 못하고, 항아리 속의 천지는 다만 자유로울 뿐이다"라고 하였다.

答曰：只可長生不死지가장생불사, 爲欲界初成之果위욕계초성지과, 人仙是也인선시야. 能守一日능수일일, 則爲一日不死之人仙즉위일일불사지인선.

陽精盛滿양정성만, 是長生之本根시장생지본근. 由其歸於丹田유기귀어단전, 而後可得滿이후가득만, 滿而守於此中만이수어차중, 則不虧而得長生즉불휴이득장생. 暫守暫得잠수잠득, 久守久得구수구득. 故純陽祖云고순양조운 : "世間甲子管不得세간갑자관부득, 壺裏乾坤只自由호리건곤지자유."

백천만억 세겁 동안 죽지 않는 인선이란, 곧 백천만억 세겁에 걸쳐 끊임없이 지켜온 공덕의 결과이다.

왕과재는 "하루 열두 시진 동안 한순간도 끊어지지 않고, 일 년 열두 달 동안 달마다 오래 지속된다"고 하였다. 『해객론』에서 "그대가 방실房室을 멀리할 수 있다면, 원기가 흩어지지 않으니 장생할 수 있다"고 하였다.

百千萬億歲劫不死之人仙백천만억세겁불사지인선, 即百千萬億歲劫久守之功也즉백천만억세겁구수지공야.

王果齋云왕과재운 : "一日十二時일일십이시, 時時不絕시시부절, 一年十二月일년십이월, 月月長存월월장존." 『海客論해객론』 云운 : "汝能遠離房室여능원리

방실, 元炁不散원기불산, 可以長生가이장생."

또 묻기를, 어떠한 방법으로 지켜야 합니까?

又問曰：用如何法守용여하법수?

답하기를, 양정이 응결되어 이미 단을 맺은 것은, 이를 불사의 근본이라 한다. 이를 하단전에 지키며, 소주천의 훈증 시기를 벗어나지 않고 따뜻하게 길러야 한다.

『태식경』에서 "신기를 알면 장생할 수 있으니, 허무를 굳게 지켜 신기를 기른다"고 하고, 또 "만일 장생을 구한다면, 신과 기가 서로 머물러야 한다"고 하였다. 『태상구요심인경』에서 "그 신을 간직하고, 그 기를 지킨다"고 하였으며, 또한 이를 엎드린 거북에 비유하여 '신귀神龜'라 하였으니, 거북이 물속에서 숨을 머금듯 기가 머무는 것을 '신기神炁'라 한다. 사람의 뿌리와 근본이 모두 이곳에 있다.

答曰：陽精凝聚양정응취, 已結丹者이결단자, 謂之不死之基위지불사지기. 守在下田수재하전, 當不離小週薰蒸之候당불리소주훈증지후, 而溫養之이온양지.

『胎息經태식경』云운："知神炁可以長生지신기가이장생, 固守虛無고수허무, 以養神炁이양신기." 又云우운："若欲長生약욕장생, 神炁相住신기상주."『太上久要心印經태상구요심인경』云운："存其神존기신, 而守其炁이수기기." 又象伏龜우상복귀, 故名神龜고명신귀 ; 龜含水中귀함수중, 有炁曰神炁유기왈신기. 人

之根蒂俱在此處인지근체구재차처.

다시 새어 흘러나가지 않으면 참된 기가 항상 머물러 죽지 않게 된다. 참된 기가 충족하면 죽음에 이를 이치가 없다.

종리권 진인은 "참된 물과 참된 불이 하나로 합하여 대약을 이루면, 단전에 영원히 머물러 영겁토록 죽지 않고 수명이 천지와 나란하다"고 하였다. 『태식경』에서 "기가 몸에 들어오면 그것을 삶이라 한다"고 하였고, 천진 황인은 "기가 흩어지지 않으면 목숨이 끊어지지 않고, 목숨이 끊어지지 않으면 몸도 사라지지 않는다"고 하였다. 『선경』에서 "정을 돌려 태식을 행하면 수명이 끝없이 이어진다"고 하였으며, 왕중양 진인은 "참된 기를 아껴 단전에 머물게 하면, 그 사람은 죽지 않는다"고 하였다.

不復洩漏불부설루, 則眞炁常住즉진기상주, 所以不死소이불사. 有眞炁足유진기족, 則無可死之理즉무가사지리.

鍾離祖云종리조운 : "眞水眞火合一진수진화합일, 煉成大藥연성대약, 永鎭丹田영진단전, 浩劫不死호겁불사, 壽齊天地수제천지." 『胎息經태식경』云운 : "炁入身來기입신래, 謂之生위지생." 天眞皇人云천진황인운 : "炁不散기불산, 則命不亡즉명불망, 命不亡명불망, 則形不滅也즉형불멸야." 仙經云선경운 : "還精胎息환정태식, 延壽無極연수무극." 重陽祖云중양조운 : "惜眞炁在丹田석진기재단전, 其人不死기인불사."

만약 오래도록 지켜 하단전을 안정시키지 않으면, 그 참된 기는 도리어 욕망의 경계로 흩어질 수 있으며 근본 또한 무너질 수 있다.

소자허는 "근래 도를 닦는 이들에게 전하노니, 정을 단련하되 머물지 않으면 또한 헛되다"라고 하였다.

若不久守以鎭下田약불구수이진하전, 其眞또기진기, 猶可散於欲境유가산어욕경, 而基亦可壞이기역가괴.

蕭紫虛云소자허운 : "爲報近來修道者위보근래수도자, 煉精不住亦徒然연정부주역도연."

반드시 화후가 멈추어야 할 때를 알아 그쳐야 하며, 멈춘 뒤에야 비로소 대약을 채취하여 위로 초탈할 수 있다. 이때 곧 육통 가운데 하나를 얻게 되니, 그것이 바로 누진통이다.

'누진통'이란 양정陽精이 새지 않아 신통을 이루는 것이며, 육통의 근본이 된다.

是必要知火所當止而止之시필요지화소당지이지지, 止了之後지료지후, 方可採大藥而超脫向上방가채대약이초탈향상. 斯時사시, 即得六通之一즉득육통지일, 爲漏盡通也위누진통야.

漏盡通者누진통자, 陽精無漏양정무루, 成神通也성신통야, 爲六通之根本위육통지근본.

남근이 동자와 같아진다. 곧 『화엄경』에서 말한 "장부의 몸을 갖추어 여래를 성취하고, 말메뚜기 같은 음부를 감추는 상을 지닌다"는 뜻이 이것이다.

이는 '늙은이가 다시 동자의 몸으로 돌아간다'는 뜻이니, 정이 새던 자도 수행하면 그 누설의 구멍이 막히고, 정이 고갈된 자도 수행을 통해 다시 충족하게 된다는 의미이다. 그래서 어른의 남근이 동자의 작은 남근처럼 된다. 옛적에 세존께서 여래의 길을 닦으실 때 삼십이상을 이루셨는데, 그중 하나가 '음부가 말메뚜기馬蝗와 같다'는 것이다. 말메뚜기는 스스로 오므려 짧게 할 수 있으니, 이는 신경腎莖이 수축되어 짧아지는 모습을 비유한 표현이다. 이러한 경지는 참된 신선이 닦아 얻는 경지와 같으며, 겉으로 불종이라 칭하면서 실제로 외도인 자는 결코 이를 얻을 수 없다.

男根如童子矣남근여동자의. 即즉『華嚴經화엄경』所謂소위 "具丈夫形구장부형, 成就如來성취여래, 馬陰藏相마음장상.[130] 是也시야.

即老者返爲童之說즉노자반위동지설, 精有泄竅者정유설규자, 修成無泄竅수성무설규, 精已枯竭者정이고갈자, 修成滿足수성만족. 大人之身根대인지신근, 如童子之小根여동자지소근. 昔世尊修如來時석세존수여래시, 成三十二相성삼십이상, 其一曰陰藏如馬蝗기일왈음장여마황. 馬蝗能縮短마황능축단, 腎莖縮短似之신경축단사지, 故以爲喩고이위유, 即此說也즉차설야. 此與眞仙修證同차여진선수증동, 若假稱佛宗약가칭불종, 而爲外道者이위외도자, 不能有此불능유차.

화후를 멈추는 법을 알지 못하는 자는, 따로 채취의 공부를 써서 대약을 구해도 초탈할 수 없으니, 어떻게 참된 경지에 이르러 도를 완성할 수 있겠는

---

130 " (T10, p.149c) (T : 大正新脩大藏經, T10 : 華嚴經)

가? 멈출 줄 아는 자는 약을 채취하여 얻으면, 그 힘이 충족하여 관을 통과할 수 있다. 이는 실로 근원의 맑은 물을 얻어 단련함으로써 불의 조화가 충분해졌기 때문이다. 또 멈추어야 할 때의 징후를 알아 조금도 어긋남이 없는 힘에서 이루어진 것이다.

이 다섯 구절은 수행의 참된 증험과 실제를 말한 것이니, 마침내 신선의 경지에 이르게 됨이 틀림없다.

不知止火者則不能別用採工以求大藥而超脫부지지화자즉불능별용채공이구대약이초탈, 何以得成眞了道哉하이득성진료도재? 知止者採而得藥力足以通關지지자채이득약력족이통관. 實由得淸源之水煉到火足실유득청원지수연도화족. 而知止候不差之力也이지지후불차지력야.

此五句차오구, 是言修之眞證之實者시언수지진증지실자, 成仙必矣성선필의.

만약 약이 응하지 않아 채취해도 오지 않는다면, 이는 곧 구장춘 진인이 말한 "불이 적으면 금정이 날지 않는다"는 까닭이다.

수행자가 화후를 멈추어야 할 징후를 알지 못하고, 또 징후가 없을 때는 멈추어서는 안 된다는 사실도 모르니, 함부로 멈추게 되어 불이 부족해진 것이다. 그리되면 참된 기는 충족되지 못하고 대약은 이루어지지 않으며, 비록 채취하더라도 약이 오지 않는다. 이는 배우는 자를 경계하는 말이니, 멈추어야 할 징후를 분명히 알아야 한다.

若藥不應약약불응, 採而不來채이불래, 即邱祖眞人所云즉구조진인소운 "火少화소,

則金精不飛즉금정불비"之故也지고야.

修士수사, 不知火有止候之景부지화유지후지경, 亦不知無景之不當止역부지무경지부당지, 乃妄止之而致火少내망지지이치화소. 則眞炁未滿足즉진기미만족, 大藥未成대약미성. 雖採而無藥可來수채이무약가래. 此正教誡學者차정교계학자, 要知當止之景也요지당지지경야.

혹 약을 얻었다 하더라도, 그 힘이 부족하여 관을 통과하지 못한다. 이는 다만 수원의 근원만 알았을 뿐이며, 약을 조절하는 법을 알지 못하여, 마땅히 채취해야 할 때 이르지 못한 것이다. 그로 인해 기가 미약해지는 병이 생긴다. 비록 약을 얻었다 하더라도 여전히 기가 약하고 힘이 미약하여, 관을 돌파하지 못하여 대도를 이루지 못한다.

약이 생길 때 너무 일찍 채취하면 참되지 않아 기가 미약해진다. 이는 『주역』에서 말한 "초구初九는 쓰지 말라"는 뜻이다. 만일 미약한 기를 잘못 사용하면, 결코 크게 성취하는 공을 이룰 수 없다.

或得藥來혹득약래, 而力不足以通關이력부족이통관. 是知水源之初시지수원지초, 未知調藥不及於當採之時미지조약불급어당채지시. 而炁微之病이기미지병 ; 雖得藥來수득약래, 猶是炁微力弱유시기미력약, 不能沖關而成大道불능충관이성대도.

藥生時약생시, 採之太早채지태조, 則不眞而生炁微즉부진이생기미. 正謂初九勿用정위초구물용. 若誤用微炁약오용미기, 決無大成之功결무대성지공.

이로써 단전을 오래 지키면 또한 장생하는 인선이 될 수 있다. 이는 기가 충족된 사람에 버금가며, "양정을 머무르게 하면 반드시 장생한다"는 말의 작은 효험과 같다.

이는 곧 기가 충족된 사람보다는 한 단계 아래이나, 범부가 정을 함부로 새지 않게 한 것보다 훨씬 뛰어난 경지이다.

以此久守於丹田이차구수어단전, 亦可爲長生人仙역가위장생인선. 如炁足者여기족자, 亦如역여 "留得陽精유득양정, 決定長生결정장생" 者之小效자지소효.

此即次於炁足者차즉차어기족자, 愈於凡夫之不妄泄者유어범부지불망설자.

팔백 세를 살았다는 전갱과 같은 사람이 있다.

이 조목에서 어찌 전갱을 증거로 든 것인가? 예로부터 다만 그의 장수를 칭송했을 뿐, 그의 신통함을 칭송한 예는 보지 못하였다. 이는 단지 채보의 작은 방술로 얻은 미미한 효험에 지나지 않는다. 그는 선천의 자연스러운 충만한 기를 알지 못하였고, 결국 선천의 충만한 기의 공을 얻지 못하였다. 비록 수명을 연장할 수는 있었으나 팔백 세에 그쳤으며, 생사를 벗어나 겁운을 초월할 수는 없었다. 이와 같은 부류이므로, 바로 그것이 이 뜻을 증명하기에 충분하다.

所有八百歲如錢鏗者소유팔백세여전갱자.

此款차관, 何擧錢鏗爲證하거전갱위증? 由其從來只見稱其壽유기종래지견칭기수, 不見稱其神通者불견칭기신통자. 蓋以採補小術小效而已개이채보소술소효이이. 不知先天自然之足炁부지선천자연지족기, 乃不得先天足炁之功내부득선

341

천족기지공. 可以延年가이연년, 止於八百지어팔백, 不可逃生死以超劫運불가도

생사이초겁운. 即此之類즉차지류, 故足以證此고족이증차.

칠백 세를 살았다는 노고추가 있었으니, 곧 부처님의 제자인 가섭과 같은
이다.

'노고추'라 함은 그가 단정히 앉아 좌선하는 모습이 보배탑처럼 우뚝함을

말한다. 옛날 세존께서 말씀하시기를, "그는 아라한처럼 생사를 벗어나지 못

하였다"고 하셨다. 만일 아라한처럼 생사가 완전히 끊어졌다면, 그 위로 겁

운을 초월할 수 있었을 것이다. 그러나 생사를 여의지 못하였으므로, 끝내

생사의 굴레에서 벗어남을 면치 못하였다. 그러므로 다만 당시 사람들이 그

를 일컬어 칠백 세를 살았다고 한 것뿐이다.

有七百年老古錐유칠백년노고추, 如佛弟子迦葉者여불제자가섭자.

老古錐노고추, 是言其端坐시언기단좌, 卓然如寶塔탁연여보탑. 昔世尊言其不

能不生死如阿羅漢석세존언기불능불생사여아라한. 若如阿羅漢無生死약여아

라한무생사, 則向上可超劫運즉향상가초겁운. 不能無生死불능무생사, 終有生

死不能免종유생사불능면. 故只見當時稱其七百年고지견당시칭기칠백년.

천칠십이 세를 살았다는 이가 있었으니, 곧 보장화상과 같은 인물이다.

일설에는 "보장화상 또한 서역에서 동토로 온 사람이며, 달마가 동쪽으로 건너

올 때 서로 마주쳤다"고 한다.

有一千七十二歲유일천칠십이세, 如寶掌和尚者여보장화상자.

一云일운 : 寶掌和尚亦西土人來東者보장화상역서토인래동자, 遇達摩於東度

之우달마어동도지.

　모두 이러한 부류에 속하나, 다만 한 생의 겁수에 그칠 뿐이다. 그들은 천지
에 견줄 만큼의 장수를 구하지만, 더 나아가 겁운을 초월할 수 있는 자는 오
직 화후를 멈출 때를 알고 약을 얻어 관문을 통과하고, 복식을 행하며 입정·
출신하는 자만이 그 경지에 이를 수 있다. 그러므로 『영보도인경』에서 "도의
수명은 무궁하고, 하늘의 수명은 유한하며, 사람의 수명은 일정하지 않다. 참
됨이 도와 통하면 그 수명은 헤아릴 수 없다"고 하였다. 이른바 '장생구시長生
久視'라 하니, 그 수명은 끝이 없다는 뜻이다.

　　여순양 진인은 "한 점의 원양으로 형체를 단련하여 기로 변화시키고, 형체
　　가 기로 화하면 범속한 몸을 초월하여 성인의 반열에 든다"고 하였다. 삼만
　　육천 년을 한 해로 삼고, 삼만 육천 해를 한 겁으로 삼으며, 삼만 육천 겁을
　　한 호겁으로 삼는다. 끝없는 호겁의 세월은 그 길이를 헤아릴 수 없으나 천
　　지와 더불어 영원히 존속한다. 『선경』에서 "단을 복용하고 하나를 지키면
　　하늘과 더불어 다함이 없다"고 하였다.

　皆是此類개시차류, 但僅能至年劫단근능지년겁. 多求其壽齊天地다구기수제천지 ;
而更能超劫運이갱능초겁운, 唯知止火得藥유지지화득약, 而通關服食이통관복식, 入
定出神者能之입정출신자능지. 故고 『靈寶度人經영보도인경』道言도언 : "道壽無極도
수무극, 天壽有窮천수유궁, 人壽無定인수무정. 眞與道通진여도통, 壽則無數수즉무

수." 所謂長生久視소위장생구시, 壽歷無極수력무극.

　　呂祖眞人云여조진인운 ："一點元陽일점원양, 以煉形化炁이연형화기, 使形化
　　炁사형화기, 超凡軀초범구, 入聖品입성품." 以三萬六千年爲一歲이삼만육천년
　　위일세, 三萬六千歲爲一劫삼만육천세위일겁, 三萬六千劫爲一浩劫삼만육천겁
　　위일호겁. 浩浩之劫호호지겁, 不知歲月之幾何부지세월지기하, 而與天地長久이
　　여천지장구. 仙經云선경운 ："服丹守一복단수일, 與天相畢여천상필."

　　그러므로 멈출 줄 알게 된 뒤에야 비로소 큰 차이가 드러난다. 그 뜻은 이
와 같다. 옛날 종리권 선옹은 "단이 이미 익었으면 다시 화후를 운용할 필요
가 없으며, 다시 화후를 행하면 반드시 단을 상하게 한다"고 하였고, 장자양
또한 "환단을 아직 단련하지 않았다면 속히 단련해야 하며, 단련을 마쳤다면
멈출 줄 알고 만족할 줄 알아야 한다. 만약 가득 참을 지니고도 멈출 줄 모른
다면, 하루아침에 재앙과 욕됨을 당하여 피할 수 없을 것이다"고 하였다. 또
한 미륵께서 "비록 팔만 겁을 지나더라도, 마침내는 공허와 멸망에 떨어지고
만다"라고 하셨다. 뒤에 오는 성인들이여, 화후를 멈추어야 할 징후를 어찌 서
둘러 알지 않을 수 있겠는가?

　　所以知止後有大異者소이지지후유대이자, 如此여차. 昔鍾離祖仙翁云석종리조선옹
운 ："丹熟不須行火候단숙불수행화후, 更行火候必傷丹갱행화후필상단." 張紫陽亦云
장자양역운 ："未煉還丹須速煉미연환단수속연, 煉了還須知止足연료환수지지족. 若
也持盈未已心약야지영미이심, 不免一朝遭殆辱불면일조조태욕." 又彌勒云우미륵운 ：
"饒經八萬劫요경팔만겁, 終是落空亡종시낙공망." 後聖후성, 可不知急於止火之候歟

가부지급어지화지후여?

오 문(五 問)

다섯 번째 묻기를, 무엇을 주천화후週天火候라 합니까?

五問曰 : 何爲週天火候하위주천화후?

답하기를, 주천週天이란 해와 달이 하늘을 운행하는 것과 같아서, 하루 낮과 밤을 지나며 하늘을 한 바퀴 도는 것을 말하니, 이것이 곧 주천의 뜻이다.

答曰 : 週天者주천자, 如日月行天여일월행천, 一晝一夜일주일야, 行天一週행천일주, 是也시야.

또 묻기를, 해와 달의 화후는 무엇을 근거로 서로 같다고 하여, 한 주기에 비유한 것입니까?

又問 : 日月火候일월화후, 以何相如이하상여, 應喻一週응유일주?

답하기를, 하늘의 둘레는 삼백육십 도 남짓 되며, 화후 또한 삼백육십 도 남짓하니, 이로써 '서로 짝이 된다'고 하는 것이다. 이를 태양의 운행 이치로 말하자면, 처음에는 땅 아래에서 솟아올라 거슬러 하늘 위에 이르고 다시 땅 아래로 내려간다. 그 운행이 모두 삼백육십 도를 지나므로, 이를 일주一週라

한다.

허정양은 "신은 기를 운행하여 변화시키니, 위로는 하늘을 지나고 아래로는
땅을 두른다"고 하였다.

答曰: 天體週圍三百六十度有餘者천체주위삼백육십도유여자, 而火候이화후, 亦
三百六十餘者역삼백육십여자, 以此爲相如也이차위상여야. 藉以太陽日理言之자이태
양일리언지, 初自地之下而上升초자지지하이상승, 轉逆上於天之上전역상어천지상, 復
下於地之下부하어지지하. 所行完過三百六十度矣소행완과삼백육십도의, 謂之一週위
지일주.

許旌陽云허정양운 : "神運炁化신운기화, 上則經天상즉경천, 下則緯地하즉위
지."

하루에 한 번 주천을 이루고, 다음 날에도 또 한 번의 주천을 이룬다. 이렇
게 삼백육십 주가 쌓이면 한 해가 된다. 그러므로 금단을 단련할 때의 화후
또한 이와 같다. 신과 기가 함께 운행하기 시작할 때, 역시 땅 아래에서 시작
하여 거슬러 하늘 위로 오르고,

하늘 위는 건괘의 머리이고, 땅 아래는 곤괘의 배이다. 옛사람들은 이를 "황
하의 물이 거슬러 흐른다"고 하였고, 또 "조계의 물이 거슬러 흐른다"고 하
였으며, 또한 "동수洞水가 거슬러 흐른다"고 하였다.

一日一週일일일주, 而明日又一週이명일우일주. 積三百六十週적삼백육십주, 而爲一
年이위일년. 故煉金丹時之火候고연금단시지화후, 實似之실사지. 當神炁並行之初당신

347

기병행지초, 亦從地之역종지지하, 逆升於天之上역승어천지상,

天上천상, 乾之首也건지수야, 地下지하, 坤之腹也곤지복야. 古謂之고위지 "黃
河水逆流황하수역류", 一謂之曹溪水逆流일위지조계수역류, 一謂之洞水逆流者
일위지동수역류자.

또다시 내려와 땅 아래에 이르니, 이는 하늘에서 한 바퀴 도는 이치와 같
다. 그러므로 인체의 한 주천을 이 이치에 비유한 것이다. 또한 삼백육십 주
는 일 년의 날수에 비유되며, 삼백육십 주는 또한 한 번의 연단에 해당하는
화후이다.

이는 주천의 뜻을 밝히고, 앞 문장을 결론지은 것이다. 유옥오는 "만일 하
늘의 관문을 되돌리고 땅의 축을 회전시켜 위아래가 서로 응하면, 한 호흡
이 곧 한 번의 주천이 된다"고 하였다. 또 "오르내림이 한 번 일어나고 한 번
잠기어 자오子午 사이를 왕복한다"고 하였다. 한소요는 "법륜은 반드시 돌고
또 돌아야 하며, 그것은 몸속에서 일어나 사람이 보지 못할 뿐이다"라고 하
였으며, 또 "법륜이 돌기 시작하면 머물러서는 안 되며, 생각마다 끊임없이
스스로 돌아간다"고 하였다. 이 말들은 모두 『내지통현비결』에 자세히 기록
되어 있다.

亦復降於地之下역부강어지지하, 如一週於天之理여일주어천지리. 故以喩一週
於身者고이유일주어신자. 又三百六十週우삼백육십주, 爲一年之日喩위일년지일유,
三百六十週삼백육십주, 亦爲一煉之火候也역위일연지화후야.

此發明了週天차발명료주천, 又收結前句우수결전구. 俞玉吾云유옥오운 : "若

348

能回天關약능회천관, 轉地軸전지축, 上下相應상하상응, 則一息一週天也즉일식일주천야." 又云우운 : "上升下降상승하강, 一起一伏일기일복, 徘徊於子午배회어자오." 韓逍遙云한소요운 : "法輪要轉常須轉법륜요전상수전, 只在身中人不見지재신중인불견." 又云우운 : "法輪轉得莫停留법륜전득막정류, 念念不離輪自轉염념불리륜자전." 此言차언, 詳於상어 『內指通玄秘訣내지통현비결』者자.

그러나 삼백육십 주기의 도수를 말한 것은, 곧 삼백육십일로 이루어진 한 해를 가리킨 것이다. 이는 사람의 몸 안에도 일 년의 상象, 즉 자연의 순환과 같은 운행 원리가 존재함을 뜻한다. 따라서 몸 안에서 일 년 동안 손상된 기를 다시 회복할 수 있게 된다. 그러므로 예로부터 성진들은 모두 이를 들어 비유로 삼았다.

然言三百六十週之度연언삼백육십주지도, 兼言三百六十日之一年겸언삼백육십일지일년. 即此身中有一年之象즉차신중유일년지상. 便能還復身中一年所損之炁편능환복신중일년소손지기. 故古來聖眞고고래성진, 皆以之取喻也개이지취유야.

또 묻기를, 몸 안의 조화에 어찌 삼백육십이 있어서, 하늘의 주수週數 삼백육십과 서로 합할 수 있습니까?

又問 : 身中造化신중조화, 如何有三百六十여하유삼백육십, 去合天上之週數三百六十거합천상지주수삼백육십?

답하기를, 허정양 진군은 "216은 양의 시에 쓰인다"고 하였으니, 양의 시라 함은 『주역』의 양괘에서 쓰이는 책수에 따라 9를 쓰는 것을 말한다.

『주역·계사전』에서 "건괘의 책수는 216이고, 곤괘의 책수는 144이다"라고 하였다.

答曰 : 許旌陽眞君云허정양진군운 "二百一十六이백일십육, 用在陽時용재양시"者 자, 言陽時언양시, 依陽之策數用九의양지책수용구.

『易역·繫辭계사』云운 : "乾之策건지책, 二百一十有六이백일십유육, 坤之策곤 지책, 百四十有四백사십유사.[131]"

자시부터 사시까지를 여섯 양의 시라 하며, 네 시진에 아홉을 곱하여 36(4 X 9=36)을 그 도수로 삼는다. 또 "144는 음의 시에 운행한다"고 하였으니, 음의 시라 함은 『주역』의 음괘에서 쓰이는 책수에 따라 6을 쓰는 것이다. 오시부터 해시까지를 여섯 음의 시라 하며, 각각 네 시진에 여섯을 곱하여 24(4 X 6=24)를 그 도수로 삼는다. 이 둘을 합하면 360이 되어, 이는 하늘의 주천 도수와 정확히 일치한다. 그러므로 이를 비유로 삼는 것은 타당하다.

子至巳爲六陽時자지사위육양시, 若四九三十六爲度也약사구삼십육위도야 ; 云운 "一百四十四일백사십사, 行於陰候행어음후"者자, 言陰時언음시, 依陰之策數用六의음 지책수용육, 午至亥爲六陰時오지해위육음시, 各四六二十四爲度也각사육이십사위도

---

131 『역경』에서 건괘는 9수를, 곤괘는 6수를 기본으로 하여 육효를 구성하는 것인데, 이 건괘의 216수는 9 X 6 X 4, 곤괘의 144수는 6 X 6 X 4 격자 등을 통해 정리된 전통적 수리 체계이다.

야 ; 合之得三百六十합지득삼백육십, 正同天度之週數정동천도지주수. 故取喻亦宜也
고취유역의야.

또 묻기를, 옛 선인들은 모두 소주천과 대주천으로 나누어 말하였는데, 도대체 어떤 쓰임에 따라 그 크고 작음을 구분한 것입니까? 그 뜻이 혹 삼백육십주의 수로 구별한 것이 아니라, 다만 다른 이름으로 나누어 부른 것입니까?

又問 : 古仙皆分小週天고선개분소주천, 大週天之說대주천지설, 果何所用而分別大小과하소용이분별대소? 意或非以三百六十週數의혹비이삼백육십주수, 而可分別異名이가분별이명?

답하기를, 허정양 진인의 설은 곧 소주천에서 쓰이는 것이다.
　그 안에는 360의 수가 있다.

答曰 : 旌陽之說정양지설, 即小週天之所用즉소주천지소용.
　有三百六十數也유삼백육십수야.

종리권 선조께서 "일 년 동안 목욕하여 위험을 방지한다"고 한 것은 곧 대주천에서 쓰이는 것이다.
　그 안에는 360의 수가 없다.

鍾離仙祖之云종리선조지운 "一年沐浴防危險일년목욕방위험"者자, 即大週天之所

用也즉대주천지소용야.

　無三百六十數也무삼백육십수야.

　장자양은 "이 대주천의 한 회차에는 큰 위험이 있으니, 평일의 화후에 견주어 보아서는 안 된다"고 하였다. 그가 말한 '평일의 화후'란, 곧 앞서 백일관 중에 사용하는 소주천을 가리킨 것이다. '예로 비추어 볼 수 없다'는 말은 소주천에는 형상과 수가 있음을 구분하여 밝힌 것이며, 대주천은 도수에 제한이 없고 그 쓰임이 각각 다르다는 뜻이다. 소주천은 정을 기로 변화시킬 때 사용되며,

　백일관 중에는 정을 단련하여 기로 변화시키는 것이다.

　張紫陽之云장자양지운 "只此大週天一場지차대주천일장, 大有危險者대유위험자, 不可以平日火候例視之불가이평일화후예시지." 其言平日火候者기언평일화후자, 即從前百日關中즉종전백일관중, 所用之小週天也소용지소주천야. 言不可例視者언불가예시자, 正分別小週天之有象數정분별소주천지유상수, 大週天不限度數之各異用也대주천불한도수지각이용야. 小週天用於化炁時소주천용어화기시,

　百日關中백일관중, 煉精化炁也연정화기야.

　묘시와 유시의 두 시는 곧 목욕의 때이다. 그러므로 『화엄경』에서 "모든 부처는 반드시 때에 응하여 묘법륜을 굴리신다"고 하였다.

　황보이도는 "열두 시 가운데 한순간도 끊어짐이 있어서는 안 된다"고 하였고, 유옥오는 "천도天道는 한 호흡도 쉬지 않고 운행하며, 단도丹道 또한 한

호흡도 끊어져서는 안 된다"고 하였다.

卯酉二時之沐浴也묘유이시지목욕야. 故고『華嚴經화엄경』亦云諸佛定能應時轉妙法輪是[132]也역운제불정능응시전묘법륜시야.

　　皇甫履道云황보이도운 : "十二時中십이시중, 無令間斷무령간단." 俞玉吾云유옥

　　　오운 : "天道無一息不運천도무일식불운, 丹道無一息間斷단도무일식간단."

대주천은 기를 신으로 변화시키는 때에 사용되며,

　　십월관 중에는 기가 신으로 변화한다.

大週天用於化神時대주천용어화신시,

　　十月關中십월관중, 凭化神也기화신야.

그 가운데의 오묘한 이치는 숨이 있는 단계가 있고 또한 숨이 없는 단계도 있으며, 숨이 있는 상태에서 숨이 없는 경지로 나아가는 것이다.

　　허정양은 "불이 있으면 효爻의 변화에 따라 생함이 일어나고, 불이 없으면

　　생겨남도 없다"고 하였다.

其中玄妙기중현묘, 有不息유불식, 亦有無息역유무식, 從不息而無息者也종불식이무식자야.

　　許旌陽云허정양운 : "有火隨爻變유화수효변, 無火遂無生무화수무생."

---

132 (T10, p.250b) (T : 大正新脩大藏經, T10 : 華嚴經)

이와 같으므로 이제 말하는 화후의 주천은 다만 그 대략적인 윤곽을 조금 비춰 본 것에 지나지 않으며,

『직론』의 「화후경」과 『어록』의 여러 문답을 함께 살펴보아야, 비로소 화후 전체의 대략적인 윤곽을 온전히 파악할 수 있다.

如是여시, 而言火候之週天이언화후지주천, 少仿佛其大略者소방불기대략자,

再合倂재합병 : 以이『直論직론』中之火候經중지화후경, 與여『語錄어록』中之 衆問答중지중문답, 而後始得全火候之粗跡이후시득전화후지조적.

그 현묘한 이치가 천기와 합하는 바는 오직 참되게 참구하고 실제로 깨닫는 데 달려 있다. 좌선의 자리에 앉아 깊이 살피고 대조하는 그 자리에서 자연히 참된 앎이 스스로 드러난다. 그러나 입으로 하는 말이나 언어로는 결코 하나의 길로 그 뜻을 완전히 전할 수 없다.

참되게 참구하고 깨달으면 마음속에 실제로 깨달음이 생기지만, 만약 다만 입과 귀로 묻고 들음으로만 알기를 구한다면, 훗날 마음으로 깨달음을 구할 때 도리어 큰 의혹의 병이 생길까 두렵다.

而玄妙之妙合於天機者이현묘지묘합어천기자, 猶在眞參實悟유재진참실오. 坐據 蒲團較勘處좌거포단교감처, 自有眞知자유진지. 而口頭語言이구두어언, 終不能以 一塗而盡종불능이일도이진.

參悟則實有心得참오즉실유심득, 若徒求知於口耳問聞약도구지어구이문문, 恐 後用心悟時공후용심오시, 又生大疑病우생대의병.

354

육 문(六 問)

여섯 번째 묻기를, 스승의 비유를 듣건대 정이 비록 참되다고 하면서도 어찌
하여 그 참된 정을 실제로 쓸 수 없는 것입니까?

이 의문은 이미 정의 참됨을 알았으므로 당연히 그 참된 정을 쓸 수 있으리
라 여긴 데서 비롯된 것이다. 그러나 도리어 그것을 쓸 수 없다면, 이는 아직
천기의 미묘한 작용이 남아 있어 완전한 참됨에 이르지 못했기 때문이다.

六問曰 : 蒙喩精雖眞몽유정수진, 而不得爲眞精用이부득위진정용, 是何故시하고?
此疑차의, 旣知精之眞기지정지진, 或必能用其精之眞혹필능용기정지진. 若反
不得用者약반부득용자, 無乃猶有天機무내유유천기, 未得眞而使然矣미득진이
사연의.

답하기를, 약을 아직 조절하지 않았기 때문이다.

약은 반드시 먼저 조절해야 한다. 그 생겨나는 때를 조절하여 마땅히 생겨야
할 때에 맞추고, 그 작용의 기미를 안정시킨 뒤에야 비로소 채취의 공을 쓸
수 있다. '조調'란 채취하거나 단련하기 이전에 미리 하는 공부이며, 이는 불
을 운용할 때 말하는 조절과는 다른 뜻이다.

答曰 : 未調藥之故也 미조약지고야.
藥必先調약필선조. 調其生之時조기생지시, 合於當生之時합어당생지시, 調定

其機조정기기, 而後用當採之工이후용당채지공. 調者조자, 當未採未煉先之工당미채미연선지공 ; 非若火비약화, 爲行火時用調者위행화시용조자.

또 묻기를, 예로부터 전해오기를 다만 호흡을 조절함을 화후라 하였을 뿐 약을 조절한다는 말은 없었는데, 그런데 이제 어찌하여 비로소 이러한 말이 생기게 되었습니까?

又問曰 ： 從古以來종고이래, 但言調息爲火候단언조식위화후, 未言調藥미언조약. 而今又何始有此言이금우하시유차언?

답하기를, 이것은 모든 성인과 진인들이 전해온 가장 비밀스러운 하늘의 기밀이다. 다만 옛 성인과 고결한 진인들이 천존의 계율과 금령을 받들어 이를 비밀히 감추었으므로, 감히 가볍게 말하지 않았을 뿐이다. 후대에 도를 성취한 성진들 또한 모두 이 법을 얻음으로써 도를 이루었다. 그러나 세속의 근기가 작은 사람들은 이를 얻지 못하므로 결국 도를 이루지 못한다. 우리 금련의 법문을 따르는 무리 또한 아득한 겁으로부터 수행해 온 자들이다. 반드시 이 한 구절을 얻지 못하면 참된 장생불사의 원기를 얻지 못하고, 신선이 되어 도를 완성할 수도 없다. 다행히 금생에 이르러 노사 조환양 진인께서 말씀하신 바를 들을 수 있었다. "바쁜 가운데서 한가함을 훔쳐 외약外藥을 조절하고, 무無에서 유有가 생겨야 선천을 채취할 수 있다." 이 한 구절은 이허암 진인이 입으로 전해 준 천선 금단의 비결이다. 이는 결코 자신만을 이롭게 하려는 가르침이 아니었다. 훗날의 사람들이 이 천기天機 하나를 알아야 함에도 알지 못할까 염려하고, 또 간절히 구하여도 얻지 못할까 염려했기 때문이다. 그러므로 마침내 부득이하여 후세의 성진들에게 한 마디 소식을 남겨 전하게 된 것이다. 이 한 구절을 따라 참된 입문의 실마리를 찾아야만 비로소 금단을 얻어 도를 성취할 수 있다. 만약 이 한 구절을 따르지 않고 구한다면 단도丹道와는 본래 인연이 없는 것이다. 이른바 "온갖 차별법을 다 설한다고 하더라도, 금단의 일과는 전혀 다르다"고 한 말과 같다. 진니환은 "만약 금액환단의 비결이 아니라면, 정신만 헛되이 수고롭게 할 필요가 없다"고 하였다. '약을 조절한다'는 말은 바로 이 금액을 조절하는 것을 뜻한다.

答曰 : 此萬聖萬眞至秘之天機也차만성만진지비지천기야. 只爲前聖高眞지위전성고진, 奉持天尊科禁봉지천존과금, 秘之不敢輕言者비지불감경언자. 後之聖眞成道者후지성진성도자, 皆必由於得此개필유어득차. 世俗之小根세속지소근, 不得此者부득차자, 即不能成道也즉불능성도야. 我輩金蓮法眷아배금련법권, 也從曠劫修來야종광겁수래. 必因未得此句필인미득차구, 則不得眞可長生不死之元炁즉부득진가장생불사지원기, 不能成仙了道불능성선료도. 直至今生有幸직지금생유행, 得聞老師曹還陽眞人云득문노사조환양진인운. "忙裏偸閒調外藥망리투한조외약, 無中生有採先天무중생유채선천" 之句지구. 是李虛庵眞人口授來시이허암진인구수래, 天仙金丹之秘訣也천선금단지비결야. 正不敢獨善一身정불감독선일신. 又恐後來人우공후래인, 不知有此一機所必當知者부지유차일기소필당지자 ; 而爲請求이위청구, 乃至不得내지부득, 所以末了只得吐露一句消息與後來聖眞소이말료지득토로일구소식여후래성진. 好向此句尋個眞實入頭호향차구심개진실입두, 方有得金丹成道份방유득금단성도빈. 若不向此句請求약불향차구청구, 正無緣於丹道정무연어단도.

正所謂정소위 "說盡萬般差別法설진만반차별법, 總與金丹事不同총여금단사부동." 陳泥丸云진니환운 : "若非金液還丹訣약비금액환단결, 不必空自勞精神불필공자로정신." 調藥者조약자, 正所以調金液也정소이조금액야.

또 묻기를, 어떻게 조절하는 법을 운용합니까?

又問 : 如何用調法여하용조법?

답하기를, 약이 생겨날 때 조절하여, 마땅히 채취해야 할 시기와 합하도록 해야 한다. 그러나 사도와 정도, 두 부류 모두 약이 생겨나는 때가 있다고 말한다. 지금 세상 사람들이 이미 알고 있는 그 '때'란, 삿된 설과 방문旁門에서 말하는 '때'일 뿐이며, 이는 천선의 성도에서 말하는 '참된 때'가 아니다.

사음을 좇는 자들은 신선 수행에 따로 참된 도가 있음을 믿지 않고, 음사를 수행으로 착각하여 거기에 집착한다. 그러므로 약을 조절해야 할 때와 그 법을 쓸 줄도 모른다. 그러나 천선의 성도라면 반드시 약이 생겨나는 참된 때를 조절하고, 그 뒤에야 하늘의 운행과 합할 수 있다. 그러므로 이것이야 말로 사음을 가장 멀리 물리치는 법이다. 다만 문하의 제자들이 혹 실수하여 지금 가진 성명을 잃고, 뒤늦게 원망하고 후회할까 두렵다.

答曰 : 藥生時用調약생시용조, 調其合於當採之時조기합어당채지시. 然邪正兩門연사정양문, 皆言藥生有時개언약생유시. 今世人所已知之時금세인소이지지시, 乃邪說旁門之所謂내사설방문지소위 "時시", 非天仙聖道之所謂비천선성도지소위 "時시".

好邪淫之人호사음지인, 不信修仙另有眞道불신수선령유진도, 迷執淫事爲道미집음사위도. 故不用調藥之時及法고불용조약지시급법. 若天仙聖道약천선성도, 必調藥之眞時필조약지진시, 而後合同於天上之事이후합동어천상지사. 故最辟邪淫之說고최벽사음지설. 只恐門下法眷誤犯지공문하법권오범, 喪失見在性命상실견재성명, 怨悔不及원회불급.

사람이 만약 믿지 않는다면 결국 스스로 이미 알고 행해온 것을 기준 삼아 판단하게 된다. 그러나 그것은 선도의 백일과 십월에 이르는 성취의 시기와 합하지 않으므로, 세월만 헛되이 보낼 뿐이다. 어찌하여 성취하지 못하는가? 다시 앞선 시대의 스승들이 이미 행하였던 것을 살펴보아도 모두 이루지 못하고 마침내 죽었음을 알 수 있다. 이로써 삿된 설이 허망하고 거짓됨이 분명하다. 그러므로 천선의 도는 약을 말함에 있어 다르고, 약을 조절함에 있어서는 더욱 깊은 차별이 있음을 알아야 한다. 오직 천선만이 이를 알고 조절할 수 있다. 천선을 이루려는 자라면 반드시 약을 조절하는 법을 듣고 깨달아야 한다. 그러나 세상 사람들은 이를 알지 못하므로 조절할 수 없다. 약을 조절하지 못하면 정이 생겨날 때 그 성숙함과 미숙함이 고르지 않게 되고, 그 결과 정을 보충하는 작용 또한 조화롭지 못하게 된다.

백옥섬은 "약물이 정밀하지 않으면 신단 또한 신령하지 않다"고 하였다.

人若不信인약불신, 便將他自身所已知已行者勘過편장타자신소이지이행자감과. 不合於仙道百日十月有成之期불합어선도백일십월유성지기, 空勞歲月공로세월. 爲何無成위하무성? 再將他前代師家曾已行過者재장타전대사가증이행과자, 皆無成而必死

개무성이필사. 即見邪說虛假즉견사설허가 ; 便當知天仙之道편당지천선지도, 言藥有不同언약유부동, 調藥更甚異조약갱심리 ; 唯天仙知之調之유천선지지조지. 應得成天仙者응득성천선자, 得聞知調之득문지조지. 凡世人범세인, 不得知不能調也부득지불능조야. 不能調불능조, 則精生時之老嫩不齊즉정생시지노눈부제, 則其補精之用즉기보정지용, 有所不可유소불가.

白玉蟾云백옥섬운 : "藥物不精약물부정, 神丹不靈신단불영."

반드시 먼저 법도에 따라 공력을 다해 약을 조절해야 한다. 약이 생겨 기가 충족되도록 조절한 뒤에야 비로소 채취하고 단련하여 정을 보충할 수 있다. 충족함에 이를 수 있어야 바른 수행이라 할 수 있다.

약을 조절하는 법을 알지 못하면 참되게 충족한 원기를 얻을 수 없다. 약이 생기지 않는 때가 있을 뿐 아니라, 그 생겨남에는 느리고 빠름의 차이가 있다. 그때 채취하면 헛된 일이 되어 효험이 없고, 장생불사를 증득할 수 없다. 이는 곧 스스로 잘못을 고치지 않은 것이며, 고치지 않으면 스스로 지옥에 몸을 던지는 것과 같다는 것을 알아야 한다.

必單單先如法用工調藥필단단선여법용공조약. 調其藥生炁足조기약생기족, 而可採煉補精이가채연보정. 能至滿足者爲是능지만족자위시.

藥不知調약부지조, 則不得眞足之元炁즉부득진족지원기. 不唯藥有不生之時불유약유불생지시, 或生有遲促之異혹생유지촉지이. 是其採取之假而無驗시기채취지가이무험, 不證長生不死부증장생불사. 便當知非改過편당지비개과, 若不改過약불개과, 便是自投地獄편시자투지옥.

360

만일 약을 그 기밀에 맞게 조절하지 않고 함부로 채취한다면, 빠르고 늦은 징후를 잃어 헛되이 충족되지 못한 기만을 채취하게 되고, 정을 보충하려 해도 보충되지 않으며 충족하려 해도 충족되지 않는다. 결국 눈먼 수행과 어리석은 단련이 되고 만다. 조절의 법을 얻은 자는 약이 생겨날 때마다 그 참된 시기에 맞추어 채취하고 보충할 수 있다. 그래야 비로소 참된 양이며, 참된 약이 되고, 거듭 생겨남이 이처럼 차이가 없어야 비로소 '조절'이라 한다. 그렇지 않으면 기가 부족하여 쓰지 못하고, 정은 보충되지 않으며 대약은 생겨나지 않는다. 그러므로 이를 천선의 대도라 할 수 없다.

조절을 통해 참된 깨달음을 얻으면 참된 기를 얻고, 얻지 못하면 참된 기도 얻지 못한다. 기가 아직 연약할 때 급히 채취하면 단을 이루기에 부족하다. 반드시 왕성한 기의 정을 얻어야 비로소 정을 보충할 수 있다. 정이 충족하면 기도 충족하고, 정기 모두 충족하면 그것이 곧 대약이다. 기가 발생하면 이를 '대약이 생긴다'라 하고, 삼관을 꿰뚫어 신선과 천선이 된다. 충족하지 않으면 대약이 생기지 않고 삼관을 통과하지 못한다. 이로써 약을 조절하는 법이 지극히 비밀하고 가장 중요한 관문임을 알 수 있다.

若藥不調其機而亂採약약부조기기이난채, 失於遲早之候실어지조지후, 而徒採不足之炁이도채부족지기, 欲補精而不得其補욕보정이부득기보, 欲滿足而不得滿足욕만족이부득만족. 便成盲修瞎煉편성맹수할연. 得其調者득기조자, 凡藥之生범약지생, 皆如是時개여시시, 皆可採補개가채보. 方名眞陽방명진양, 方成眞藥방성진약 ; 生生如是不差別생생여시불차별, 而後可謂之調이후가위지조. 不然불연, 炁不足用기부족용, 精不能補정불능보, 則大藥不能生也즉대약불능생야. 不可謂之天仙大道불가위지천선대도.

調得眞覺조득진각, 則得眞炁즉득진기, 不得眞覺부득진각, 則不得眞炁즉부득진기. 炁嫩微而急採之기눈미이급채지, 故不足以成丹고부족이성단. 必要得旺炁之精필요득왕기지정, 方可用以補精방가용이보정. 精到滿足정도만족, 即是炁到滿足즉시기도만족, 精炁到滿足정기도만족, 即是大藥즉시대약. 有炁之發生유기지발생, 則謂之大藥生즉위지대약생 ; 能沖三關능충삼관, 而成神仙天仙이성신선천선. 不滿足者불만족자, 不發生大藥불발생대약, 不能沖過三關불능충과삼관. 此見調藥爲至秘要機關차견조약위지비요기관.

또 묻기를, 만일 때를 분별하여 약을 조절한다면 세상 사람들은 모두 성숙함과 미숙함의 구별이 있다고 말합니다. 그렇다면 이미 그들이 알고 있는 일일 텐데, 지금 어찌하여 모두 알지 못하고 능히 행하지 못한다고 말씀하십니까?

又問 : 若以辨時而調藥약이변시이조약, 世人皆言有老嫩之分別세인개언유노눈지분별. 或是彼已知者혹시피이지자, 今何言其俱不知不能금하언기구부지불능?

답하기를, 천선은 약이 생겨나는 때의 징후를 살펴 그 성숙함과 미숙함을 분별하여 조절한다. 그러나 세상의 삿된 도는 약이 생겨나는 형질만을 보고 성숙함과 미숙함을 구분할 뿐 조절의 법을 쓰지 않는다. 이로 인해 그 근본이 서로 달라지고, 결국 알지 못하고 능히 행하지도 못하게 되는 것이다.

答曰 : 天仙於藥生之時候천선어약생지시후, 辨老嫩爲調변노눈위조. 凡世邪道범세사도, 以藥生之形質이약생지형질, 辨老嫩而不用調변노눈이불용조. 由此不同유차부

362

동, 所以不知不能소이부지불능.

또 묻기를, 약이 생겨나는 때에 조절을 쓴다는 것은 무엇을 뜻합니까? 또 약이 생겨나는 형질이란 무엇을 말합니까?

又問 : 何爲藥生之時用調하위약생지시용조? 何爲藥生之形質하위약생지형질?

답하기를, '때의 징후를 분별한다'는 것은 맑고 참된 선천의 근원에 따라 살피는 것이다. '형질을 분별한다'는 것은 무겁고 탁한 후천의 경계에서 헤아리는 것이다.

答曰 : 辨時候者변시후자, 辨之合於淸眞先之先天변지합어청진선지선천. 辨形質者변형질자, 辨於重濁後之後天변어중탁후지후천.

또 묻기를, 맑고 참된 선先이란 무엇이며, 무겁고 탁한 후後란 무엇입니까?

又問 : 何爲淸眞先하위청진선, 重濁後중탁후?

답하기를, 깨닫고 또 깨닫는 것이 곧 참된 깨달음이다. 모든 조절에서 참된 깨달음을 얻고, 조금의 망령된 깨달음도 없다면 이것이 바로 '맑고 참된 선先'이다. 반대로 망념과 음욕의 일로 구하여 탁한 기운이 미세하게라도 드러난다면 이것이 곧 '무겁고 탁한 후後'이다. 이와 같이 분별함을 믿고 따르는 자는 참된 정을 얻어 그것을 쓰지 못한 이가 없었다.

부처와 조사들의 말씀에 따르면, 음사淫事는 곧 번뇌의 경계이자 마魔의 경계이며, 음욕의 생각은 곧 망령된 분별의식이다. 깨달음이 번뇌의 경계에 의지하면 마경魔境에 떨어지고 육도의 씨앗이 된다. 깨달음이 번뇌에 의지하지 않고 번뇌를 등져 깨달음과 합하면, 여섯 감각의 문이 먼저 하나의 오묘한 경지에 들어간다. 이는 불법의 초기 수행 단계와 같으며, 또한 선도의 초기 단계와 서로 통한다.

答曰 : 覺覺각각, 是眞覺시진각. 謂之皆得眞覺조지개득진각, 全無妄覺전무망각, 即是淸眞之先즉시청진지선. 若以妄念貪淫事약이망념탐음사, 而求至於濁質微露이구지어탁질미로, 即是重濁之後즉시중탁지후. 信奉如是辨者신봉여시변자, 未有不得眞精爲用者也미유부득진정위용자야.

按佛與祖言淫事안불여조언음사, 即塵境魔境즉진경마경, 淫念即妄識음념즉망식. 覺而依塵則入魔각이의진즉입마, 而爲六道種이위육도종. 覺不依塵각불의진, 背塵合覺배진합각, 此六門先入一妙차육문선입일묘. 亦佛法初機時역불법초기시, 同於仙道初機者동어선도초기자.

도맥전승도 道脈傳承圖

장정허張靜虛 (1432~?)→이허암李虛庵(1525~1615)→조환양曹還陽(1561~?)→
오수양伍守陽 (1574~1644)

1432년 (壬申年)   장정허 탄생

1525년(乙酉年)   이허암 탄생

1543년(癸卯年)   장정허조사→이허암 만남

1552년(壬子年)   오수양 모 왕씨부인 탄생

1555년(乙卯年)   장정허조사→이허암 [도에 입문]

1561년(辛酉年)   조환양 탄생

1574년(甲戌年)   오수양 탄생

1579년(己卯年)   장정허조사→이허암 [금단, 대도 인가]

1587년(丁亥年)   이허암조사→조환양 만남

1588년(戊子年)   이허암조사→조환양 [도에 입문]

1593년(癸巳年)   조환양조사→오수양 만남

1594년(甲午年)   조환양조사→오수양 [도에 입문]

1602년(壬寅年)   조환양조사→오수양 [백일관 전수]

1612년(壬子年)   조환양조사→오수양 [금단 대도 전수]

1615년(乙卯年)   이허암조사 선거仙去

　　　　　　　　　오수양조사→주태화 [백일관 구결 전수]

1622년(壬戌年)	조환양조사 출신出神
	오수양조사→주태화 [대약 채취 구결 전수]
	오수양조사 『천선정리직론』완성
1628년(戊辰年)	오수양조사→주태화 [오룡봉성 구결 전수]
1632년(壬申年)	오수양조사→주태화 [금단 대도 전수]
1639년(己卯年)	오수양조사 『천선정리직론』주해 추가
1640년(庚辰年)	오수양 모 왕씨부인 시해선屍解仙
	오수양조사 『오진인단도구편』완성
	오수양조사 『문인현문답』완성
1644년(甲申年)	오수양 조사 선거仙去
1780년(庚辰年)	오수양조사→유화양 [금단 대도 전수]

仙佛合宗語錄

선불합종어록 1

초판 1쇄 발행 2026년 1월 16일

지은이 | 오수양
옮긴이 | 안진수

펴낸이 | 정광성
펴낸곳 | 알파미디어

출판등록 | 제2018-000063호
주소 | 05387 서울시 강동구 천호옛12길 18, 한빛빌딩 2층(성내동)
전화 | 02 487 2041
팩스 | 02 488 2040
ISBN | 979-11-7502-018-4 (03150)

내용문의 | ajs2005@naver.com